抖音电商从入门到精通

账号打造、开店装修、选品定价、引流运营、卖货带货

一本就够

罗健萍 邓舟舟 ◉ 编著

人民邮电出版社

北京

图书在版编目（CIP）数据

抖音电商从入门到精通：账号打造、开店装修、选品定价、引流运营、卖货带货一本就够 / 罗健萍，邓舟舟编著. —— 北京：人民邮电出版社，2024.5
ISBN 978-7-115-62653-0

Ⅰ．①抖… Ⅱ．①罗… ②邓… Ⅲ．①网络营销 Ⅳ．①F713.365.2

中国国家版本馆CIP数据核字(2023)第174414号

内 容 提 要

　　本书基于编者多年的抖音电商实战经验，结合商业规律与电商行业的发展趋势和特点，全景式讲解了抖音电商的操作流程、工具及运营方法，旨在为抖音电商新手提供一站式解决方案，以快速获得流量收益。

　　全书共 10 章，第 1 章讲解抖音电商的概念、优势、卖货方式及商业思维等内容；第 2~5 章主要讲解入局抖音电商的实战操作，包括抖音账号的打造，抖音店铺的创建、管理与装修，选品、测品、定价的策略及方法等内容；第 6~7 章主要讲解抖音引流、导流及营销推广的方法；第 8~10 章主要讲解商品橱窗、抖音小店、抖音小程序卖货以及短视频带货、直播卖货的实操要点。

　　本书适合电商商家、主播、电商运营人员以及对抖音电商感兴趣的读者阅读。

◆ 编　著　罗健萍　邓舟舟
　　责任编辑　牟桂玲
　　责任印制　王　郁　焦志炜

◆ 人民邮电出版社出版发行　　北京市丰台区成寿寺路 11 号
　　邮编 100164　 电子邮件 315@ptpress.com.cn
　　网址 https://www.ptpress.com.cn
　　北京七彩京通数码快印有限公司印刷

◆ 开本：787×1092　1/16
　　印张：13　　　　　　　　2024 年 5 月第 1 版
　　字数：281 千字　　　　　2025 年 9 月北京第 5 次印刷

定价：59.90 元

读者服务热线：(010)81055410　印装质量热线：(010)81055316
反盗版热线：(010)81055315

2023年3月29日，中国网络视听节目服务协会发布的《中国网络视听发展研究报告(2023)》显示：截至2022年12月，我国短视频用户规模达10.12亿。抖音平台作为较为火热的短视频平台，赢得了众多用户的青睐。用户代表着流量，而流量就是商机。抖音电商将优质商品内容与海量兴趣用户相连，激发了平台用户消费的新需求，为他们带来了新体验，进而壮大了抖音电商市场。

商家如何在平台流量红利之下抓住机会，获得更多订单呢？本书由浅至深，系统介绍了抖音电商的操作思路及运营方法，包括账号打造、开店、装修、选品、短视频带货、直播卖货等内容，旨在为想在抖音平台大展拳脚的商家提供一站式抖音电商运营解决方案。

1. 本书特点

本书作为抖音运营实用指南，具有如下特点。

（1）理论与实践相结合。

本书在对抖音电商基础知识进行详细讲解之后，介绍了相应的开店、装修、运营等环节的实操方法。读者在了解抖音电商的特点、优势后，能快速上手运营抖音账号，并将理论与实践相结合，提高抖音电商运营水平。

（2）图解操作，快速上手。

本书对讲解的实操内容辅以详细的操作图示，可让读者轻松阅读，快速上手操作，花少量的时间掌握更多的实用技能。

（3）答疑解惑，开拓思路。

本书每章都设有"新手问答"栏目，旨在帮助读者解决入局抖音电商以及运营过程中的疑点、难点和痛点问题，开拓运营思路，实现流量和营收的增长。

（4）内容实用，贴近一线。

本书收集了多名抖音电商商家，尤其是达人的宝贵建议，内容非常实用且接地气，更符合大众读者的需求。

希望读者能够通过本书建立对抖音电商商业体系的认知，快速掌握抖音电商运营的实用技能。

2. 软件版本

本书基于抖音25.9.0版本进行操作演示。抖音的版本更新迅速，不断引入的新功能和界面调整导致各个版本之间可能存在功能布局、按钮名称上的差异，但抖音开店的基本流程、装修店铺的一般方法、引流策略的核心原则以及推广活动的基础操作理念在本质上是相对固定的。读者只要掌握抖音基础操作的机制，并能够灵活运用，就能够从容应对不同版本下的操作需求。

本书由电子科技大学成都学院的罗健萍、邓舟舟共同编写，其中第1~5章由邓舟舟编写，第6~10章由罗健萍编写。由于编者能力有限，且抖音电商还在不断发展，因此书中难免存在不足或不妥之处，敬请各位读者批评指正。如有意见与建议，请将来函发至电子邮箱muguiling@ptpress.com.cn。此外，本书涉及的所有案例仅用于图书内容的教学设计，编者并非要为提及的企业或品牌做宣传、推广，也不对企业所宣称的商品功效的真实性和安全性负责。强烈建议广大消费者在购买或使用任何商品之前，先进行充分的研究和了解，以确保自身的健康和安全。

编者

目录

第5章　抖音电商的选品、测品与
定价

第6章　快速引流、导流，打造私域
流量池

第7章　抖音营销推广，引流、获
客、增收益

第1章
抖音电商，千万人的选择

随着抖音电商从兴趣电商升级为全域兴趣电商，越来越多的商家及达人[1]开始进军抖音，通过抖音小店、抖音商品橱窗等功能，实现短视频卖货、直播卖货，为自己带来更多的收益。那么，什么是抖音电商呢？抖音电商具备哪些优势呢？抖音电商的卖货方式和商业思维有哪些呢？下面就来揭开抖音电商的神秘面纱。

1.1 为什么要选择抖音电商

很多人一听到"抖音电商"，难免联想到直播卖货、短视频卖货等销售方式。直播卖货和短视频卖货确实为不少商家带来了更多商机。抖音作为热门电商平台，具有覆盖用户全场景、全链路购物需求的特点，其上的短视频和直播内容、商城、搜索等多场域协同互通，可以为用户提供一站式的最佳购物体验，同时也为商家带来流量效益和品牌沉淀效果。

1.1.1 什么是抖音电商

抖音电商是指商家在抖音平台通过商品橱窗、短视频及直播等形式进行电商交易。

无论是流量变现，还是建立良好的商业生态网络，都不是一件易事。因此，抖音选择链接变现的终点——电商，形成了短视频（直播）—电商—短视频这样一条一体化商业生态链。

例如，在抖音平台中，商家可以在发布的短视频中添加购物车，看到短视频的用户点击购物车按钮，即可跳转至购物链接或购物平台等下单购买，如图1-1所示。在完成下单操作后，用户还可以直接返回抖音的短视频页面继续浏览短视频内容。

与传统电商相比，抖音电商不仅获取流量的成本更低，而且能有效地利用用户碎片化时间促成交易。因此，抖音平台逐步发展为淘宝、京东等传统电商平台之外的庞大流量池。

1　达人是指在网络平台上非常活跃、创意性强、拥有较多粉丝的用户。

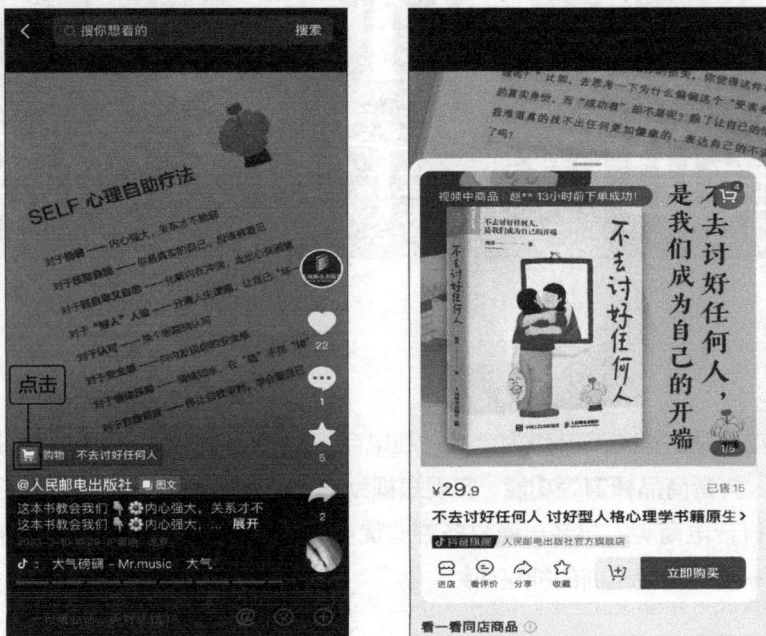

▲ 图1-1 抖音短视频中的购物车及跳转页面

1.1.2 抖音电商的优势

抖音电商虽然发展时间不长，但是逐渐被越来越多的商家所青睐，这是因为抖音电商具有诸多优势。

1. 抖音电商流量大

抖音电商依托抖音平台。抖音平台中的用户不仅数量巨大，而且活跃度还很高，这使得抖音电商可以获得大量的潜在用户，增加销售机会。

2. 用户黏性高

抖音平台的用户都可以发布短视频，这样的模式使得用户更喜欢拍摄、发布、浏览短视频，从而形成良性循环，用户黏性得以提高。同时，抖音平台邀请了诸多公众人物、达人入驻，用户可与其感兴趣的抖音账号进行关注、点赞、留言、转发等互动，这也提高了用户的黏性。

3. 平台之间强强合作，提高了用户购物的便捷性和舒适性

抖音平台与小米有品、京东、苏宁易购等平台之间的合作，不仅为用户带来了更多可供选择的商品资源，而且缩短了用户的下单路径，从而更容易刺激用户下单。

除此以外，抖音电商凭借抖音平台强大的智能推荐算法机制，不仅促进了内容和品牌的传播，还大大提升了商品的销售转化率。

由此可见，抖音电商优势明显，是商家营销的首选之地。

1.2 抖音电商的卖货方式

抖音电商与传统电商相比，卖货方式更加多样化，如抖音小店卖货、抖音短视频卖货及抖音直播卖货等。建议商家先了解这些热门的卖货方式，再根据商品特征，选择合适的卖货方式。

1.2.1 抖音小店卖货

抖音小店是抖音平台为商家提供的带货工具，旨在帮助商家拓宽内容变现渠道，进而实现长效经营、高效交易。例如，华为在抖音开设抖音小店后，截至 2023 年 5 月 30 日，已售 22.2 万件商品，其店铺主页如图 1-2 所示。

▲ 图1-2 华为抖音小店主页

抖音小店可以为用户分享优价好物，为商家提供多元电商服务，其特色是一站式经营、多渠道拓展、双路径卖货和开放式服务，如图 1-3 所示。

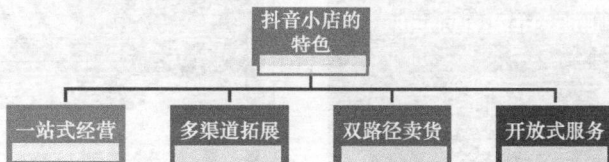

▲ 图1-3 抖音小店的特色

1. 一站式经营

开通抖音小店后，商家在进行商品交易的同时，还可在后台进行商品管理、客户服务等全链路的经营操作。

2. 多渠道拓展

商家开通抖音小店后，可以在抖音、今日头条、抖音火山版等多个渠道分享商品，实现商品渠道快速互通及变现。

3. 双路径卖货

抖音小店中的商品销售模式包括商家自营和达人卖货。商家自营，是指商家以自营方式在抖音平台上销售商品，如通过短视频、直播等方式来销售店内商品。达人卖货，是指商家申请加入精选联盟后，付费邀请平台达人帮忙卖货。

4. 开放式服务

为了提高商家的经营效率，抖音小店与第三方服务市场合作，提供商品管理、订单管理、营销管理等服务。

对抖音小店感兴趣的个体工商户和企业，可以通过抖音电商官网申请入驻抖音小店。

1.2.2 抖音短视频卖货

抖音短视频卖货是抖音流量变现的基础模式。商家或达人通过拍摄商品短视频向用户"种草"，吸引用户下单购买短视频中推荐的商品。

很多抖音用户都会在自己的短视频作品中挂出商品链接，便于其他用户在观看短视频时下单购买感兴趣的商品。例如，用户如果对短视频中的商品感兴趣，就可以直接点击短视频中的购物车按钮，跳转到相应的商品页面购买商品，如图1-4所示。

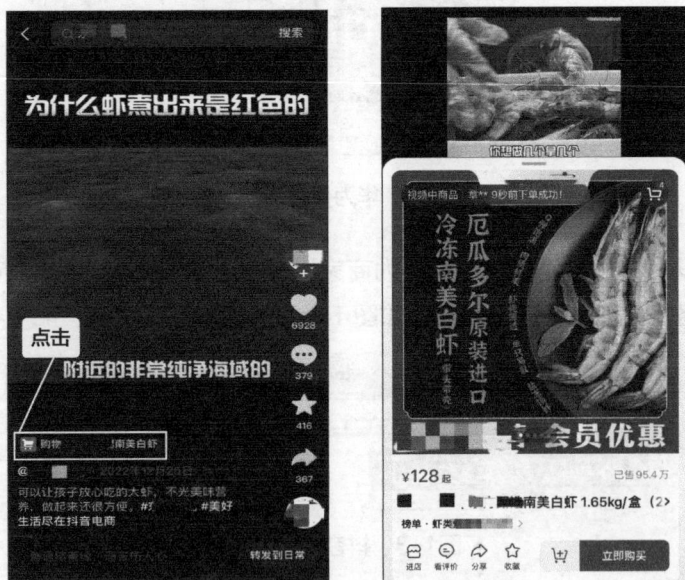

▲ 图1-4　抖音短视频中的购物链接

1.2.3 抖音直播卖货

抖音直播卖货，是指商家在抖音直播间进行的卖货行为。商家可以在自己的抖音直播间让自家主播进行直播卖货，也可以找有一定粉丝基础的垂直领域达人出镜或者在该达人自己的抖音直播间直播卖货。图1-5所示为人民邮电出版社的抖音账号在抖音直播间直播卖货。

▲ 图1-5 商家在自己的抖音直播间直播卖货

抖音直播卖货的优势主要体现为如下两点。

- 内容可控：商家在直播卖货中，可以有效地把控品牌形象、商品选择、优惠力度、直播话术等内容。
- 成本可控：商家通过长时间的人气积累和销量积累，可以有效控制运营成本。

商家通过直播能够直接与用户接触，从而为店内商品带来稳定的流量和销量，实现店铺的长效经营。同时，商家可以将通过抖音直播卖货积累的人气沉淀到自己在其他平台的账号（如微信号、公众号、QQ号等）上，将公域流量转变为私域流量，实现更精准的营销推广。

1.2.4 达人卖货

达人卖货，是指达人与商家合作，达人通过自己的账号进行直播、短视频卖货，商家支付达人相应的佣金。随着抖音卖货日渐火爆，部分自己没有主播的商家为了快速入场，会与有一定粉丝基础的达人合作，借助达人的粉丝资源，快速提升品牌的知名度和销售业绩。

达人通常具有整合流量资源的优势。商家通过与达人合作卖货，更有利于直播风格和模式的创新，从而丰富直播内容，营造更好的直播氛围，提高品牌曝光率，实现销售额的增长，等等，进而快速突破自播流量增长瓶颈。

1.2.5　商品橱窗卖货

商品橱窗是抖音平台为抖音商家和达人提供的集中展示商品的地方。商家和达人可通过商品橱窗进行商品分享和商品管理。商家和达人通过短视频或直播销售商品时，都需要在商品橱窗中添加商品。

换言之，无论是商家还是达人，想在抖音平台中售卖商品，都必须开通商品橱窗功能。开通商品橱窗功能后，账号主页中会出现商品橱窗入口，如图1-6所示；点击"进入橱窗"链接后可看到该账号推荐的商品，如图1-7所示。用户在商品橱窗页面可以查看商品的来源和详情，也可以直接下单购买商品。

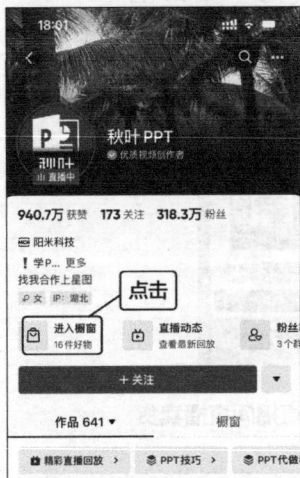

▲ 图1-6　商品橱窗入口　　　　　▲ 图1-7　商品橱窗页面

商品橱窗还是抖音购物车的重要组成部分。账号在开通商品橱窗功能后，可在短视频作品或直播页面中插入相应的商品链接，也就是添加抖音购物车。如果用户对短视频作品或直播页面中推荐的商品感兴趣，可以直接点击购物车按钮跳转至商品详情页进行浏览及下单。

1.2.6　抖音小程序卖货

抖音小程序具备抖音App的一些基本功能，用户直接在抖音平台点击进入小程序页面即可使用，十分便利。商家可以利用抖音小程序直接销售商品；用户进入对应小程序后，可直接下单购买商品。

例如，某壁纸宣传类短视频作品中添加了一个小程序链接，如图1-8所示；用户点击该小程序链接即可跳转至对应的小程序中，通过该小程序可以查看更多壁纸创作者及壁纸，如图1-9所示。

▲ 图1-8 短视频作品中的小程序链接 ▲ 图1-9 某壁纸小程序页面

抖音用户还可分享抖音小程序，使其得到传播和推广。用户只需在抖音小程序中点击页面右上方的···按钮，在弹出的页面中点击"分享"按钮，即可分享该小程序，如图1-10所示。

▲ 图1-10 分享抖音小程序

1.3 抖音电商的商业思维

抖音电商的卖货方式与传统电商略有不同，其背后的商业思维也有所不同。例如，在淘宝营销中，商家所需掌握的商业思维是围绕商品，通过设计优质商品标题、详情页及活动，来吸引用户点击；而在抖音电商中，商家需要掌握"种草"思维，将商品软性植入用户脑海，刺激用户对商品产生兴趣，这样才能进一步刺激用户下单。当然，在抖音电商中，商家需要掌握的商业思维不仅仅是"种草"思维，还有流量思维、变现思维等。

1.3.1 "种草"思维

"种草"，泛指把一件事物推荐给其他人，让其他人喜欢这件事物的过程。在电商领域中，"草"可以理解为"长势"凶猛的购买欲；"种草"则是指向他人宣传某种商品，以激发他人的购买欲望的行为。"种草"思维是指通过分享推荐某一商品的优势，来激发他人购买欲望的行为。

"种草"与常见的硬广有差异。硬广是直截了当地告诉用户某商品好，以及具体好在哪里；而"种草"是通过一些不明显的广告将商品信息植入用户脑海。用好"种草"思维，就是做好内容营销。

在抖音电商中，"种草"是指发布关于某商品的短视频，发布和传播短视频的人是"播种人"，用户观看短视频并购买商品的行为则为"拔草"。这里总结了抖音电商中常见的几种"种草"类型及应用建议，如表1-1所示。

表1-1 抖音电商中常见的几种"种草"类型及应用建议

"种草"类型	介绍	应用建议
开箱"种草"	开箱"种草"是指通过开箱的方式向用户展示商品，激发用户的好奇心，从而刺激用户下单购买	开箱"种草"短视频通过开箱这种方式来营造惊喜的氛围，刺激用户的尝鲜心理，从而引导用户释放自己的购物欲望，完成"种草"
测评"种草"	测评"种草"是指商家或达人亲身试用商品，并向用户分享使用商品的体验和感受。测评"种草"短视频一般会通过镜头将商品的使用效果展示出来，所以极具真实性，且能全面地向用户传递商品信息，因此测评"种草"短视频的可信度很高，转化率也不错	商家或达人可测试多种同类商品，精准分析各种商品的体验感；也可从使用场景和生活场景引入商品。例如，护肤品中的防晒品就可通过对比使用商品前后的效果来突出商品卖点
剧情式"种草"	剧情式"种草"是指利用生活中常见的情节及道具进行剧情编创及场景化演绎，适时植入商品信息，引导用户消费	剧情式"种草"短视频一般具有很强的卖货潜力，但商品植入一定要足够自然，且剧情内容要足够有趣，这样才能吸引用户观看
混剪"种草"	混剪"种草"是指通过收集网上的视频素材或整理其他人推荐的商品进行二次加工剪辑，然后制作出新的视频集合	混剪"种草"短视频制作简单，适合没有过多经验和技巧的新人。例如，"10件必备的母婴商品""分享5件家里必备的收纳神器"等都属于混剪"种草"短视频

续表

"种草"类型	介绍	应用建议
知识分享"种草"	知识分享"种草"是指分享某个领域的专业知识或技巧，并在分享的内容中植入商品信息，从而促进转化	知识分享"种草"短视频的优点在于实用性强，内容黏性强，信任度高，且易引起用户转发。因此，在知识分享"种草"短视频中添加商品信息，也更容易被用户接受
书单"种草"	书单"种草"是指以短视频或图文的形式进行图书"种草"	书单"种草"短视频制作简单，特别是图文形式的书单"种草"，往往只需要展示几张图片，并配以相关的文案和音乐即可

上述几种"种草"类型在抖音电商中较为常见，商家可在了解这些"种草"类型后，结合商品的实际情况，尝试策划相应的"种草"短视频。

1.3.2 流量思维

与传统行业的用户不同，抖音电商的用户自带流量，是有机会成交的潜在对象。因此，在做抖音电商时，流量极为重要，它是成交的前提。那么，如何才能获得更多流量呢？商家要从账号定位出发，打造一个有人设的账号，不断输出潜在用户感兴趣的内容，让其对账号产生兴趣，并且产生下单的冲动。

东方甄选作为新东方推出的直播卖货新平台，在2021年12月28日首播，账号粉丝量从0增长到90万用了半年时间；到2022年6月，账号粉丝量迅速增长到1800万；截至2023年1月，账号粉丝量已经达到2900万。

粉丝量的急剧增长意味着人气和销量的剧增。蝉妈妈数据显示，东方甄选在2022年6月18日当天的直播销售额达到6462.4万元。并且东方甄选的粉丝量仍在不断增长，其已经连续多月获得抖音卖货榜冠军。

由此可见，流量是变现的基础，也是抖音电商运营的重中之重。商家想在抖音平台大展拳脚，必须掌握获取流量的方法和技巧，获得更多流量。

1.3.3 变现思维

电商的本质是变现，抖音电商也要将获得的流量变现才算成功。否则，积累再多粉丝却无法变现都不是真的成功。例如，在抖音平台有数千万粉丝的某动漫账号发布的短视频内容深受用户喜欢，该账号也成为超级IP之一。但在该账号的首次直播中，由于多种综合因素的影响，出现在线人数多，但转化率极低，最后潦草收场的结果。在这种情况下，流量无法变现就没有收益，该账号可以说是变现不成功的典型案例之一。

那么，抖音电商应该如何变现呢？常见的抖音电商变现方式主要包括直播卖货、品牌广告、植入广告、弹窗广告、冠名广告等。

1. 直播卖货

电商与直播的结合，让商品展示更加多样化，不局限于图片和文字，也便于展示商品的功能、优点等信息。通过直播卖货，主播可以实时用语言说服消费者购买商品。人气越高的直播间越有利于带动商品销售。直播卖货的方式多种多样，下面列举了几种常见的方式。

（1）佣金形式直播卖货。与商家合作，通过售卖商家指定的商品，从而获得商家给予的佣金。一个账号在积累一定的粉丝量后，即可与商家合作，通过在直播中售卖商家指定的商品来获得佣金。

（2）自己开店直播卖货。电商与直播结合，可以将吸引到的流量更好地变现。商家可以自己开设店铺并通过直播推广自己的商品，提高商品的销量，从而增加收益。

（3）粉丝商业生态圈直播卖货：主播通过账号运营自己积累的粉丝，把粉丝导入自己的私域流量池（如微信群等），然后在私域流量池中进行直播卖货。在直播过程中，主播与粉丝互动，并提供专属的粉丝福利和优惠活动，鼓励粉丝购买商品，增加粉丝的参与感和忠诚度。同时，主播还会根据粉丝的需求和反馈，提供个性化的销售服务。

2. 品牌广告

品牌广告是指以品牌为中心，为品牌制作专属广告。品牌广告常见于品牌商家账号，常见形式为短视频。因品牌广告的制作要求较高、制作难度较大等，其所需费用也较高。除品牌商家账号外，只有少量专业性较强或粉丝基数大的短视频账号才能接到这类广告。

例如，某测评类账号发布了一条在某购物平台购买苹果手机的短视频，内容是先发出疑问——从某平台购买手机比其他平台都便宜，是不是骗人的；再通过自己下单、收快递、测试手机等操作来证明在该平台购买手机确实靠谱且优惠力度大；最后为该平台做宣传——还有很多其他商品也有优惠活动，感兴趣的用户可直接点击评论区链接跳转购买。

这条看似是在测评购买手机的短视频，实则是在给购物平台做宣传。看完短视频的用户可以了解到如何低价购买手机。用户如果刚好有购买手机的需求，很可能受到短视频内容的影响，去该平台查看、购买手机。

该测评类账号通过短视频内容宣传了购物平台信息，购物平台会根据实际情况向该账号的创作者支付一定的广告费用。

对于品牌商家账号来说，即使还没有选好自售商品，也可以通过与其他账号合作，拍摄类似的品牌广告来实现变现。

3. 植入广告

植入广告是指把商品或服务融入短视频，目的是给用户留下印象，实现营销。常见的广告植入方式有硬性植入和软性植入。

（1）硬性植入：不添加修饰或添加较少修饰，将广告内容植入短视频。例如，华为终端官方抖音账号借势新年，发布了一条关于自己品牌的短视频，在其中植入了手机、耳机等商品，如图1-11所示。

截至2023年5月30日，该条硬性植入广告的短视频获得12.8万点赞，用户可能对视频中多次出现的商品感兴趣，进而进入抖音小店查看、购买商品。

（2）软性植入：不露痕迹地将商品的广告信息融入短视频，从而使用户在不经意间接收商品信息。

例如，绘画类抖音账号"唐子曦"发布了一条短视频，以春节、兔年等为关键词，记录了达人在街边绘制兔子的画面，并在短视频末尾提及某款适合 DIY 及送礼的牛奶，为该款牛奶做宣传，如图 1-12 所示。

▲ 图1-11　硬性植入广告的短视频截图

▲ 图1-12　软性植入广告的短视频截图

截至 2023 年 5 月 30 日，该条短视频共获 24.1 万点赞，好多人纷纷在评论区留言说其有创意。用户在赞叹达人绘画技术之余，也对该视频中提及的牛奶有了记忆。

软性植入广告的优点在于渗透力强、商业味道淡、可信程度高，但它也有缺点，如设计难度大、需要具有很强的创意性等。商家可结合账号实际情况，灵活选择植入广告类型。

4. 弹窗广告

弹窗广告是指出现在短视频中，悬挂在画面特定位置的广告。弹窗广告的优点在于展现时间长，可承载更多活动信息，能够吸引用户的注意力、促进用户参与等。但弹窗广告也有局限性，因其形式直白，可能影响用户的观赏体验，在短视频中应用比较少。

5. 冠名广告

冠名广告是指商家为了提升自身形象、提高商品销量及品牌知名度等发布的一种阶段性宣传广告。

以前，冠名广告常见于综艺节目中，如中央广播电视总台春节联欢晚会上主持人口播"与美妙同行，与美好相伴，红旗新能源，恭祝全球华人新春快乐"就是冠名广告。现在，由于电视广告费用增长及短视频兴起等因素，很多商家把冠名广告投向了短视频市场。因而，商家及达人可以抓住机会，借助冠名广告获得广告收益。

总之，变现思维对于抖音电商而言十分重要。商家可结合自身实际情况，选择一些适合自己的变现方式，提高收益。

1.4 新手问答

1.4.1 抖音电商与平台电商的区别是什么

本书中的平台电商是指在淘宝、京东等传统电商平台上发生电商交易行为的商家。部分有平台电商运营经验的商家想转为抖音电商，简单地认为将商品搬到抖音平台销售即可。其实，抖音电商与平台电商有着显著区别，主要表现在人货关系、宣传重点、流量成本和用户类型等方面，如表1-2所示。

表1-2 抖音电商与平台电商的区别

项目	平台电商	抖音电商
人货关系	人找货	货找人
宣传重点	强调商品功能性	强调内容趣味性
流量成本	流量成本较高	流量成本较低
用户类型	多为有明确购物意向的用户	多为无明确购物意向的用户

总的来说，抖音电商和平台电商在运营策略、商品选择、宣传方式等方面都有不同的要求。商家需要根据自己所在平台的特点，采取不同的营销策略和手段，以更好地满足用户需求，提升销售效果。

1.4.2 达人/创作者去哪儿接广告

达人或创作者可以通过接广告获得更多收益，那么达人或创作者去哪儿接广告呢？这里介绍一下抖音唯一的官方内容变现渠道——巨量星图。巨量星图连接品牌方与达人及创作者。达人或创作者通过输出优质内容帮助品牌方实现营销价值，从而获取收益。

目前，巨量星图具有达人数量多、广告涉及行业广、视频内容优质等诸多优点，可以帮助各种类型的达人及创作者找到品牌方，最终达成商务合作。巨量星图的优势如图1-13所示。

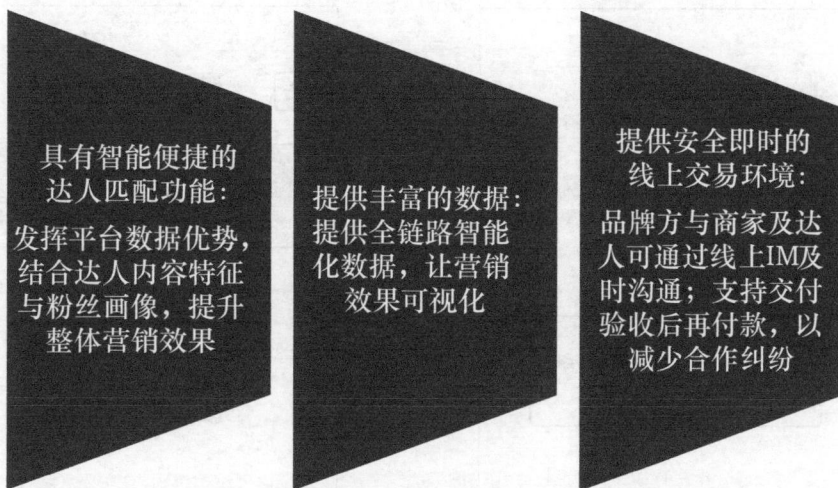

具有智能便捷的达人匹配功能：
发挥平台数据优势，结合达人内容特征与粉丝画像，提升整体营销效果

提供丰富的数据：
提供全链路智能化数据，让营销效果可视化

提供安全即时的线上交易环境：
品牌方与商家及达人可通过线上IM及时沟通；支持交付验收后再付款，以减少合作纠纷

▲ 图1-13　巨量星图的优势

　　达人或创作者如果想通过巨量星图平台承接广告，须先入驻巨量星图平台。入驻巨量星图平台有相应的要求，以抖音账号为例，满足如下任一条件即可入驻巨量星图。

- 抖音账号在抖音平台的粉丝量≥1000，且已经开通直播购物车权限。
- 抖音账号在抖音平台的粉丝量≥1万，且内容调性健康、合法。

达人或创作者在满足入驻要求的前提下，入驻巨量星图平台的操作如下。

步骤1 在巨量星图的首页，单击"注册"按钮，如图 1-14 所示。

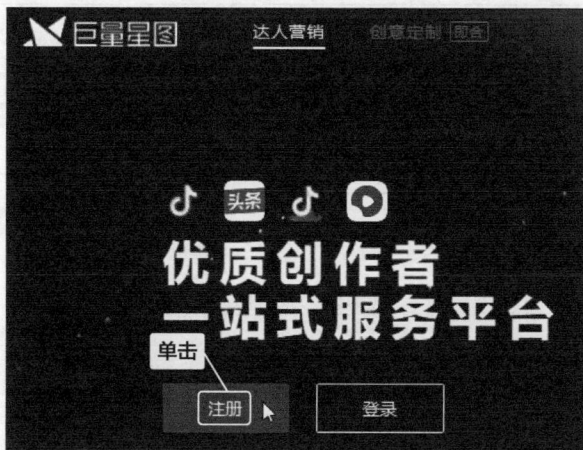

▲ 图1-14　单击"注册"按钮

　　步骤2 页面跳转至选择身份页面，单击相应的身份（品牌方选择"客户"，达人及创作者选择"达人／创作者"）后，勾选"我已经阅读并同意服务协议和隐私协议"复选框，如图 1-15 所示。

　　步骤3 页面跳转至选择媒体平台页面，单击"我是抖音达人"按钮，如图 1-16 所示。

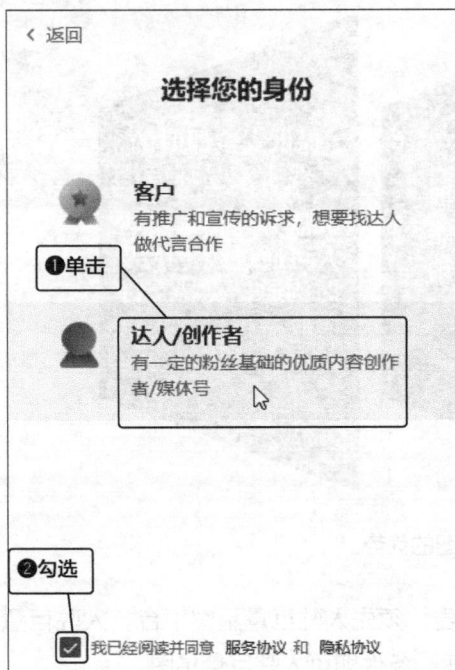

▲ 图1-15　选择身份

▲ 图1-16　选择媒体平台

步骤4 跳转至新页面，输入手机号及验证码后单击"授权并登录"按钮，如图 1-17 所示。

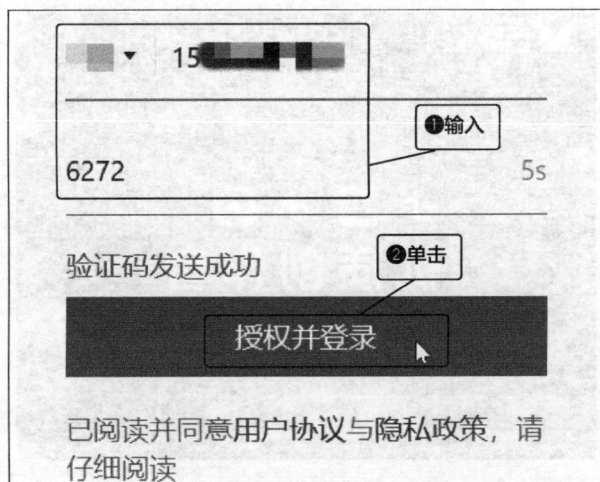

▲ 图1-17　单击"授权并登录"按钮

完成上述操作后，系统自动跳转到巨量星图的欢迎页面，达人或创作者可自主设置账号信息。除巨量星图平台外，达人或创作者还可在腾讯创意定制、阿里 V 任务等平台承接广告，如表 1-3 所示。

表1-3 承接广告的平台

平台名称	介绍
腾讯创意定制	达人或创作者可入驻平台成为视频制作方，与腾讯社交广告合作，为腾讯系广告主创作创意视频并获得广告费用
阿里V任务	达人或创作者开通创作者服务后，可在平台接任务，如制作宝贝主图、视频等，从而获得任务酬劳
牛片网	牛片网作为一个老牌的短视频交易服务平台，可提供短视频拍摄、企业宣传片制作、脚本策划等服务，达人或创作者可入驻平台接洽任务，获得商家支付的酬劳
淘宝卖家服务市场	达人或创作者可在服务市场与淘宝、天猫商家合作，提供拍摄、制作短视频等服务，获得商家支付的酬劳

达人或创作者可结合实际情况，选择适合自己的平台入驻，通过接广告实现变现。

1.4.3 哪些人群适合在抖音开店

抖音电商不仅仅针对商家，部分有能力的个人也可通过抖音平台卖货获得更多收益。适合在抖音平台开店的人群主要有网店店主、工厂厂家、实体店商家、达人等，如表1-4所示。

表1-4 适合在抖音开店的人群

人群	原因
网店店主	开网店的人都知道流量的重要性，而抖音平台自带流量，只要短视频内容做得好，抖音平台就会给予流量支持。在获得流量后，网店店主可以在抖音平台销售商品的同时将流量引入自己在其他平台经营的网店，实现多渠道获利
工厂厂家	工厂厂家有货源优势，可以通过抖音这样的大流量平台曝光商品，提升商品知名度和销量
实体店商家	抖音平台拥有丰富的流量资源，而且"短视频+直播"的营销方式也更符合当下消费者的购物需求和消费习惯。实体店商家可通过抖音引流，增加进店流量和商品销量
达人	抖音电商是短视频消费升级的结果，要想让商品在较短时间内得到充分展现并被认可，就必须让消费者感知到商品的价值。所以，部分能持续输出有价值内容的达人也有机会收获粉丝，进而通过粉丝实现变现

第2章
打造一个高流量的抖音账号

做好抖音电商尤为关键的一步是创建抖音账号,并进行一系列的账号定位,为账号打造人设。本章主要从账号的定位思路、精准定位、打造人设、创建步骤4个方面出发,为大家讲解如何打造一个高流量的抖音账号,以帮助大家通过抖音账号获取更多流量。

2.1 定位账号的基本思路

创建抖音账号并非简单地建号了事,商家需要在了解平台规则后,研究平台用户喜欢看什么,以及什么类型的短视频易受青睐等,并结合自己的实际情况,定位账号。

2.1.1 了解平台规则

无论在哪个平台开店卖货,商家都需要熟悉并遵守平台规则,否则就算掌握了再好的营销技巧,也会因为账号被处罚、被封等问题,让辛苦付之流水。例如,某知名主播曾在2020年因故意夸大商品效果,违反相应法律及平台规则,被罚款90万元、封停账号60天。主播在开播前,可查看相应平台的管理规则。对于抖音平台,商家可在"抖音规则中心"查看平台规则,其对低俗行为、公序良俗、内容质量、危险行为等都有具体的解读,如图2-1所示。

2.1.2 知道用户喜欢看什么

俗话说"知己知彼,百战不殆",想要收获更多用户的芳心,必须先了解抖音平台的用户喜欢看什么。根据抖音2021年1月5日发布的《2020抖音数据报告》,不同年龄层的用户爱拍摄与爱观看的内容有较大差异,如表2-1所示。

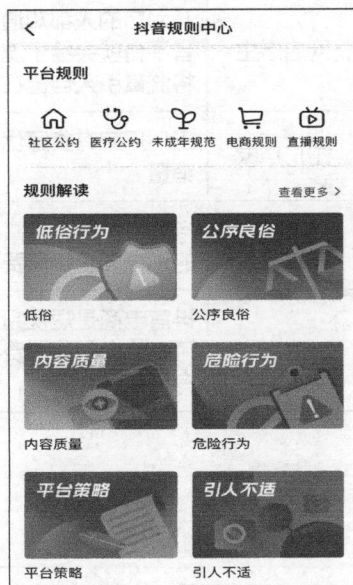

▲ 图2-1 抖音规则中心

表2-1 抖音用户爱拍摄、爱观看的内容

用户	爱拍摄	爱观看
"00后"	动漫	动漫
"90后"	萌娃	新闻
"80后"	风景	穿搭
"70后"	美食	婚礼
"60后"	舞蹈	萌娃

在创建账号时，可根据目标用户的群体特征及爱观看的内容来确定创作方向。例如，某美妆商家的目标用户为"90后""80后"，该商家就可以发布更多实时新闻、穿搭技巧等内容来吸引目标用户关注账号。

2.1.3 什么类型的短视频易受青睐

在抖音平台上，短视频的内容类型十分丰富，其中比较受用户青睐的短视频内容类型主要有颜值圈粉类短视频、知识教学类短视频、幽默搞笑类短视频、产品展示类短视频、才艺技能类短视频和评论解说类短视频。

1. 颜值圈粉类短视频

高颜值的事物通常都具有天然的吸引力，无论是外表漂亮的人物，还是优美的风景，抑或是好看的小物件，都能给用户带来赏心悦目的感受。

例如，旅游类抖音账号"旅行指南针"发布的一条短视频作品中展示的就是优美的风景，该短视频作品也因此收获了近200万点赞，如图2-2所示。

▲ 图2-2 旅游类抖音账号发布的优美风景

如果想要创作颜值圈粉类短视频，在人物方面，可以从衣着和妆容入手，在拍摄短视频前，根据短视频风格和人设为人物搭配合适的服装，并化上精致的妆容；在物品、风景方面，除了合理把握其本身的美感之外，还需要通过高超的摄影技术来进一步提升其颜值，例如精妙的画面布局、构图和特效等。

2. 知识教学类短视频

知识教学类短视频主要为用户提供各类有价值的知识和实用技巧，它的涵盖范围非常广，如美妆教学、穿搭教学、摄影教学、美食制作、办公教程、PS 教程等。这类短视频通过简单易学的方式，让用户在短时间内就能轻松掌握一项知识或一门技艺，可谓干货十足，因此深受广大用户的喜爱。

例如，摄影教学类抖音账号"余小白手机摄影"发布的内容以手机拍摄、剪辑实用教程为主，吸引了大量用户关注。该账号发布的某条关于"小树林拍照的三个技巧"的短视频作品，吸引了近 300 万用户点赞，如图 2-3 所示。

知识教学类短视频通常要满足两个特征：一是要具有知识性，即短视频的内容要包含一些有价值的知识和技巧；二是要具有实用性，即短视频内容中介绍的这些知识和技巧能够在实际的生活和工作中得以运用。

▲ 图2-3 摄影教学类短视频

3. 幽默搞笑类短视频

抖音平台带有一定的娱乐属性，大多数抖音用户观看短视频是为了放松心情。因此，幽默搞笑类短视频一直都是抖音平台上最受欢迎的短视频内容类型之一。

在抖音平台上，不仅观看幽默搞笑类短视频的用户很多，制作和分享幽默搞笑类短视频的用户也很多。例如，抖音账号"开心锤锤"发布的内容以幽默搞笑的动漫短视频为主，用户观看这些短视频作品时，常常都能心情愉悦、开怀大笑，该账号也因此获得众多粉丝的青睐。该账号主页及部分短视频作品截图如图2-4所示。

▲ 图2-4　抖音账号"开心锤锤"的账号主页及部分短视频作品截图

4. 产品展示类短视频

产品展示类短视频是指以推荐产品为主的短视频类型，具体包括"种草"类短视频、开箱类短视频和测评类短视频。这一类型的短视频与电商的联系最为紧密，可作为抖音商家的首选短视频类型。

例如，抖音账号"人民邮电出版社"发布了一条短视频作品，向用户讲述了三八妇女节的来历，并"种草"了一本关于女性心理健康方面的图书，如图2-5所示。

5. 才艺技能类短视频

才艺技能类短视频是以才艺展示或技能展示为主要内容的短视频类型。在抖音平台上，只要主播拥有独特的才艺或一技之长，并敢于展示自己，秀出自己的才艺和技能，往往就能收获大量的粉丝和点赞。

▲ 图2-5　抖音账号"人民邮电出版社"发布的"种草"短视频作品

才艺所指代的范围非常广，唱歌、跳舞、乐器演奏、脱口秀、相声、魔术、绘画、书法等，都属于才艺的范畴。在创作短视频时，主播可以选择自己最擅长的才艺进行展示。例如，抖音账号"怪笔大叔"发布的某条短视频作品中，主播在为用户展示自己的书法才艺，如图2-6所示。

除了才艺类短视频外，技能类短视频对于用户来说也很有吸引力，而且能带来不错的口碑。抖音平台上的技能类短视频的内容主要是展示各种绝活、技巧。例如，抖音账号"巴巴丽波"发布的某条短视频作品中，主播展示了剥虾技能，如图2-7所示。

▲ 图2-6　在短视频作品中展示书法才艺　　　▲ 图2-7　在短视频作品中展示剥虾技能

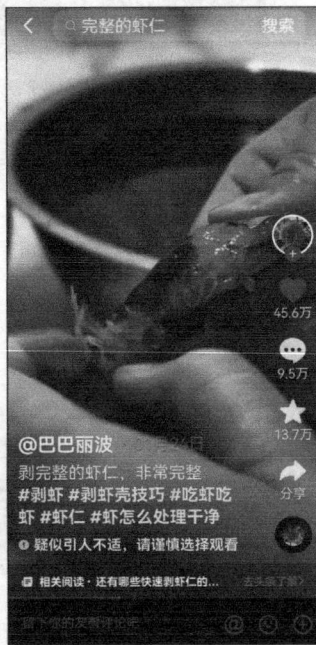

6. 评论解说类短视频

抖音平台有很多剧评剪辑、影评剪辑、游戏解说、体育比赛解说等内容的短视频作品，这些短视频作品能够帮助用户快速了解当下热门的影视作品、游戏和体育比赛，满足用户的快节奏生活需求。

受欢迎的短视频类型远不止以上几种，还有咨询解答类、卡通动漫类、美食美景类、萌宠萌宝类等。商家可结合账号定位及自己所长来选择合适的短视频内容创作方向。

2.2　4步精准定位账号

商家要想通过抖音电商实现商业变现，就必须明确抖音账号的内容方向和受众人群，对账号进行精准定位。下面我们就来看看具体如何精准定位抖音账号。

2.2.1 第一步：行业定位

行业定位就是确定账号内容所涉及的行业和领域。商家进行行业定位时，一定要选择自己擅长的行业和领域，这样才能保证内容的质量并持续不断地输出。

例如，抖音账号"夏叔厨房"的主播是一名得到过专业认证的烹饪专家，拥有丰富的烹饪实操经验，所以他选择从自己擅长的烹饪行业入手来运营抖音账号，最大限度地将自己的优势发挥出来。在抖音账号"夏叔厨房"的账号主页可以看到，截至 2023 年 12 月，该账号的点赞数为 1.4 亿，粉丝量为 1226.8 万，运营数据非常可观。

当然，一个行业包含的内容可能很广泛，这时商家就需要对行业进行细分，从某个重点细分领域入手来打造抖音账号。例如，某商家发现，现在有很多身材丰满的女性很难找到理想的服装搭配，于是就从服装搭配领域中的大码女装搭配入手，持续发布一些关于大码女装搭配、测评、产品"种草"的短视频作品，因此受到众多粉丝的喜欢。

2.2.2 第二步：内容定位

内容定位简单来说就是确定账号的内容方向，并根据该方向来创作短视频内容。目前，抖音平台上的短视频内容丰富多元，短视频的内容类型也呈现出多样化。所以，抖音商家必须做好账号的内容定位，使自己的短视频内容具有特色，这样才能获得更多粉丝的青睐。商家可以参考以下 7 个步骤来确定账号的内容定位，如图 2-8 所示。

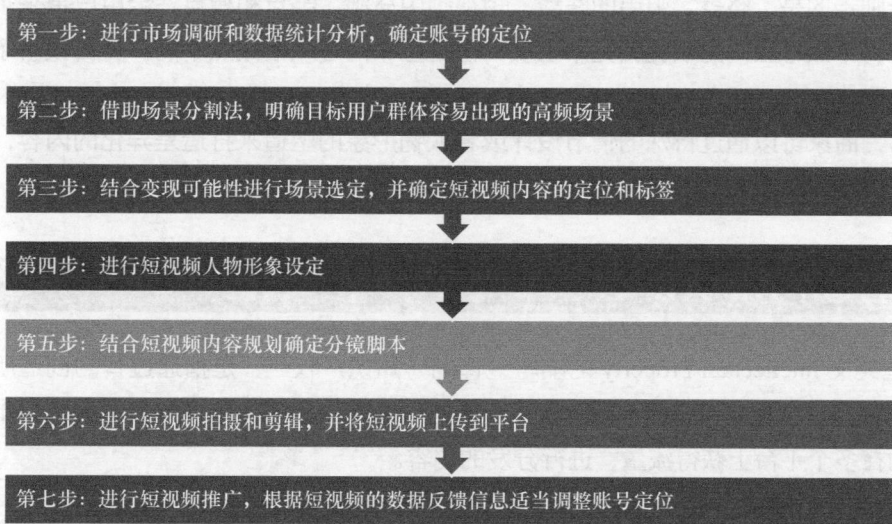

第一步：进行市场调研和数据统计分析，确定账号的定位

第二步：借助场景分割法，明确目标用户群体容易出现的高频场景

第三步：结合变现可能性进行场景选定，并确定短视频内容的定位和标签

第四步：进行短视频人物形象设定

第五步：结合短视频内容规划确定分镜脚本

第六步：进行短视频拍摄和剪辑，并将短视频上传到平台

第七步：进行短视频推广，根据短视频的数据反馈信息适当调整账号定位

▲ 图2-8 内容定位的7个步骤

提示

在上述7个步骤中，场景分割法就是商家围绕目标用户群体进行思维发散，思考目标用户群体可能身处的场景，以及他们身边可能发生的事件，然后找到那些发生频次较高的场景，并围绕这些场景进行短视频的内容规划。

2.2.3 第三步：用户定位

商家如果能够明确抖音账号的目标用户群体，做好用户定位，了解用户的喜好，并努力挖掘用户需求，就能实现精准化的内容推送，从而获取更多的精准流量。

商家可以从用户的年龄、性别、地域分布、职业和消费能力 5 个方面入手进行定位分析，如图 2-9 所示。通过对目标用户进行分析，商家可以了解目标用户的人群画像，并根据目标用户的人群特征制定有针对性的账号运营策略，并进行精准营销。

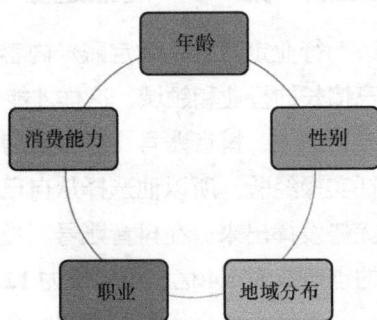

▲ 图2-9 用户定位分析

2.2.4 第四步：差异化定位

差异化定位往往能够使自己的账号从众多的抖音账号中脱颖而出，让更多的用户记住并关注自己的账号。差异化定位主要体现在内容、表达方式、表现场景、拍摄方式、视觉效果及 IP 打造等方面。

目前，抖音平台中相似类型的账号有很多，要想给用户留下深刻的印象，商家在定位账号时就需要凸显独特性。例如，抖音平台中的两个以双胞胎兄弟为主角的剧情类账号，其中一个账号得益于主播帅气、俊朗的形象，发布的内容大多是兄弟二人日常的生活情景；而另一个账号则走的是"整蛊"弟弟的路线，短视频中充满了笑点和槽点，给用户带来了满满的欢乐。这两个账号虽同为双胞胎兄弟主演，但定位和内容风格截然不同，各自吸引了不同喜好的用户群体。

通常，商家可以通过特殊的情节设计或者人物形象的塑造来打造差异化的内容，从而吸引用户的关注。

2.3 打造个人IP人设

IP 是英文 Intellectual Property 的缩写，译为"知识产权"，是指通过智力创造所产生的专利权、著作权、版权和商标等。随着互联网的发展，IP 引申出很多含义，大体是指凭自身的吸引力在多个平台上获得流量，进行分发的内容。

2.3.1 IP的重要性

IP 拥有非常高的商业价值，不仅是连接内容和用户情感的纽带，还自带巨大流量，能够有效增强用户黏性、提高用户信任度。IP 的重要性主要体现在 4 个方面，如图 2-10 所示。

- 更多的溢价空间：同样的产品和服务，拥有IP的品牌，其推广成本远低于没有IP的品牌；而且拥有IP的品牌的产品和服务的价格也要比普通品牌更高，这意味着它们

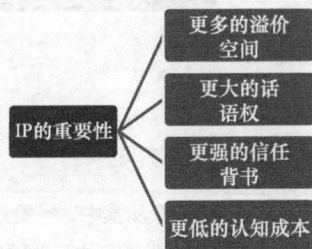

▲ 图2-10 IP的重要性

可以获取更多的利润。

- 更大的话语权：要想获得更高的商业价值，首先需要掌握在市场上的话语权。在这个竞争异常激烈的网络时代，用户愿意听你说话、愿意相信你，你才能更好地实现商业变现。而IP的存在，恰恰就能增大商家在市场上的话语权。只要商家对个人IP运营得当，就能将个人的商业价值转化为品牌的商业价值，品牌的商业价值慢慢凸显之后又会反过来提升个人的商业价值。
- 更强的信任背书：商业交易的本质是信任，商家如果拥有鲜明的个人IP，往往更容易获得用户的信任。一旦获得了用户的信任，变现就会变得很简单。
- 更低的认知成本：IP能大大缩短用户的认知过程，并且影响范围很大。例如，一提到空调，大家就可能想到"格力"；一提到手机，大家就可能想到"华为"。所以，打造个人IP能够帮助商家有效提升自己的辨识度，让用户迅速提高对自己的认知，从而建立信任感，减少中间的沟通成本。

2.3.2 个人IP的特征

个人IP是指某个人在其所属的专业领域具有强大的影响力和流量属性，如知名演艺人员、企业家、各领域的关键意见领袖（Key Opinion Leader，KOL）等都属于个人IP。

个人IP可以为自己打上标签并给用户留下一个明确的印象，让用户能够在某个垂直领域对自己高度信任，从而实现交易。个人IP主要有3个显著特征，即垂直领域、特定形象和共同认知，如图2-11所示。

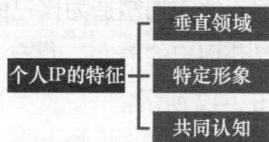

▲ 图2-11 个人IP的特征

1. 垂直领域

目前，抖音平台上的大部分个人IP几乎都是深耕于垂直领域的，因为这样才能最大限度地汇聚精准流量，提高后续成交转化率。

用户之所以愿意为某一IP付费，就在于他们信任这个IP。所以，个人IP与用户之间必须建立信任连接，也就是说个人IP本身必须有让用户信任的基础。若想做到这一点，简单、有效的方法就是集中输出垂直内容，潜移默化地影响用户的心智，在某一领域树立权威形象。

对于用户来说，获取需要的内容是建立信任连接的基础。用户可以从个人IP那里获取自己需要的内容，这样他们才会对个人IP进行持续关注。如果个人IP输出的内容是非垂直的，那么它就没有满足用户对于个人IP的期待，因此就会削弱用户继续关注IP的动力。

对于抖音平台来说，其需要通过个人IP的标签来进行流量分配。抖音平台更容易对垂直化的个人IP进行内容识别，从而为其分配更精准的流量，让账号的运营数据更加亮眼。

2. 特定形象

个人IP形象大致可以分为领袖型IP、专家型IP、伙伴型IP和分享型IP。每一种个人IP形象的运营方式和内容方向都有所不同。

（1）领袖型 IP。

领袖型 IP 是指商家将自己塑造成一个领域的领袖形象，通过领袖形象为账号或品牌进行背书。如果要打造领袖型 IP，在进行内容运营时，商家就要不断强化品牌在用户心目中的领袖形象，将用户变成粉丝，再变成自己的追随者。

（2）专家型 IP。

专家型 IP 是指商家将自己塑造成一个专家的形象。例如，某些法律咨询类抖音账号的主播每次出镜时都会身着标准的职业装，以专业的律师形象为用户解答各种法律方面的问题，给人一种专业、可靠的感觉。

> **提示**
>
> 个人IP大部分都出自一些新生领域，并没有与之相关的已经成型的标准和学术论作，更没有传统意义上的专家充当其行业规则的制定者，这就给了个人IP充分的发展空间。也就是说，在很多新生领域，人人都有成为专家的可能，人人都可以将自己塑造为专家型IP。

（3）伙伴型 IP。

伙伴型 IP 的价值在于让用户感受到其真实性。在运营之初，商家需要把形象设计得有亲合力。例如，抖音平台上比较受欢迎的萌宠类短视频大多塑造的就是伙伴型 IP，他们大都将饲养的宠物塑造为自己的好朋友，而且利用宠物塑造出来的伙伴型 IP "呆萌" 可爱，很容易俘获用户的芳心。萌宠类抖音账号 "果冻是只可爱猫" 的账号主页及部分短视频作品展示如图 2-12 所示。

▲ 图2-12　抖音账号 "果冻是只可爱猫" 的账号主页及部分短视频作品展示

伙伴型IP的运营关键在于对成长见证方面内容的呈现。商家不仅要让粉丝看到IP的成长，还要让粉丝看到个人IP是如何成长的，这是粉丝对个人IP的重要期待。

（4）分享型IP。

分享型IP是抖音平台上最简单的一种个人IP玩法，商家只需要持续性地输出高质量的内容即可。但分享型IP输出的内容一旦缺乏新意，就很容易使用户失去观看兴趣。因此，输出大量有价值的、新颖的内容是分享型IP成长的唯一途径。

3. 共同认知

共同认知，简单来说就是塑造一个让大多数粉丝都认可的固定形象。形象的塑造不仅需要账号内容的输出，还需要通过IP联动、直播、其他媒体平台曝光等形式来完成。

例如，抖音平台上某音乐人除了定期发布短视频作品以外，还会在每晚9点与粉丝进行直播互动，而且在直播时都会使用专门的特效将自己装扮成一个橘子的形象，长此以往便可使粉丝形成对其IP的共同认知。

2.3.3 做好账号人设

鲜明稳定的账号人设能够给用户留下深刻的印象，商家也可以借助这个人设形成自己独特的IP标签。那么如何做好账号人设呢？在进行账号人设定位时，商家需要思考3个关键问题，我们把这3个问题称为"人设三问"，如图2-13所示。

▲ 图2-13 人设三问

1. 我是谁

第一个问题：我是谁？这个问题很好理解，就是介绍自己的名字、职业、身份及地理位置等信息，给用户留下深刻的第一印象，让用户能够清楚地记住自己。商家可以将能够表明自己身份的信息加入账号名称，如"张大厨""美妆达人小贝"等。

2. 我的优势是什么

第二个问题：我的优势是什么？这个问题的答案对于账号的人设定位来说是"加分项"。商家需要将自身的一些优势罗列出来，如具有一定的才艺、特长等，通过突出自身优势来俘获用户的芳心。

3. 我的差异化优势是什么

第三个问题：我的差异化优势是什么？商家需要思考自己与同类账号的区别在哪里，如主播的性格特点、拍摄风格、内容主题等。只有找到自己的差异化优势，才能在众多同类型账号中脱颖而出，吸引用户的关注和喜爱。

> **提示**
>
> 商家需要充分考虑账号所面向的主要受众人群，根据受众人群的需求来打造人设。账号人设一旦确立，就不能轻易改变，这样才能在用户心中树立起一个稳定清晰的形象。

2.4 5步创建一个吸引人的账号

商家在找准自己的账号定位后，就可以着手创建一个账号了。首先在注册抖音账号后，需要对账号进行认证，然后需要设置账号的基本信息，如名称、头像、简介等。下面将为大家详细讲解如何创建一个抖音账号。

2.4.1 第一步：账号注册

创建抖音账号的第一步是注册并登录账号。用户既可以通过手机号直接注册登录，也可以使用今日头条、QQ、微信及微博等第三方账号登录，如图 2-14 所示。

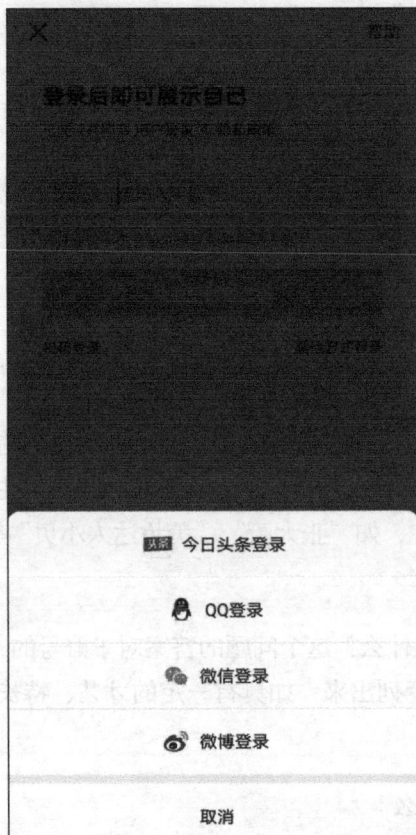

▲ 图2-14 注册并登录抖音账号的几种方式

在上述这几种注册登录方式中，一般优先选择手机号直接注册登录的方式。通过手机号注册账号非常方便，用户只需要输入手机号，在手机上获取短信验证码，并将验证码输入注册页面相应的文本框中即可完成注册。而且这种注册方式能够使账号获得较高的权重，为以后的账号运营打下一个好的基础。

> **提示**
>
> 注册的手机、手机号、申请的账号要一一对应，做到"一机一卡一号"。另外，抖音账号注册时间越长，权重越高。所以，建议商家在利用抖音账号发布第一条短视频前，至少提前1个月注册抖音账号。在注册抖音账号后的7天内，商家先不要发布任何短视频，也不要修改资料，更不能植入广告，以免影响账号权重。

2.4.2 第二步：账号认证

创建抖音账号的第二步是进行账号认证。后期抖音平台会根据账号的权重进行流量分配，所以注册好抖音账号以后，商家最好进行账号认证，以增加账号权重，进而得到抖音平台更多的扶持和推荐流量。账号认证的具体操作如下。

步骤1 登录并进入抖音 App 首页，点击页面右下角的"我"按钮，如图 2-15 所示。

步骤2 进入个人主页，点击页面右上角的 ▤ 按钮，再点击"设置"选项，如图 2-16 所示。

▲ 图2-15 抖音App首页

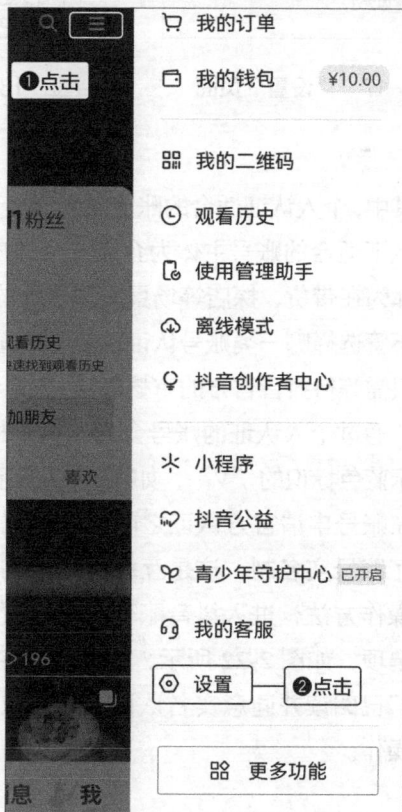

▲ 图2-16 个人主页

步骤3 进入"设置"页面,点击"账号与安全"选项,如图2-17所示。

步骤4 进入"账号与安全"页面,点击"申请官方认证"选项,如图2-18所示。

步骤5 进入"抖音官方认证"页面,在该页面中可以进行个人认证、组织认证和经营角色认证,如图2-19所示。

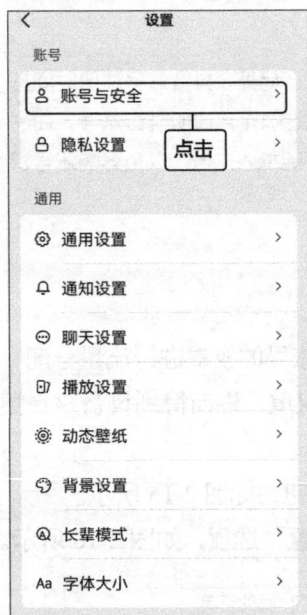

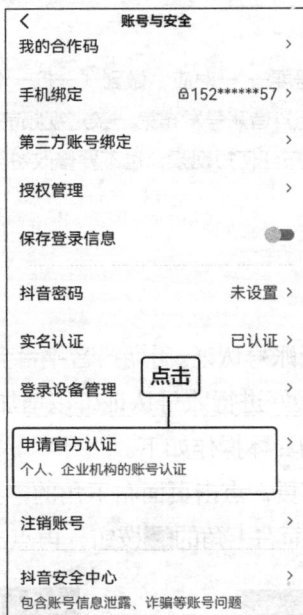

▲ 图2-17 "设置"页面　　▲ 图2-18 "账号与安全"页面　　▲ 图2-19 "抖音官方认证"页面

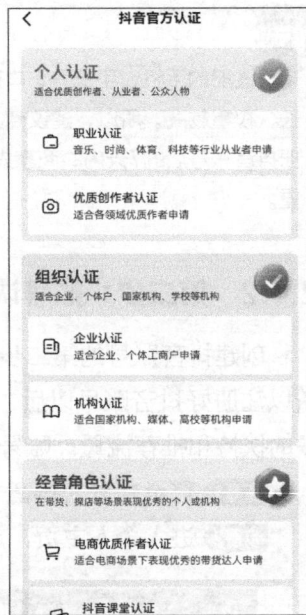

其中,个人认证适合的账号主体为音乐、时尚、体育、科技等行业从业者,以及优质创作者,组织认证适合的账号主体为企业、个体户、国家机构、学校等机构,经营角色认证适合的账号主体为在带货、探店等场景表现优秀的个人或机构。

不管选择哪一类账号认证,都需要满足相应的条件,提交相关的证明材料。申请成功以后,用户只需等待抖音官方的审核即可。如果认证审核通过,个人主页中就会显示官方认证的字样。例如,通过个人认证的账号会显示黄色标识的"V",如图2-20所示;通过组织认证的账号会显示蓝色标识的"V",如图2-21所示。

在账号申请官方认证之前,建议先对账号进行实名认证。现在网上很多软件和应用都采用了账号实名制,这是互联网发展的必然。进行实名认证的操作也很简单,按照上文讲解的操作方法,进入抖音账号的"设置"页面,然后依次点击"账号与安全"→"实名认证"选项,如图2-22所示;进入"实名认证"页面,如图2-23所示,输入相关认证信息,选中"已阅读并同意实名认证服务协议",点击"同意协议并认证"按钮,即可完成实名认证操作。

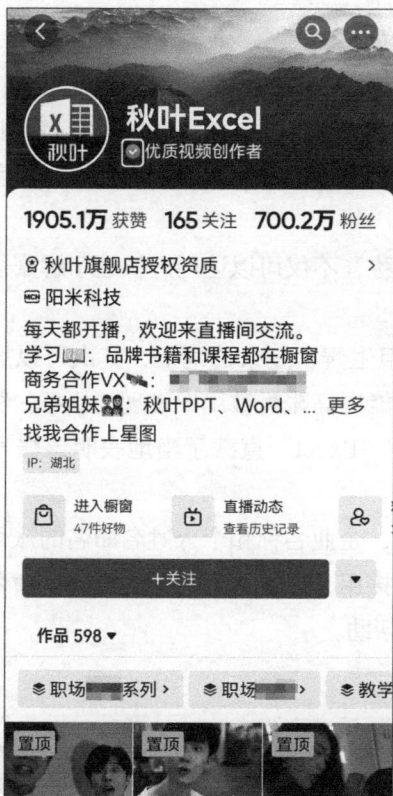

▲ 图2-20 "黄V"账号示例

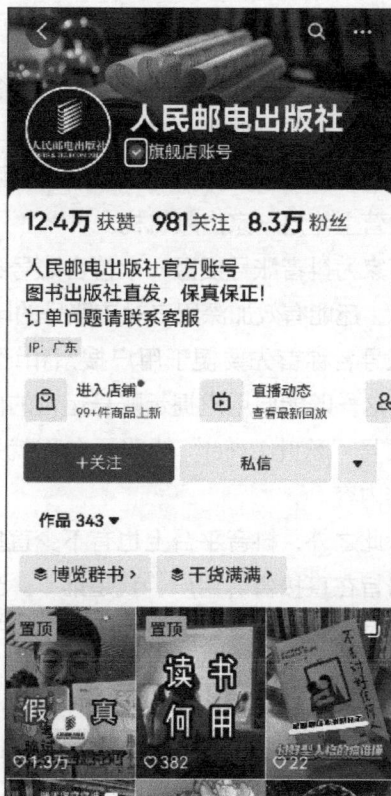

▲ 图2-21 "蓝V"账号示例

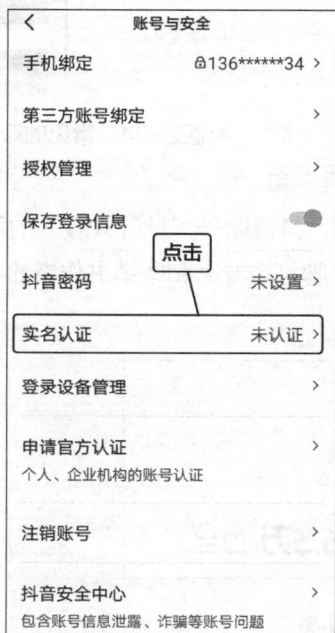

▲ 图2-22 在"设置"页面进行"实名认证"设置

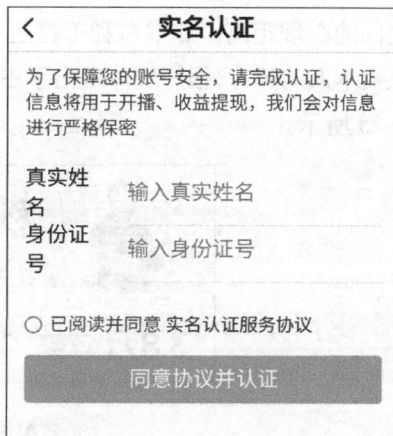

▲ 图2-23 "实名认证"页面

2.4.3　第三步：设置账号名称

创建抖音账号的第三步是设置账号名称。账号名称可以说是一个账号的身份象征，因为很多用户仅仅通过账号名称就可以大致了解该账号的基础信息，包括账号内容方向、账号主体、主播身份等。例如，用户仅从抖音账号"人民邮电出版社"的账号名称就可以知道该账号的经营主体是一家出版机构。

商家为抖音账号设置一个符合账号身份定位的名称，不仅可以让用户快速了解账号的基础信息，还能有效加深用户对该账号的印象。

账号名称首先要便于用户搜索和记忆，避免使用生僻、复杂的词汇；其次可以加入关键词，这样既能向用户提示账号运营的内容方向，又能提高账号被用户发现的概率。例如，抖音账号"秋叶 Excel"的账号名称就是利用关键词"Excel"直截了当地表明该账号主要的创作内容。

除此之外，抖音平台上也有不少直接用品牌名称、企业名称和个人姓名命名的账号，这类账号旨在直接告诉用户"我是谁"。当然也可以直接用"行业＋人名"的方式来命名，这类账号对于后期植入广告和进行目标用户定位非常有帮助。

2.4.4　第四步：设置账号头像

创建抖音账号的第四步是设置账号头像。账号头像是用户识别账号的一个重要因素，它具有很强的视觉冲击力，能够帮助用户更快地识别和记住账号。账号头像的设置要结合账号的内容风格来确定，且要求图像清晰美观。常见的账号头像有 4 种类型，如图 2-24 所示。

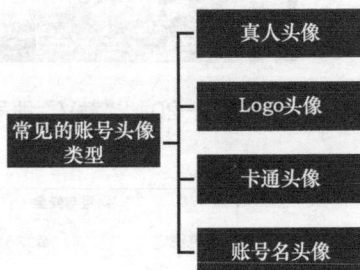

▲ 图2-24　常见的账号头像类型

1. 真人头像

真人头像是指使用真人照片作为头像。这种类型的账号头像可以直观地展现主播的个人形象，从而拉近用户和商家之间的心理距离，非常有利于打造个人 IP。例如，抖音账号"秋叶大叔"的账号头像使用了主播本人的照片，很好地体现出了主播作为个人品牌打造专家和畅销书作者的专业形象，如图 2-25 所示。

▲ 图2-25　真人头像

2. Logo头像

Logo 头像是指直接使用品牌 Logo 作为头像。Logo 头像可以向用户明确地传达账号运营的方向，有助于强化品牌形象。例如，抖音账号"小米官方旗舰店"，商家直接用小米的品牌 Logo 作为头像，辨识度极高，很好地加深了抖音用户对该品牌的印象，如图 2-26 所示。

▲ 图2-26　Logo头像

3. 卡通头像

卡通头像是指使用卡通形象作为账号头像。卡通形象可爱有趣，且辨识度高，因此有很多抖音商家会选择卡通形象作为账号头像。在选取卡通形象作为账号头像时，要注意卡通形象是否与账号定位相符。例如，抖音账号"时尚临风—小艺"的账号头像是一个非常时尚的卡通女性形象，如图 2-27 所示，而该账号以分享形象管理、色彩搭配和穿搭技巧干货内容为主，账号的运营方向和内容与账号头像的风格相得益彰。

▲ 图2-27　卡通头像

4. 账号名头像

账号名头像是指直接用账号名称作为头像，它能够给用户带来非常直观的感受，强化账号 IP。例如，抖音账号"这不科学啊"的账号头像就使用了它的账号名称，整个画面简单明了，给用户留下了深刻印象，如图 2-28 所示。

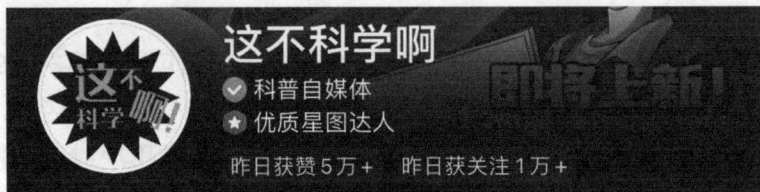

▲ 图2-28　账号名头像

2.4.5　第五步：撰写账号简介

创建抖音账号的第五步是撰写能够体现账号特色的简介。账号简介不仅是账号身份定位的关键要素，还具有一定的营销价值。账号简介一般字数较少，通常都是用一句话来对账号的运营身份、运营领域和运营理念等进行简单介绍。一则优秀的账号简介通常需要符合以下3个标准。

1.　便于理解

账号简介要便于用户理解，让用户一看就能明白商家想要表达的是什么。账号简介中切记不要出现生僻字和复杂词汇。

例如，支付宝官方抖音账号的简介是"就是你们熟悉的那个支付宝"，该账号简介非常好理解，用户一看就知道该账号是支付宝的官方账号，如图 2-29 所示。

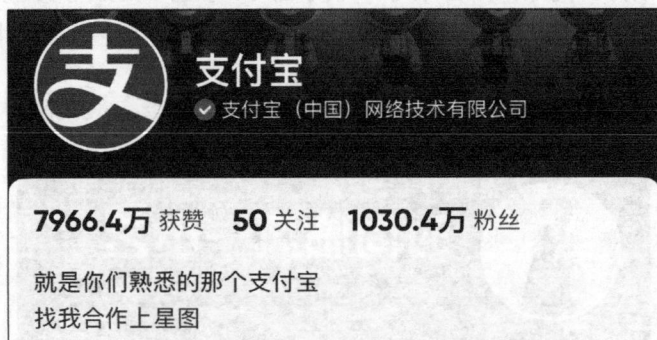

▲ 图2-29　支付宝官方抖音账号的简介

2.　简洁明了

账号简介不仅要便于用户理解，还要简洁明了。建议商家尽量用简短的一句话来概括账号信息，避免账号简介过于冗长。

例如，抖音账号"人民日报"的简介："参与、沟通、记录时代 。"此简介不仅让用户对该账号的宗旨和特点一目了然，还更容易吸引关注和赢得信赖，非常符合新闻类短视频账号的特点，如图 2-30 所示。

图2-30　抖音账号"人民日报"的简介

3. 具有价值

账号简介传递的信息需要具有一定的价值和意义。这里的价值和意义体现在两方面：一是体现账号本身的价值，即表明账号定位；二是体现该账号能够给用户带来什么样的价值。

某健身类抖音账号的简介如图2-31所示，该账号简介首先表明了主播的身份是10年形体健身运动培训师，接着表明了她曾帮助数千名女性成功塑形减肥，这就是在阐述该账号能够带给用户的价值。

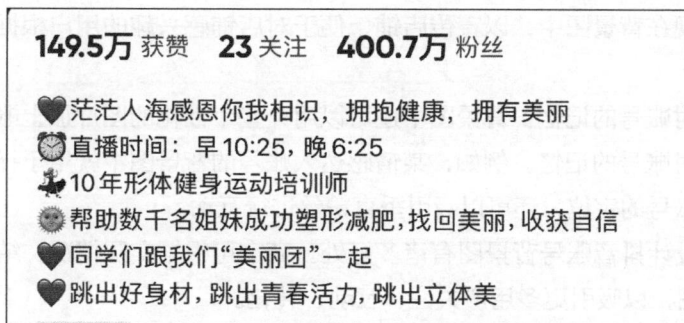

▲ 图2-31　某健身类抖音账号的简介

因此，商家在撰写账号简介时，内容最好便于理解，简洁明了，且能传递账号价值，这样才能让用户快速了解关注该账号能获得什么价值。

2.5　新手问答

2.5.1　设计抖音账号的背景图有哪些好处

背景图就是抖音主页的头图，是一个体现账号定位的重要元素。因此，很多商家都会专门设计有吸引力的背景图，以求更好地展示账号特点。设计抖音账号背景图的好处主要体现在以下几个方面，如图 2-32 所示。

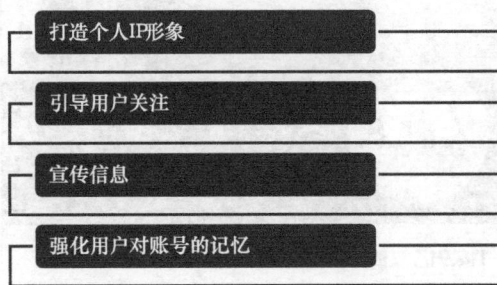

▲ 图2-32 设计抖音账号背景图的好处

- 打造个人IP形象：好的背景图能用于打造个人IP形象，加深账号在用户心中的印象。例如，有些商家用自己的照片来做背景图，方便用户一眼认出自己，也起到了一定的宣传作用。
- 引导用户关注：在背景图中增添有趣的引导话术或突出利益点的相关内容，能引导更多用户关注账号。例如，某房产中介账号在背景图中写着"关注我可私信咨询购房问题"，可以引导有购房需求的用户主动关注账号，以获得咨询购房问题的机会。
- 宣传信息：背景图中还可以添加很多信息，如账号简介、人设介绍、活动通知等有利于产品宣传、品牌宣传的信息。例如，某餐饮店账号将自己店铺的地址以文字+图片的形式展现在背景图中，以宣传店铺，便于对店铺感兴趣的用户根据地址信息到店内消费。
- 强化用户对账号的记忆：背景图中还可以用一些个性化的图片加上账号领域的说明，强化用户对账号的记忆。例如，某情感达人账号的背景图中就用了抒情的文字强化自己情感类账号的定位，还可以吸引垂直粉丝进行互动。

由此可见，设计抖音账号背景图有诸多好处。商家可根据实际情况，结合账号定位设计有吸引力的背景图，以吸引更多用户关注、互动、转化。

2.5.2 抖音账号权重是什么

抖音账号权重是指抖音平台对某个抖音账号进行评价的一系列数据。抖音账号的权重将直接影响其作品的曝光度和播放量。如果账号权重较高，那么该账号所发布的短视频作品就能够获得较多的曝光和推荐，进入更大的流量推荐池，从而获得更大的播放量；反之，如果账号权重较低，那么该账号所发布的短视频作品获得的初始推荐量就相对较小，短视频作品得到展现的机会也比较少，从而导致短视频作品的播放量很小。

抖音账号权重的构成包括个人信息、账号绑定、账号认证和违规行为 4 个部分。其中，个人信息和账号绑定属于基础项；账号认证属于加分项；违规行为属于减分项。

- 个人信息：包括账号名称、账号头像、账号简介、性别、年龄、地区、学校、企业信息等。

- 账号绑定：包括手机号绑定、第三方账号绑定（微信、QQ、微博、今日头条/西瓜视频）、设备绑定（"一机一卡一号"）等。
- 账号认证：包括官方认证和实名认证。
- 违规行为：包括账号名称、账号头像、背景图违规，私信、视频/音频内容违规以及频繁评论等。

因此，商家在创建抖音账号时，最好将个人信息、账号绑定、账号认证等进行精细完善，并且切忌在账号名称、账号头像、背景图等中加入违规内容。

第3章
抖音开店与店铺管理

无论是商家还是达人，想在抖音电商中深耕，必须开设相应的店铺。抖音小店作为抖音常见的开店方式，是抖音开店的首选。那么，在抖音开店需要满足哪些条件及经过哪些流程？开店之后如何设置和管理呢？本章主要讲解抖音开店与店铺管理的相关知识，以帮助大家快速熟悉抖音开店与店铺管理。

3.1 在抖音开店做生意

商家想在抖音开店做生意，需先了解开通抖音小店的条件及流程。

3.1.1 开通抖音小店的条件

目前，抖音小店的入驻类型有3种，分别是个体工商户入驻、企业/公司入驻和个人入驻。商家入驻时需要满足相应要求并提供所需材料。

1. 入驻要求

目前，抖音小店具体的入驻要求如下。

（1）入驻主体应为个体工商户/企业/自然人。

（2）个体工商户/企业的经营范围及经营时间应在营业执照规定的经营范围及经营期限内。

（3）售卖商品须包含在招商类目范围内，且具备相关资质。

（4）商品必须符合法律及行业标准的质量要求。

（5）商家应如实提供相关资质和信息材料，并依据法律法规和平台规则向消费者履行平台内经营者义务。

（6）平台有权根据平台类目管理、品牌需要及商家经营状况、服务水平等因素决定是否允许商家入驻，其中部分类目采用定向招商方式，具体要求可见各行业规范。

（7）平台有权在商家申请入驻后及后续经营阶段要求商家提供其他经营资质。

（8）平台有权基于商品类目的特殊情形，如季节性商品不宜继续售卖、商品危险度提升等原因，经提前通知商家后，关闭相关商品类目。

（9）平台将结合国家相关法律规定、各行业发展动态、消费者购买需求及平台需要，不定期更新入驻标准；同时有权根据消费者体验、商家综合实力等因素调整部分商家的品牌资质要求。

另外，抖音平台包含7种店铺类型：企业店、旗舰店、官方旗舰店、专卖店、专营店、个体店和个人店。其中，企业店、旗舰店、官方旗舰店、专卖店和专营店的申请主体必须为企业/公司，个体店的申请主体为个体工商户，个人店的申请主体为个人身份，7种店铺的具体适用情况如表3-1所示。商家可结合自己的经营主体和品牌授权及品牌力情况，选择不同的店铺类型。

表3-1 抖音平台上的7种店铺类型

店铺类型	申请主体	品牌力	适用情况
企业店		高（知名品牌）	经营自有品牌、授权品牌或者既经营自有品牌又经营授权品牌
旗舰店		高（知名品牌）	经营多个自有品牌或一个一级独占授权品牌
官方旗舰店	企业/公司	高（知名品牌）	经营多个自有品牌或一个一级独占授权品牌
专卖店		低（新创品牌或满足特定品牌资质要求的品牌）	经营一个或多个授权品牌且各品牌归同一实际控制人
专营店		中（成长期品牌）	经营2个及以上授权品牌或者既经营授权品牌又经营自有品牌
个体店	个体工商户		经营非品牌商品
个人店	个人身份		经营非品牌商品

2. 入驻材料

无论是开设哪种类型的店铺，商家都需要提供相应的入驻材料。入驻材料主要包括主体资质和品牌资质，如图3-1所示。

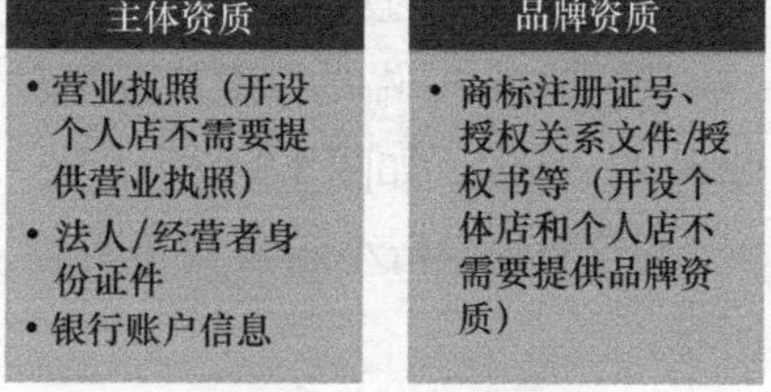

例如，企业开设企业店需要提供的主体资质如下。

- 营业执照：需提供三证合一/二证合一的营业执照原件扫描件或加盖公司公章的营业执照复印件；确保未在企业经营异常名录中，且所售商品在营业执照经营范围内；距离有效期截止时间应大于15天；证件需保证清晰、完整、有效。

主体资质	品牌资质
• 营业执照（开设个人店不需要提供营业执照） • 法人/经营者身份证件 • 银行账户信息	• 商标注册证号、授权关系文件/授权书等（开设个体店和个人店不需要提供品牌资质）

▲ 图3-1 入驻材料

- 身份信息：根据身份归属地，提供相应的经营者身份证件，如提供二代身份证的正反面照片；证件须保证清晰、完整、有效。
- 账户验证：分为实名认证和打款验证两种验证方式。实名认证需要填写经营者/法人个人名下的银行卡号，输入银行预留手机号，填写验证码；打款验证需要填写企业对公银行卡号、开户银行、开户支行的所在地及名称，输入平台给该账户的打款金额。如果企业的法人/经营者拥有境内身份证，可自由选择验证方式；如果企业的法人/经营者没有境内身份证，只能选择打款验证。

开设企业店需要提供的品牌资质如下。

- 经营自有品牌需提供商标注册证号。商标注册证右上角编号即为商标注册号，或通过商标局官网查询商标注册号。
- 经营授权品牌需提供由商标权利人为源头授权到开店主体的完整授权关系文件/授权书；已经注册的商标（R标），或申请时间满6个月且无驳回复审的TM标；如果商标权利人为自然人，需提供商标权利人亲笔签名的身份证正反面复印件；授权剩余有效期需大于6个月；授权文件中需包含授权方、被授权方、授权品牌、授权期限等。

3.1.2　开通抖音小店的流程

商家在满足抖音小店的入驻要求及准备好入驻材料后，即可着手准备开通抖音小店。虽然不同类型的抖音小店的入驻流程有差异，但总体而言主要包括 8 个步骤，如图 3-2 所示。

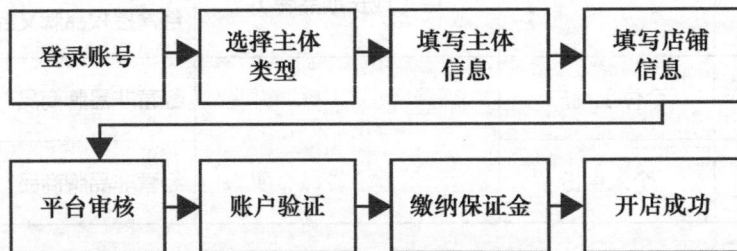

▲ 图3-2　开通抖音小店的流程

具体的操作过程如下。

步骤1 在 PC 端的百度首页搜索"抖音小店"（简称"抖店"）或"抖音电商"，单击"立即入驻"按钮，如图 3-3 所示，进入抖音小店官网。

步骤2 在抖音小店官网首页输入手机号码和验证码，单击"立即入驻"按钮，如图 3-4 所示。

步骤3 进入"请选择主体类型"页面，根据实际情况选择主体类型（这里以"个人身份"入驻为例进行讲解），单击"立即入驻"按钮，如图 3-5 所示。

▲ 图3-3 搜索"抖音小店"

▲ 图3-4 抖音小店官网首页

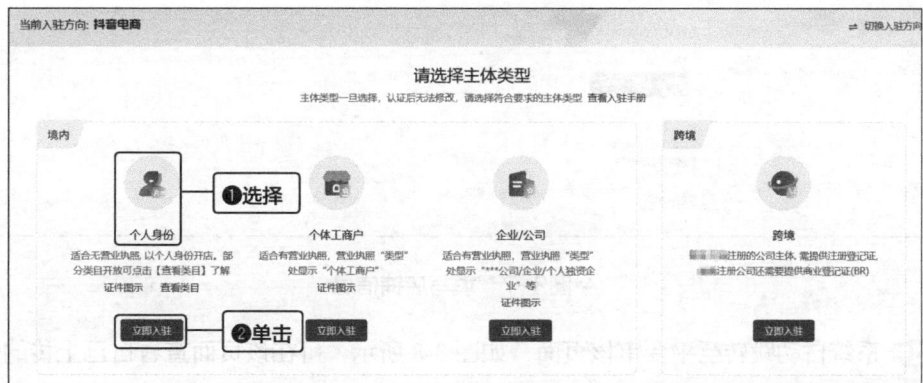

▲ 图3-5 选择主体类型

步骤4 系统自动跳转至填写主体信息页面，如实完善个人信息并上传身份证图片后，单击"下一步"按钮，如图3-6所示。

▲ 图3-6　填写主体信息

步骤5 进入填写店铺信息页面，填写店铺基本信息、经营类目等信息，如图 3-7 所示。填写完成后单击"提交审核"按钮。

▲ 图3-7　填写店铺信息

步骤6 系统自动跳转至平台审核页面，如图 3-8 所示，可在该页面查看自己上传的个人信息、店铺信息等。

平台审核通过后，即可成功开通抖音小店。以个人身份入驻抖音小店较为简单，如果是以企业/公司和个体工商户身份入驻，平台审核通过后需要进行账号验证（企业/公司需要进行实名认证或打款验证，个体工商户只需通过人脸识别完成验证即可），开店成功后还需要缴纳一定的保证金。

▲ 图3-8 平台审核

3.2 抖音小店账号管理

为了简化抖音小店的管理工作，商家需掌握一些基础的抖音小店账号管理的技巧，如为抖音小店绑定渠道号、抖音小店支付相关设置、抖音小店子账号的管理等。

3.2.1 为抖音小店绑定渠道号

抖音平台与今日头条、抖音火山版、西瓜视频等多个平台同属一个体系，这里的绑定渠道号旨在将同一个抖音小店中的商品分享至以上多个平台，实现多个账号为同一个抖音小店引流，提升商家订单量的目的。那么，如何为抖音小店绑定渠道号呢？具体的操作步骤如下。

步骤1 在 PC 端进入抖音小店后台，单击"营销中心"→"直播卖货"→"账号管理"选项，进入"账号管理"页面，单击"新增绑定账号"按钮，如图 3-9 所示。

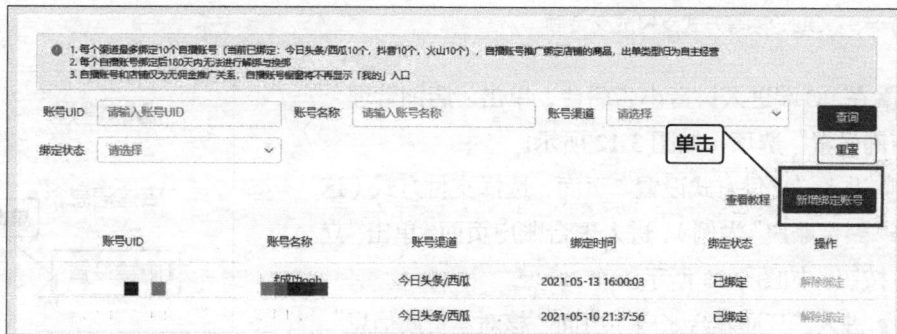

▲ 图3-9 单击"新增绑定账号"按钮

步骤2 进入"新增绑定账号"页面，如图 3-10 所示。选中对应账号渠道，然后单击"登录需要绑定的账号"链接。

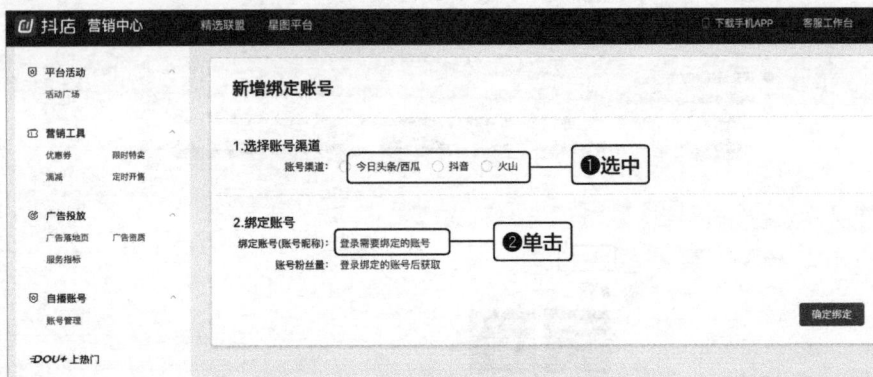

▲ 图3-10 "新增绑定账号"页面

步骤3 在弹出的"手机号登录"对话框中输入手机号码及验证码等信息，单击"登录"按钮，如图 3-11 所示。

步骤4 返回"新增绑定账号"页面，单击"确定绑定"按钮，即可完成渠道号的绑定。

商家可使用类似方法将抖音小店绑定至今日头条、西瓜视频等渠道。

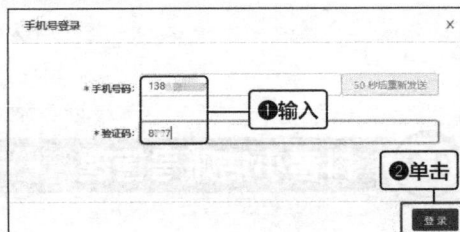

▲ 图3-11 "手机号登录"对话框

3.2.2 抖音小店支付相关设置

在抖音小店经营过程中，用户需要向商家支付成交金额，那么商家如何完成支付相关设置呢？抖音小店支持聚合账户、微信支付等支付方式。这里以设置聚合账户为例进行讲解，具体操作如下。

> **提示**
>
> 聚合账户指的是支付宝、银行卡、DOU分期等的综合账户，开通聚合账户的店铺支持用户通过支付宝、银行卡、DOU分期等方式支付成交金额。

步骤1 在 PC 端进入抖音小店后台，单击"店铺管理"下的"店铺设置"选项，如图 3-12 所示。

步骤2 进入"支付方式设置"页面，选择支付方式（这里以选择"聚合账户"为例），进入聚合账户页面，单击"立即开通"按钮，如图 3-13 所示。

步骤3 进入"开通聚合账户"页面，核对"资质信息"中的信息，滑动页面至"绑卡信息"部分，根据提示输入开

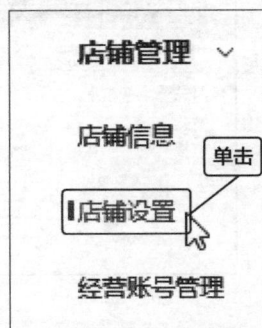

▲ 图3-12 单击"店铺设置"选项

户名称、银行卡号等信息，单击"提交"按钮，如图 3-14 所示。

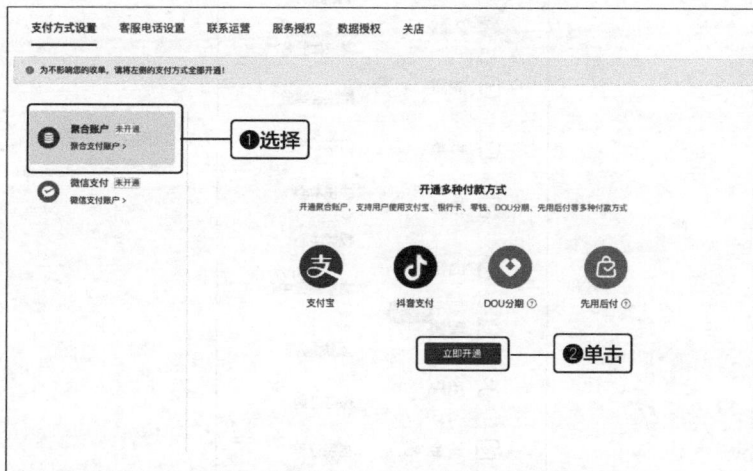

▲ 图3-13 支付方式设置

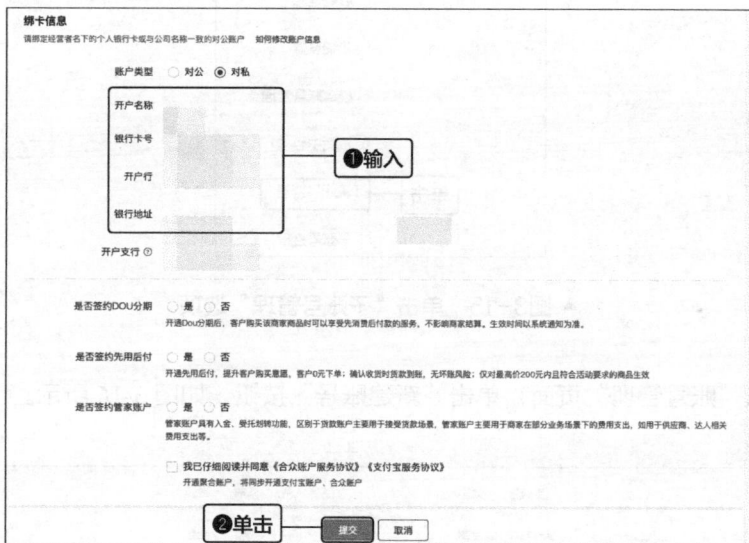

▲ 图3-14 完善绑卡信息

操作完成后，跳转至新页面，提示已开通板块中的"支付宝""银行卡支付""余额支付"等，这说明聚合账户开通成功。商家也可以根据自己的需求设置微信支付等其他支付方式。

3.2.3 抖音小店子账号的管理

在抖音小店管理过程中，员工可能需要进行上架商品、修改商品价格等操作。为了方便商家及员工对店铺的管理，系统支持抖音小店创建子账号。主账号可以创建子账号并为其分配权限，具体操作如下。

步骤1 在 PC 端进入抖音小店后台，单击"店铺"→"店铺管理"→"子账号管理"选项，如图 3-15 所示。

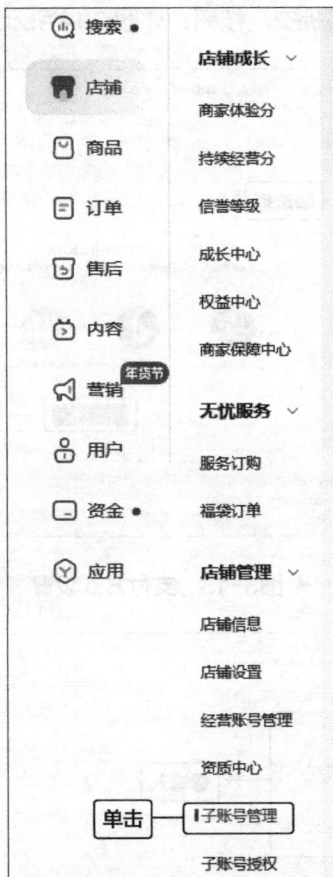

▲ 图3-15　单击"子账号管理"选项

步骤2 进入"账号管理"页面，单击"新建账号"按钮，如图 3-16 所示。

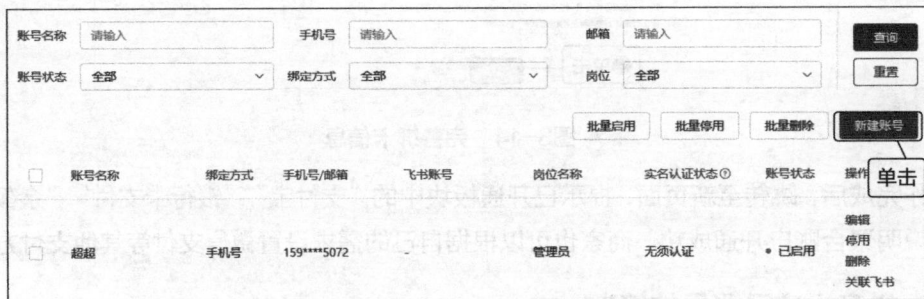

▲ 图3-16　单击"新建账号"按钮

步骤3 系统弹出"新建账号"页面，根据页面提示完善账号名称、绑定方式等信息，单击"新建"按钮，如图 3-17 所示。

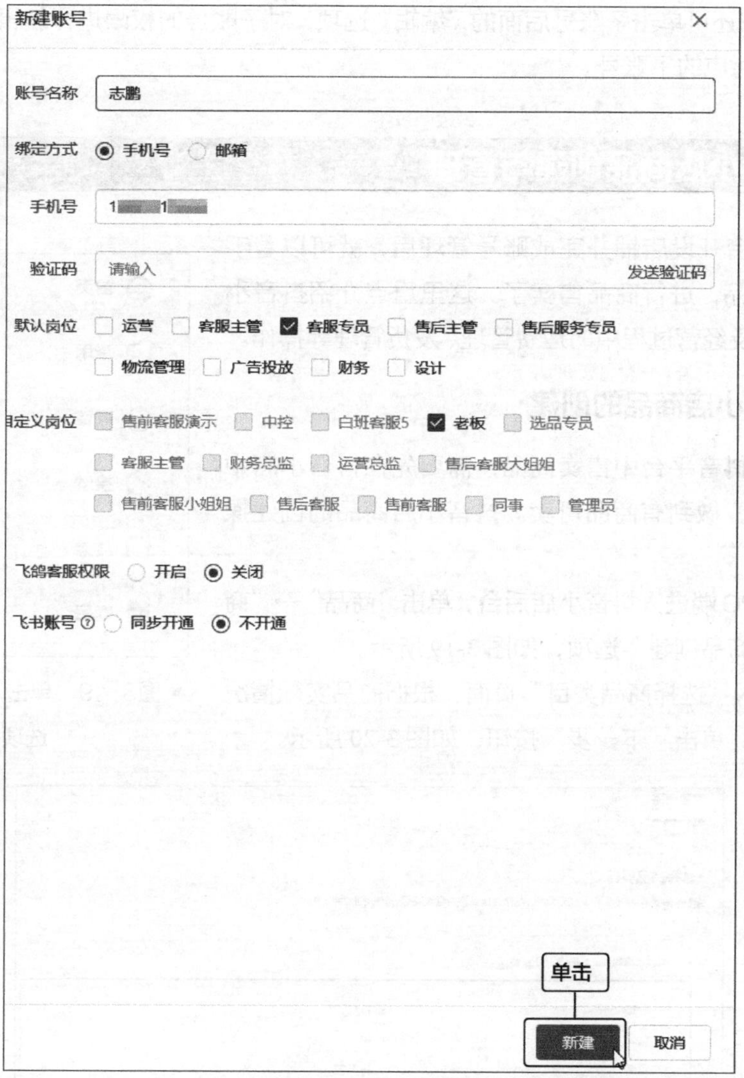

新建账号 ✕

账号名称   志鹏

绑定方式   ⦿ 手机号   ○ 邮箱

手机号   1▨▨▨▨1▨▨▨▨

验证码   请输入   发送验证码

默认岗位   ☐ 运营   ☐ 客服主管   ☑ 客服专员   ☐ 售后主管   ☐ 售后服务专员
         ☐ 物流管理   ☐ 广告投放   ☐ 财务   ☐ 设计

自定义岗位   ☐ 售前客服演示   ☐ 中控   ☐ 白班客服5   ☑ 老板   ☐ 选品专员
         ☐ 客服主管   ☐ 财务总监   ☐ 运营总监   ☐ 售后客服大姐姐
         ☐ 售前客服小姐姐   ☐ 售后客服   ☐ 售前客服   ☐ 同事   ☐ 管理员

飞鸽客服权限   ○ 开启   ⦿ 关闭

飞书账号 ⑦   ○ 同步开通   ⦿ 不开通

单击

新建   取消

▲ 图3-17 新建子账号

步骤4 返回"账号管理"页面，可以看到前面创建的子账号。如果显示账号"已启用"，则说明子账号新建成功，如图 3-18 所示。

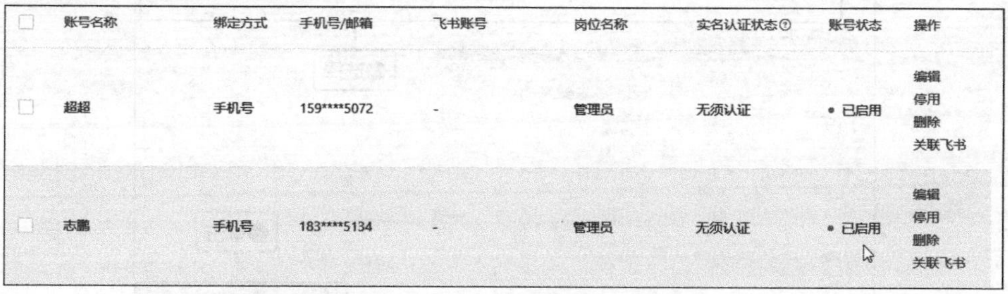

☐	账号名称	绑定方式	手机号/邮箱	飞书账号	岗位名称	实名认证状态⑦	账号状态	操作
☐	超超	手机号	159****5072	-	管理员	无须认证	● 已启用	编辑 停用 删除 关联飞书
☐	志鹏	手机号	183****5134	-	管理员	无须认证	● 已启用	编辑 停用 删除 关联飞书

▲ 图3-18 查看已创建的子账号

步骤5 商家还可单击子账号后面的"编辑"选项，对子账号的权限进行编辑；单击"删除"选项，可删除对应的子账号。

(3.3) 抖音小店商品创建与管理

在抖音平台开设店铺并完成账号管理后，就可以着手创建与管理商品，进行商品售卖了。这里重点介绍抖音小店商品的创建及经营过程中的运费管理、发货管理等操作。

3.3.1 抖音小店商品的创建

商家想在抖音平台中售卖商品，需要先在抖音小店中创建商品链接，做到有商品可卖。抖音小店商品的创建操作如下。

步骤1 在 PC 端进入抖音小店后台，单击"商品"→"商品管理"→"商品创建"选项，如图 3-19 所示。

步骤2 进入"选择商品类目"页面，根据商品实际情况选择商品类目，单击"下一步"按钮，如图 3-20 所示。

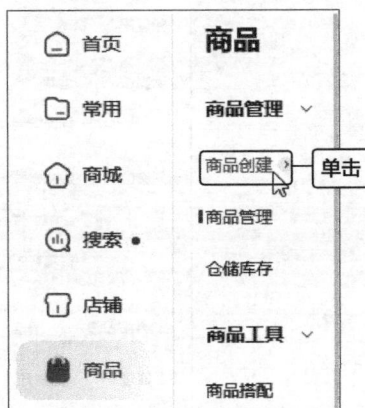

▲ 图3-19 单击"商品创建"
选项

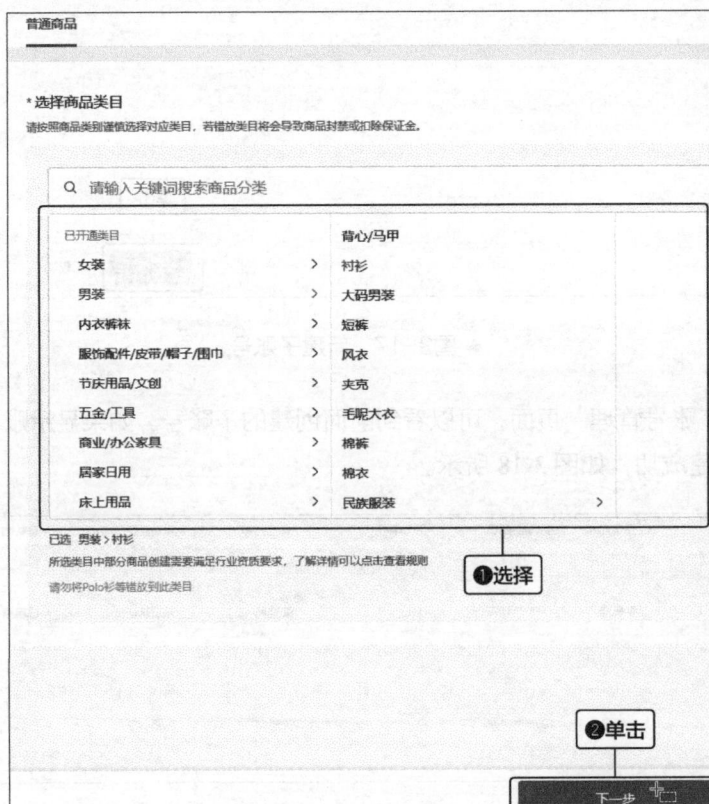

▲ 图3-20 选择商品类目

步骤3 进入商品创建的"基础信息"页面，根据商品实际情况完善商品信息，如商品标题、类目属性等，单击"发布商品"按钮，如图 3-21 所示。

▲ 图3-21 完善商品信息并发布商品

值得注意的是，商品创建过程中所填写的商品信息都是用户可以看到的信息，包括商品价格、颜色属性、功能属性等，所以这些信息一定要如实填写。

3.3.2 抖音小店商品的运费管理

抖音小店商品在售卖过程中，必然面临运费问题。部分商品虽然价格合理、外观引人注目，但运费可能让用户望而却步。那么，如何为商品设置运费呢？实际上，商家可以设置多个运费模板，在创建商品时直接使用。设置运费模板的步骤如下。

步骤1 在 PC 端进入抖音小店后台，单击"订单"→"发货管理"→"物流工具"选项，如图 3-22 所示。

步骤2 进入"运费模板"页面，单击"新建模板"按钮，如图 3-23 所示。

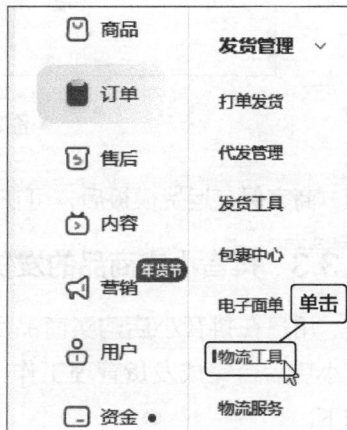

▲ 图3-22 单击"物流工具"选项

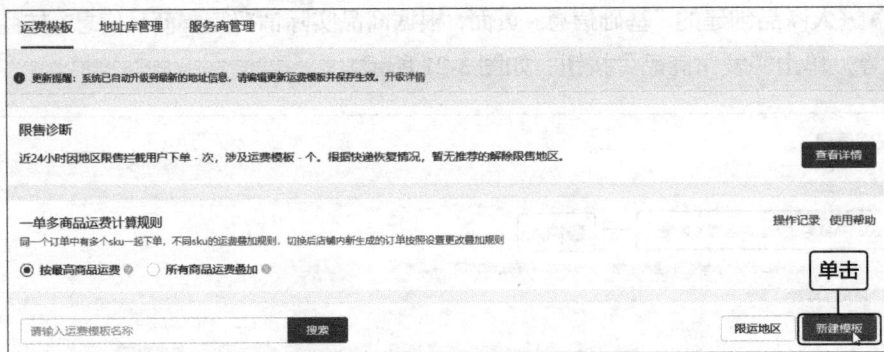

▲ 图3-23　单击"新建模板"按钮

步骤3 进入"新增模板"页面，根据提示完善信息，如模板名称、发货地区、运费设置等，单击"保存"按钮，如图 3-24 所示。

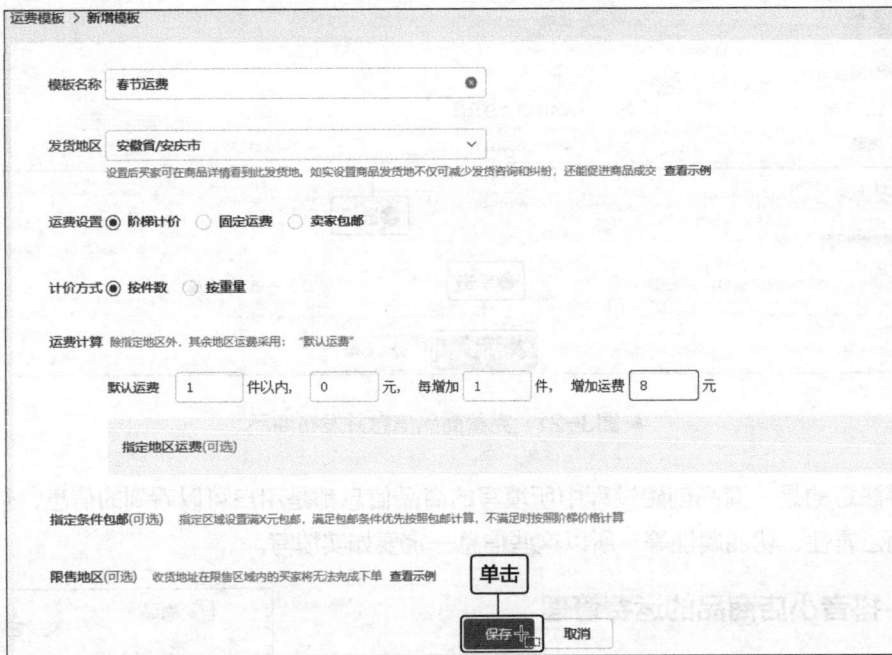

▲ 图3-24　完善运费模板信息并保存模板

商家保存运费模板后，可在创建商品时直接使用，无须再一一设置。

3.3.3　抖音小店商品的发货管理

用户在抖音小店购买商品后，商家需要根据订单信息及时做好发货工作。商家可在抖音小店后台完成发货管理工作。为了做好发货管理工作，商家还可以进行批量发货，操作如下。

步骤1 在 PC 端进入抖音小店后台，单击"订单"→"发货管理"→"发货工具"选项，如图 3-25 所示。

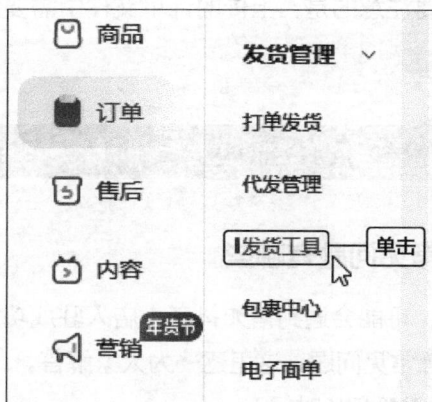

▲ 图3-25 单击"发货工具"选项

步骤2 系统自动跳转至"批量发货"页面，上传订单文件，如图 3-26 所示。

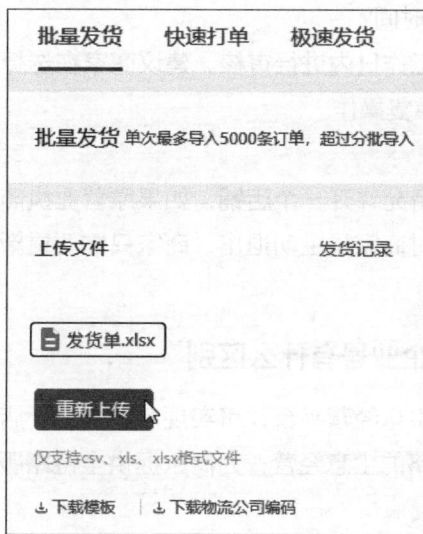

▲ 图3-26 上传订单文件

步骤3 在页面右侧的"本次发货订单"中输入订单编号或物流单号，单击"查询"按钮，如图 3-27 所示。

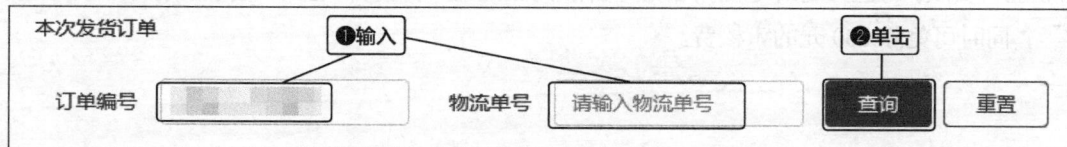

▲ 图3-27 输入订单编号后单击"查询"按钮

步骤4 页面下方会出现相关的订单信息，勾选订单前面的复选框，单击"批量发货"按钮，即可完成批量发货操作。需要注意的是，上传的订单文件中需要填写具体的订单编号、快递公司名称及物流单号等信息。

3.4 新手问答

3.4.1 入驻抖音小店的常见问题有哪些

商家在开通抖音小店时，可能会遇到诸如抖音小店入驻成功需要多长时间、类目审核需要多长时间、如何重新开店等常见问题，这里逐一为大家解答。

（1）抖音小店入驻成功需要多长时间？

入驻材料全部提交后，抖音平台会进行资质审核，需 1 ～ 3 个工作日。审核通过后，商家需使用对私账户银行预留手机号验证或对公账户打款验证，需 1 ～ 3 个工作日。验证通过后，商家需缴纳保证金，保证金缴纳完成即开店成功，可以开始卖货。

（2）类目审核需要多长时间？

抖音平台将于 1 ～ 3 个工作日内进行审核。建议商家在选择类目时，尽量在可选范围内一次性选择齐全，避免多次重复操作。

（3）如何重新开店？

一个营业执照在抖音平台允许开一个店铺，如果原营业执照已经完成了关店操作，想再次使用该营业执照开店，同时商家是主动退出，商家只需要重新注册一个账号后，用原营业执照完成开店操作即可。

3.4.2 抖音小店和抖音企业号有什么区别

抖音小店是一站式商家生意经营平台，可实现商品交易、店铺管理、售前及售后履约、第三方服务市场合作等全链路的生意经营，为商家提供全链路服务，帮助商家长效经营、高效交易，实现营收的新增长。

而抖音企业号是企业商家在抖音做生意的一站式经营平台，为企业商家提供"蓝V"标识、用户洞察、粉丝触达、转化工具、培训指导等服务，帮助企业商家更好地维护用户，并通过持续地经营深化企业商家与用户的关系，从而实现品牌、销量等商业价值的持续增长。

抖音小店商家可在完成官方抖音账号绑定后，认证为抖音企业号。如果抖音小店具备抖音企业号资质，可直接将绑定的抖音账号升级为企业号，若具备"蓝V"资质，则可升级为"蓝V"，同时可免除 600 元的审核费。

第4章
装修抖音店铺，提升用户进店转化效果

如何让自己的抖音小店在众多抖音小店中脱颖而出呢？除了抖音账号要持续输出有价值的内容外，抖音店铺的装修也至关重要。

4.1 店铺装修基础知识

在众多的同类店铺中，要想让用户对自家店铺及商品有深刻的印象，除了商品的外观、功能及服务外，还有一项内容影响着用户对店铺的记忆，那就是店铺装修。在开始店铺装修之前，商家需要先了解店铺装修的基础知识。

4.1.1 店铺装修的重要性

在线下实体店营销中，装修精美的门店往往更容易吸引逛街的消费者进店消费。为了在竞争日益激烈的抖音电商行业中生存，抖音小店也同样需要以更精美的页面来吸引用户点击并购买商品。毕竟，抖音小店的商家越来越多，如果店铺无法在装修风格上吸引用户的目光，那么愿意进入店铺浏览商品的用户就会变少，订单自然也会减少。店铺装修的重要性体现在以下 3 个方面。

1. 增加店铺流量和用户停留时间

店铺装修是店铺页面的导流行为。当店内有多种商品时，如何陈列及搭配商品就成了重点。大方得体、精美的店铺装修，不仅有利于吸引更多的流量，而且能延长进店用户的停留时间，增加用户跳转至多个商品页面的概率。如此一来，可以增加流量的访问深度，促进用户购买多个商品，提升流量 UV（Unique Vistor，独立访客）产值。

2. 提高商品成交量，增强用户对商品的信任感

用户在抖音小店购物时多通过视频、文字和图片来了解商品。美观的页面设计有利于增强用户对商品的信任感，提高商品附加值、成交量和店铺浏览量。一般而言，装修精美和专业的店铺容易让人产生购买欲望。因此，设计好店铺页面和商品详情页是为了让用户有更好的购物体验，进而提高商品销售额。图4-1所示为拉面说抖音旗舰店首页精选页面，不仅展现了店铺的专业设计水准，为用户提供了愉悦的购物体验，还增强了用户对商品的信任感。

3. 提升店铺形象与商品品质

装修精美的店铺更能让用户产生愉悦感，即使是长时间浏览也不容易使用户视觉疲劳。图4-2所示为拉面说抖音旗舰店的"全部商品"页面，它经过了美工的精心设计与装修，呈现出整洁、美观的版式设计效果。同时，科学合理的商品陈列，提升了店铺的整体形象和商品的品质感。

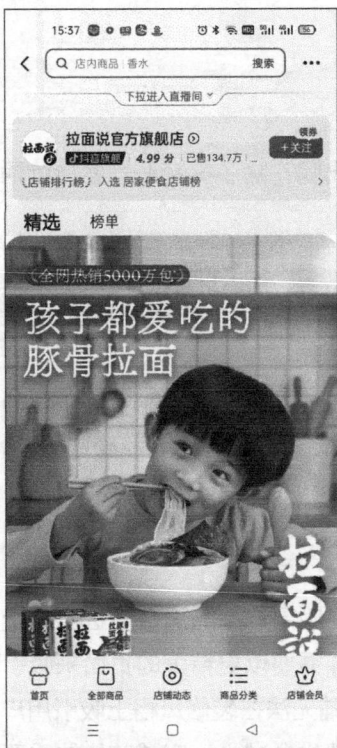

▲ 图4-1 拉面说抖音旗舰店首页精选页面   ▲ 图4-2 拉面说抖音旗舰店的"全部商品"页面

4.1.2 店铺装修的配色

打开抖音小店的页面之后，首先给用户带来视觉冲击的就是店铺的色彩。好的配色不但可以打动人心，让人产生共鸣，还能提高店铺的辨识度。

1. 抖音小店页面的色彩构成

抖音小店页面的色彩构成主要包括主色、辅助色和点缀色。主色作为品牌色、背景色使用，主要用于影响整个画面格调；辅助色主要起衬托作用，旨在帮助主色建立更完整的形象，使主色更出彩的同时也让画面视觉效果更丰富；点缀色的功能则是活跃画面和引导阅读。例如，某美妆抖音小店首页以喜庆的红色为主色、米色为辅助色、淡黄色为点缀色，如图 4-3 所示。

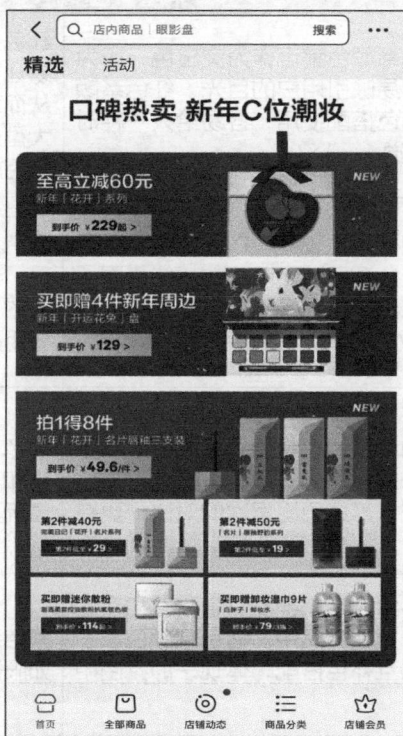

▲ 图4-3　某美妆抖音小店首页的色彩构成

2. 抖音小店页面的配色比例

在抖音小店页面中，一般主色的占比为 70%，辅助色的占比为 25%，点缀色的占比为 5%，如图 4-4 所示。一般情况下建议画面色相不超过 3 种，例如深红色和暗红色可以视为一种色相。

▲ 图4-4　抖音小店页面的配色比例

3. 抖音小店装修配色方案

恰到好处的配色方案不仅可以为店铺装修加分，还有利于提高商品的转化率。但是不同的商品、不同的季节、不同的时间往往会对色彩有不同的要求，商家在应用时需要注意颜色搭配。表 4-1 详细列出了在抖音小店装修中不同色系的配色方案及应用建议。

表4-1　抖音小店装修中不同色系的配色方案及应用建议

色系	配色方案	应用建议
红色系	大多数情况下，红色系颜色都可作为突出色，因为红色系颜色鲜明，容易吸引用户的目光。红色系颜色与灰色、黑色等颜色搭配使用，容易给人一种时尚、现代且积极的感觉	红色系颜色和黄色系颜色搭配很容易让用户联想到节日庆典的氛围，从而增强店铺的促销感。因此，在大型促销海报中，经常会用到这种配色方案
橙色系	橙色系颜色本身色调平衡性较好，在强化视觉感受的同时还能通过改变色调营造出不同的情绪氛围。橙色系颜色既能表现出年轻的活力，也能传达出稳重感，因此它在抖音小店装修中的使用频率比较高	橙色系颜色主要用于展示时尚的商品，也是一种容易引起食欲、有活力的色彩，因而常被用于食品、儿童用品、家居用品等行业的店铺中
黄色系	黄色系颜色亮度高，较为醒目，因而容易给人留下明快、高贵及柔和的感觉，也容易引起人们对味觉的条件反射，给人带来甜美感。黄色系颜色可与红色、黑色和白色搭配，形成画面层次的对比，更有利于突出商品主体	黄色系颜色主要用于表现华美、时尚和温暖的商品，如家用电器、儿童玩具和食品等
紫色系	紫色系颜色往往能够给人带来神秘、奢华、稀有的感觉，被广泛应用于女性商品中。紫色系颜色属于冷色调，可与少量的互补色搭配，体现宁静氛围中的华丽感与开放感	紫色系颜色主要用于表现女性商品，如服饰、箱包、珠宝、高端化妆品等
绿色系	绿色系颜色作为最能表现自然能量的色彩，常给人一种自然、舒适、充满活力和希望的感觉。绿色系颜色作为冷色调，可与少量的互补色搭配，例如绿色和红色搭配，可以展现力量感	绿色系颜色容易让人联想到环保、天然和健康方面的事物，故适用于表现保健品、农副产品、护肤品、儿童用品等
蓝色系	蓝色系颜色是一种能表现冷静和理性的色彩。蓝色系颜色可与红色、黄色和橙色等暖色系颜色搭配，营造出较强的跳跃感，刺激用户下单	蓝色系颜色容易让人联想到科技、智慧和自然等，故适用于表现数码产品、家用电器、清洁用品、汽车用品等

4.1.3　店铺装修的风格

抖音小店的装修风格至关重要，装修风格应该迎合商品风格和品牌风格，增强消费者对店铺的记忆。常见的抖音小店装修风格如图 4-5 所示。

商家在装修抖音店铺时，应从装修主题、色彩、细节等方面去考量风格，尽量体现出商品品质与品牌形象。例如，抖音账号"东方甄选"旨在为消费者提供健康、美味的优质商品，故在抖音小店装修方面，选用了富有东方文化色彩的山水元素，营造出自然、舒适的氛围，让人仿佛置身于大自然之中。这样的装修风格不仅体现了东方甄选品牌的东方文化底蕴，也传递了品牌对自然、健康、品质的追求，如图 4-6 所示。

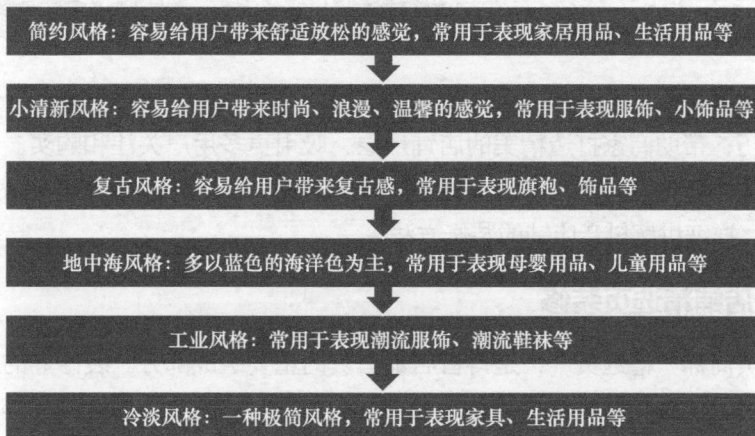

简约风格：容易给用户带来舒适放松的感觉，常用于表现家居用品、生活用品等

小清新风格：容易给用户带来时尚、浪漫、温馨的感觉，常用于表现服饰、小饰品等

复古风格：容易给用户带来复古感，常用于表现旗袍、饰品等

地中海风格：多以蓝色的海洋色为主，常用于表现母婴用品、儿童用品等

工业风格：常用于表现潮流服饰、潮流鞋袜等

冷淡风格：一种极简风格，常用于表现家具、生活用品等

▲ 图4-5　常见的抖音小店装修风格

而"窝小芽母婴旗舰店"作为一个专注6个月～6岁的婴童人群均衡饮食的账号，主要提供营养不重样的合理膳食解决方案，致力于在保障婴童饮食营养健康的同时，提升家庭的生活品质。故该抖音小店在装修方面，利用了一幅儿童画，使得整个页面充满童趣，如图4-7所示。

▲ 图4-6　"东方甄选"店铺首页

▲ 图4-7　"窝小芽母婴旗舰店"首页

由此可见，以上两个抖音小店因为商品、目标人群、时段的不同，在店铺装修风格上形成了明显的差异。商家应根据商品和品牌形象进行色彩搭配，选择合适且合时宜的装修风格，这样可以使整个店铺看上去内容更丰富、视觉效果更好，进而促成交易。

4.2 抖音店铺装修

抖音店铺装修是吸引用户和提高转化率的关键。在本节中，我们将详细介绍抖音店铺装修的方法和技巧，帮助商家打造精美的店铺形象，吸引更多用户关注和购买。精心设计的店铺页面，可以让进店用户对店铺形成深刻的印象。下面，我们将以精选页、分类页和自定义页的装修为例，详细讲解抖音店铺的装修方法。

4.2.1 抖音店铺精选页装修

官方精选页简称"精选页"，是抖音店铺首页的重要组成部分。装修好的精选页将优先展示在店铺首页。精选页的装修主要体现在头图、海报、优惠券、精选商品等模块上。下面就以在精选页中添加海报为例，讲解精选页的装修方法。

步骤1 在 PC 端进入抖音小店后台，单击"店铺"→"店铺装修"→"店铺装修"选项，如图 4-8 所示。

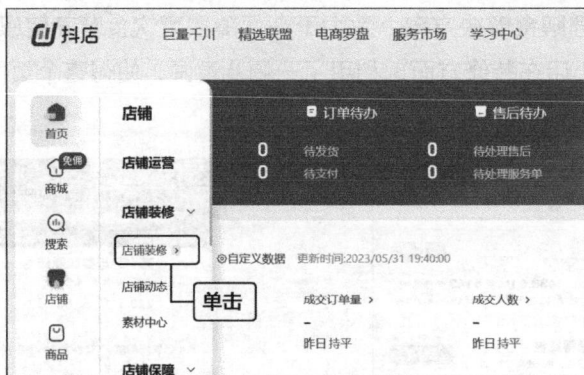

▲ 图4-8　单击"店铺装修"选项

步骤2 进入"店铺装修"页面，选择"店铺首页"中的"精选"选项，进入精选页装修页面，单击"新建版本"按钮，如图 4-9 所示，创建一个新的精选页版本。

▲ 图4-9　精选页装修页面

步骤3 弹出"新建版本"对话框，输入版本名称"新品海报"，单击"确定"按钮，如图 4-10 所示。

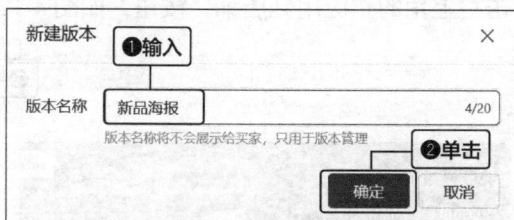

▲ 图4-10 "新建版本"对话框

步骤4 在弹出的新页面中单击"开始装修"按钮，进入该版本精选页的装修页面。将页面左侧的"海报"宣传组件拖动至页面中间的虚线框区域，如图 4-11 所示。

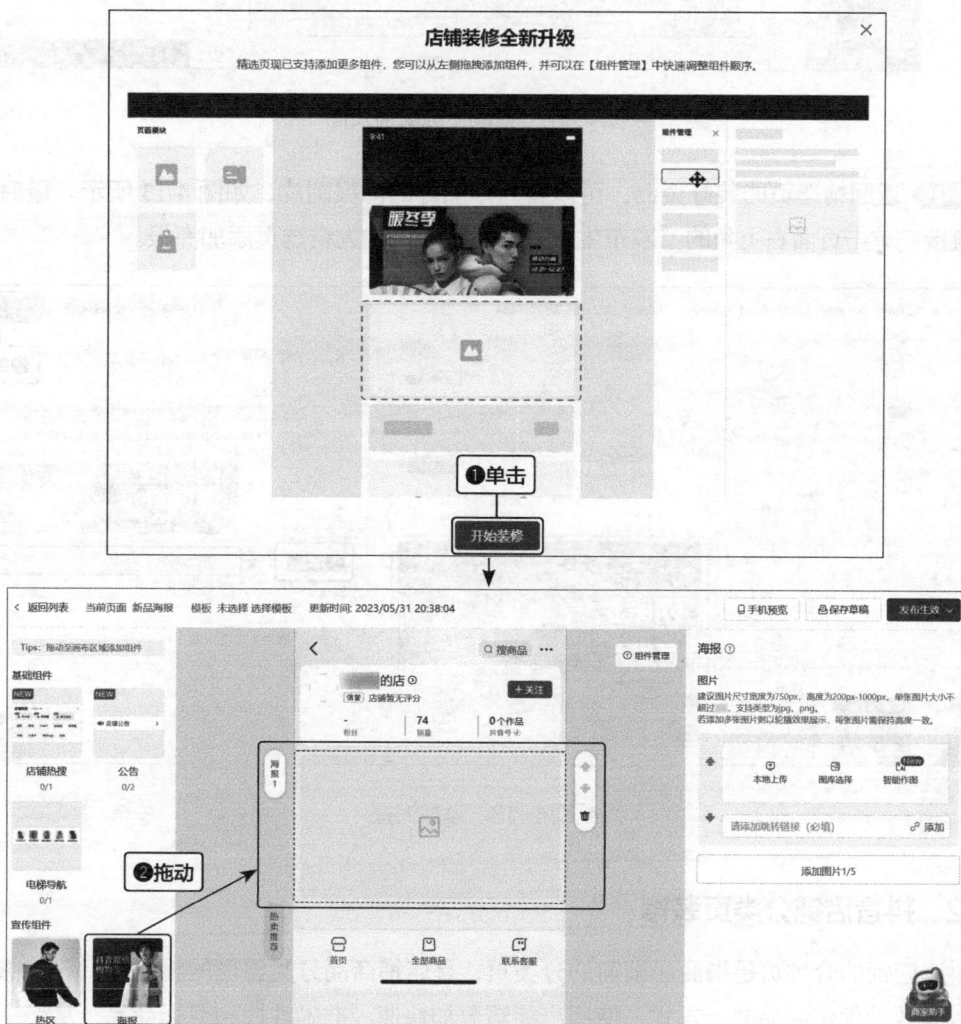

▲ 图4-11 添加"海报"宣传组件

步骤5 可以选择本地上传、图库选择或智能作图等方式为海报添加图片。这里选择智能作图方式。单击页面右侧的"智能作图"按钮，进入智能生成海报页面。在该页面中，选择合适的海报模板，然后单击右上角的"应用到店铺"按钮，如图4-12所示。

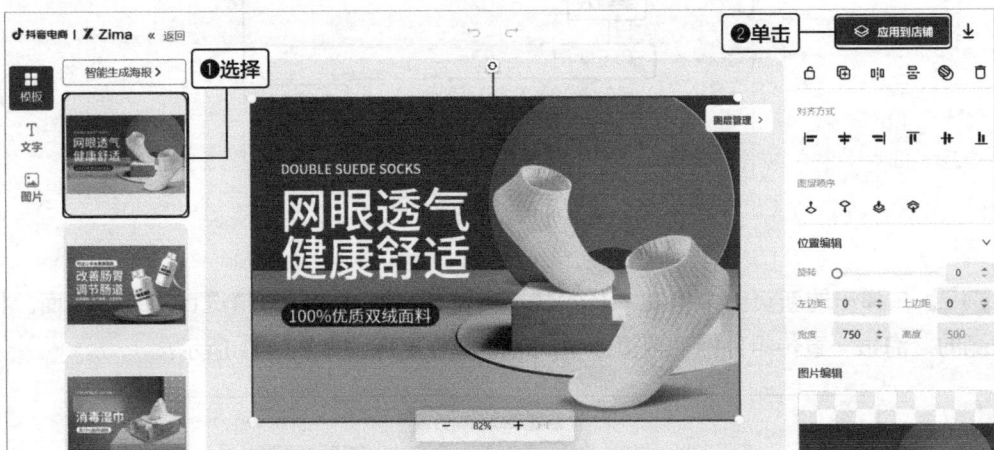

▲ 图4-12 智能生成海报页面

步骤6 返回精选页的装修页面，可以看到添加好的海报图片，如图4-13所示。最后设置跳转链接并单击页面右上角的"发布生效"按钮，即成功为精选页添加海报。

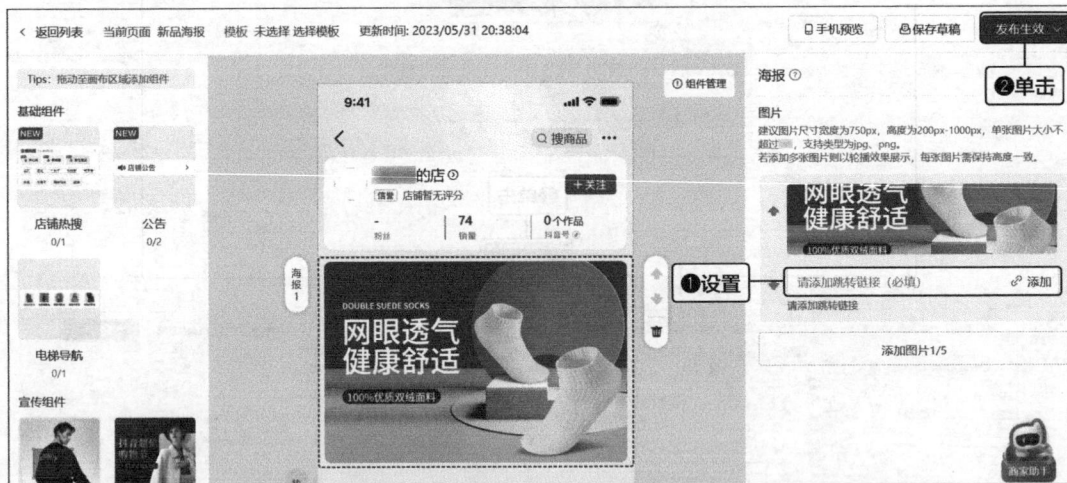

▲ 图4-13 添加海报

4.2.2 抖音店铺分类页装修

抖音店铺的分类页是指商品橱窗的分类页，是店铺商品分类整理的重要工具。装修分类页可以有效地优化商品展示方式，使用户能够更加快速、准确地找到目标商品，从而提升店铺的转化效果。在满足一定条件的情况下，系统会自动开启分类页。如果商家对系统自动开启的分类页满意，则无须进行修改。如果商家想进一步优化分类页，可以在进入装修页面后，按照页面指示新建一级分类、新建二级分类、新建三级分类，自行选择适合自己店铺的分类方式，以更好地满足用户需求，提升店铺的经营效益。抖音店铺分类页装修的操作步骤如下。

步骤1 在 PC 端登录抖音小店后台，单击"店铺"→"店铺装修"→"店铺装修"选项（参考图4-8），进入"店铺装修"页面，单击"分类页"选项，再单击"新建版本"按钮，如图4-14所示。

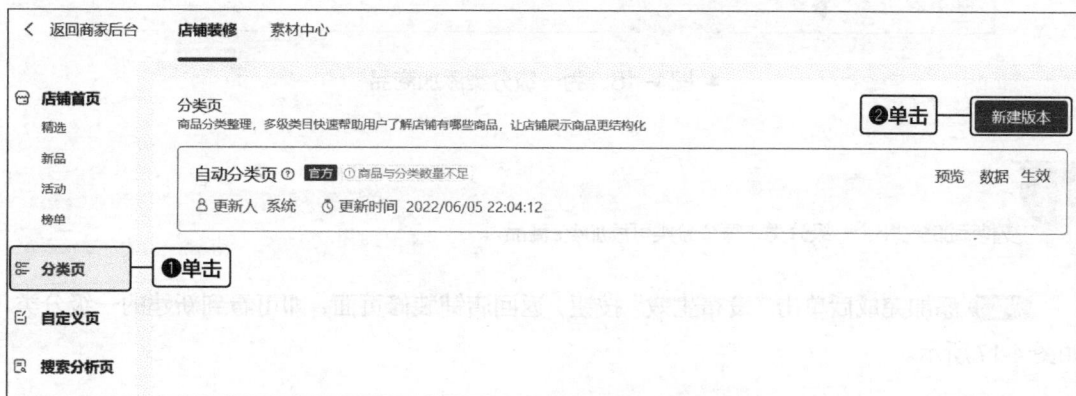

▲ 图4-14 "店铺装修"页面

步骤2 进入分类页装修页面，在页面右侧的分类列表下单击"添加一级分类"按钮，如图4-15所示。

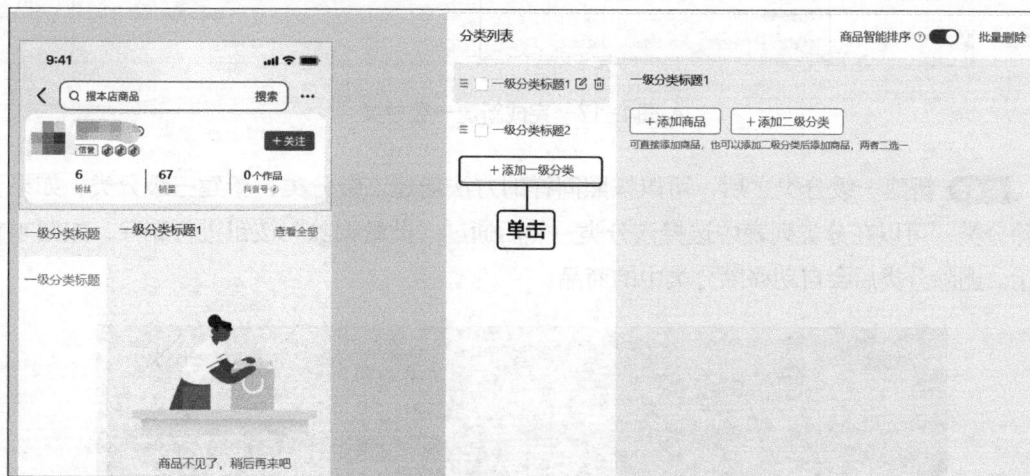

▲ 图4-15 单击"添加一级分类"按钮

步骤3 在分类列表中，可以看到新增加的"新建一级分类"，单击该"新建一级分类"按钮，再单击"添加商品"按钮，如图4-16所示，为该一级分类添加4个商品。

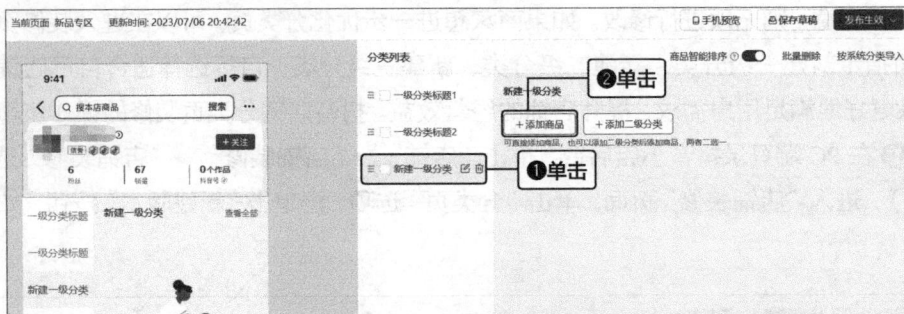

▲ 图4-16 为一级分类添加商品

提示

支持添加至少5个一级分类，每个分类可添加4个商品。

步骤4 添加完成后单击"发布生效"按钮，返回店铺装修页面，即可看到新建的一级分类，如图4-17所示。

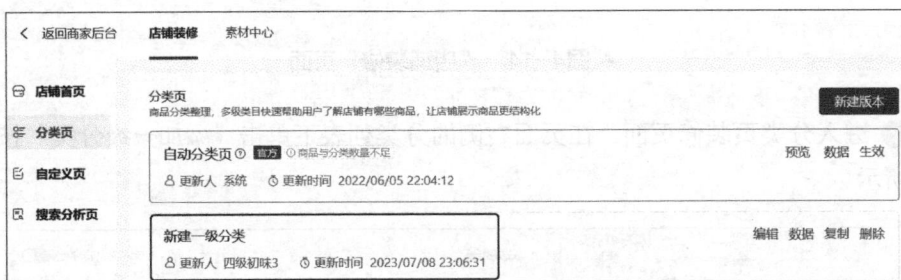

▲ 图4-17 完成新建一级分类

步骤5 新建一级分类之后，可以按照同样的方法新建二级分类、新建三级分类。如果要删除分类，可以在分类列表中选择该分类，然后通过"批量删除"按钮进行删除，如图4-18所示。删除分类后会自动移除分类中的商品。

▲ 图4-18 删除分类

4.2.3　抖音店铺自定义页装修

自定义页是指抖音店铺装修中的自定义编辑的页面，它是承接精选页/大促活动页跳转的二级页面。因此自定义页创建完成后，需要与精选页/大促活动页进行关联设置。自定义页不仅支持海报、商品、热区组件等模块设置，还能自由组合这些模块。装修自定义页可以集合同一类别、功效或活动的推荐商品，再结合精选页海报曝光，可以有效提升用户进入商品橱窗后的商品曝光率及转化率。这种自定义的装修方式可以让商家更自由地根据自己的需求来设计和布局店铺页面。自定义页装修的方法如下。

步骤1 在PC端登录抖音小店后台，单击"店铺"→"店铺装修"→"店铺装修"选项（参见图4-8），进入"店铺装修"页面。单击"自定义页"按钮，进入自定义页装修页面，单击"新建页面"按钮，如图4-19所示。

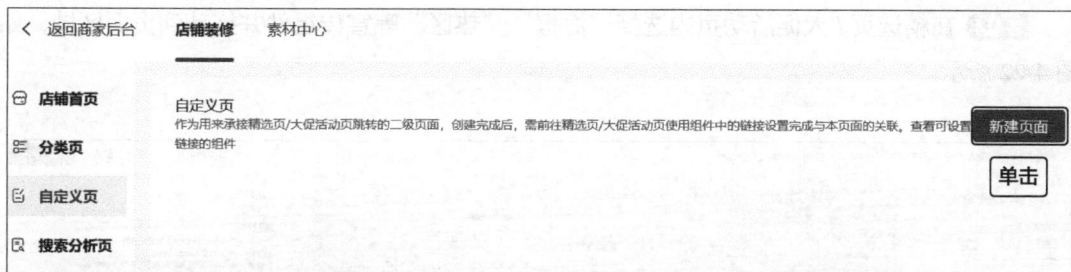

▲ 图4-19　自定义页装修页面

步骤2 跳转到编辑页面，在页面内完成宣传组件或营销组件的装修编辑，如将页面左侧的"海报"宣传组件拖动至"新品专区"，然后单击右上角的"发布生效"按钮，如图4-20所示。

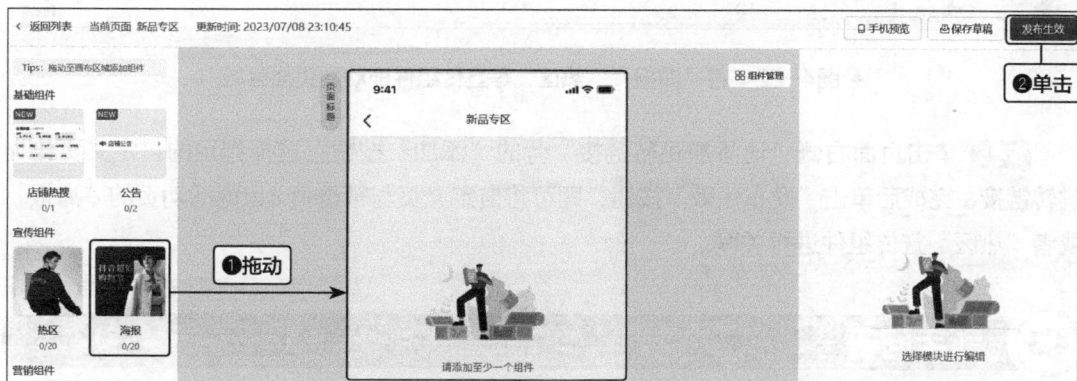

▲ 图4-20　自定义页编辑页面

步骤3 返回自定义页装修页面，即可看到新建的自定义页面正在审核，如图4-21所示。待审核通过后，页面会自动生效，并对外展示。

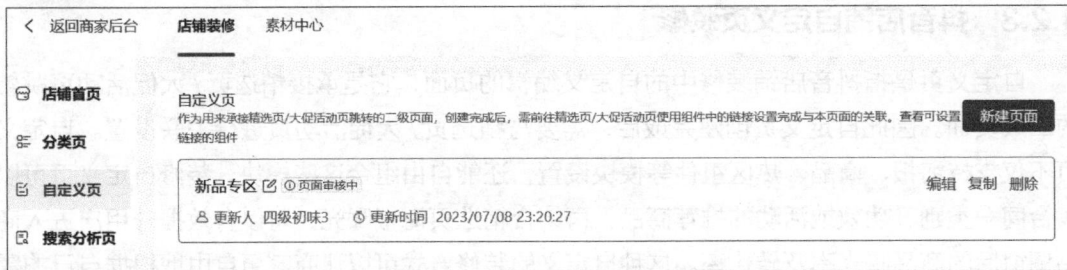

▲ 图4-21　新建的自定义页面正在审核

自定义页无法单独存在，只发布自定义页是无法展示的，需要从精选页 / 大促活动页的海报、热区、倒计时等组件模块跳转到自定义页。因此接下来前往精选页 / 大促活动页进行关联。

步骤4 在精选页 / 大促活动页内选择"海报""热区"等宣传组件并拖动到页面区域，如图 4-22 所示。

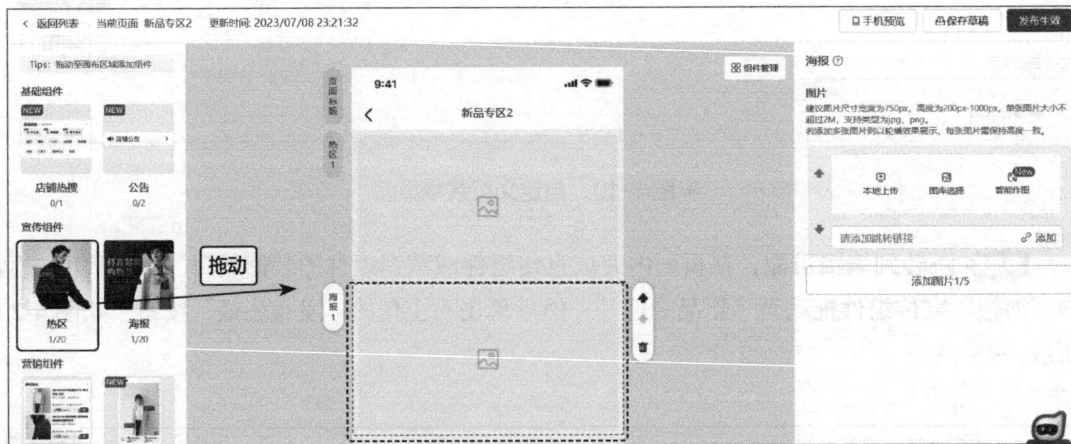

▲ 图4-22　将"海报""热区"等宣传组件拖动到页面区域

步骤5 单击页面右侧"请添加跳转链接"旁的"添加"按钮，选择指定的自定义页作为跳转链接，完成后单击"发布生效"按钮，即可将自定义页与精选页 / 大促活动页的"海报"或者"热区"宣传组件进行关联。

（4.3）新手问答

4.3.1　万能的调和色是指哪些颜色

商家在进行色彩搭配时，其实可以使用一些较为万能的调和色。例如，白色和黑色就属于万能的调和色，其应用范围较广。白色和黑色应用得当，不但能调和色彩冲突，更能营造氛围。但值得注意的是，在应用白色和黑色进行调和时，其面积不宜过大，否则容易破坏原图的氛围。

4.3.2 如何设置店铺公告

利用店铺公告，可以将最新的优惠活动、售前售后咨询方式等信息告诉进店用户，提高用户转化率。商家进入抖音小店后台，按照前文的方法，进入精选页装修页面，添加"店铺公告"，并设置公告内容、公告样式等，如图 4-23 所示，设置完成后单击"发布生效"按钮。

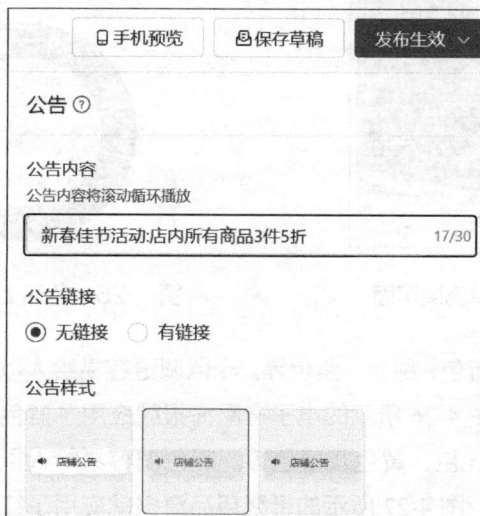

▲ 图4-23 设置公告内容、公告样式等

值得注意的是，公告内容最多30字。公告中不得包含不真实的内容或者误导用户的内容，禁止展示其他涉嫌违反法律法规的内容。

4.3.3 抖音店铺装修色彩搭配的技巧有哪些

商家在进行色彩搭配时，其实也有一些技巧可用。下面列出了 4 个色彩搭配的技巧，供大家参考。

1. 用单色调营造简洁感

在装修抖音小店时，如果不知道如何进行色彩搭配，可以考虑使用单一色彩，通过调整色彩的饱和度和透明度使页面产生变化。这样既不会让页面显得单调，又容易给人以简洁清爽的感觉。图 4-24 所示的某抖音小店的活动海报就应用了红色来营造营销氛围。

2. 巧用冷、暖色调色彩提升品质

不同的色彩之所以给人不同的感受，是因为色彩的色温不同。暖色调色彩亮度越高，越会给人温暖的感觉；冷色调色彩亮度越高，越会给人偏冷的感觉。色环上的冷、暖色系如图 4-25 所示。

▲ 图4-24 单色调页面

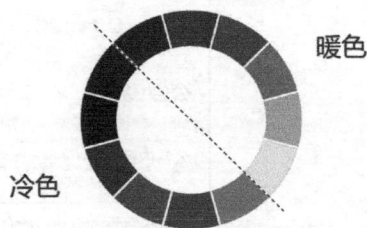

▲ 图4-25 色环上的冷、暖色系

冷色调色彩主要包括蓝色、绿色、紫色等。冷色调更容易给人以理智、冷静、沉着的感觉，常用于表现电子产品等。图4-26所示的电子产品海报就应用了蓝色系的冷色调色彩。

暖色调色彩主要包括红色、黄色及橙色等。暖色调容易给人以温暖、活泼的感觉，常用于表现母婴用品、食品等。图4-27所示的母婴用品海报就应用了红色系的暖色调色彩。

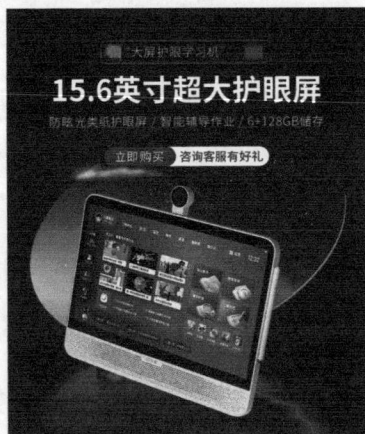

▲ 图4-26 应用冷色调色彩的海报

▲ 图4-27 应用暖色调色彩的海报

3. 巧用邻近色营造统一感

邻近色是指在色环上任选一色，与其相距不超过60°的颜色，如图4-28所示。邻近色的特征是色相上有一定差别，但视觉效果比较接近。在色彩搭配中，邻近色容易给人以舒适、自然的感觉。图4-29所示的护发产品海报就应用了黄、绿这对邻近色。

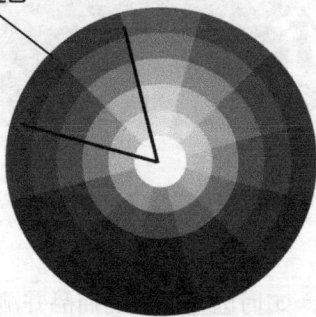

▲ 图4-28　邻近色在色环上的呈现

▲ 图4-29　应用邻近色的海报

4. 巧用互补色突出主次感

互补色是指在色环上任选一色，与其相距180°的颜色，如图4-30所示。常见的互补色如红色与绿色、蓝色与橙色等。互补色搭配能让页面主次一目了然。例如某天猫旗舰店中的某商品宣传页面的设计就巧妙地运用了互补色原理。在设计中，商家选用了浅绿色作为商品图的背景色，而商品图中的宣传文案则采用了粉色的底色，即浅绿色的互补色。这种设计使得"1元抢！10包绵柔巾"的营销文案在页面上显得格外醒目，从而达到了很好的宣传效果，如图4-31所示。

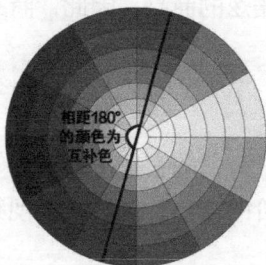

▲ 图4-30　互补色在色环上的呈现

▲ 图4-31　应用互补色的海报

第5章
抖音电商的选品、测品与定价

商家想在抖音开店运营，商品必不可少。那么，如何选择合适的商品并测品呢？如何给商品定价呢？本章将重点讲解抖音电商的选品、测品与商品定价策略，旨在帮助商家快速确定商品并合理定价，为后期营销做准备。

5.1 抖音电商的选品策略及工具

商品是影响营销效果的关键因素之一，好的商品更容易取得良好的营销效果；而对于一些用户需求量不大的商品，即使商家花费较多的时间、精力做营销，营销效果可能也并不好。所以，商家应该掌握一些抖音电商选品的策略，快速找到适合自己店铺且利于销售的商品。

5.1.1 抖音电商商品特征

抖音店铺中销售的商品虽然五花八门，但仔细分析可以发现热销商品大多具有共性。

1. 受众为年轻消费者

澎湃新闻发布的《抖音2022年第一季度用户画像分析》显示，在年龄分布上，18～23岁的用户占比为22%，24～30岁的用户占比为49%，31～40岁的用户占比为21%。由此可见，抖音上年轻的用户群体占比最高，而这些用户更喜欢潮流或者酷炫的商品。因此，商家可选择一些受众为年轻用户的商品，如潮流鞋包、电子产品等。

2. 客单价低

商品的客单价越高，用户在购买时越需要深思熟虑；反之，商品的客单价越低，越容易引发用户的消费欲。例如卫生纸、洗衣液、普通牙刷等低客单价的商品，在抖音短视频及直播间较为常见，其销量也较为可观。

同时，低客单价的商品大多属于消耗品，使用频率高，复购率也较高。用户只要认可某店铺的商品，需要再次购买时多半会选择回购。因此，商家在选品时，可优先选择低客单价的商品。

3. 富有创意

相较于其他用户，年轻用户往往更喜欢表达自己，也更喜欢富有创意的商品。因此，一些富有创意的商品在抖音店铺中的销量往往也较为可观，例如婚礼中接亲时的恶搞面具、会扭动身体的向日葵等。商家在选品时，也可以重点考虑这些富有创意的商品。

4. 有实用价值

很多有实用价值的商品在抖音店铺中也较为常见，如自拍杆、手机壳、切菜"神器"、壁画收纳箱等。这些商品戳中了用户生活中的痛点（未被满足而又急需满足的需求），购买这些商品可以让他们获得一些便利或价值，故这些商品深受欢迎。

5. 迎合猎奇心理

从心理学来看，很多人都有猎奇心理，喜欢新奇、新鲜、好玩的商品。在抖音店铺中售卖这些能迎合猎奇心理的商品，效果也很不错。例如，当下比较热门的围炉煮茶、围炉冰茶等，就是抓住了年轻用户的猎奇心理，以及爱挑战、爱 DIY 的特点，从而引发用户关注和购买。

抖音店铺中比较受欢迎的商品普遍具有上述特征。商家在选品时，可对照这些特征，分析自己所选商品是否具有某一特征。

5.1.2 抖音电商选品准则

商家在了解抖音电商商品特征后，还可以了解一下抖音电商选品准则，以实现快速、高效选品。商家要想做好选品工作，首先要对自己的账号属性进行全面分析，然后依次按照选择与账号属性相关的商品、口碑款／知名品牌优先、亲身体验款优先的准则进行选品。

1. 选择与账号属性相关的商品

一个定位于垂直内容的账号更容易被系统贴上精准标签，其短视频、直播内容更易被推荐给更多与此标签相同的粉丝。因此，商家在选品时，选择与账号属性相关的商品更有利于被系统分配精准流量。

如果商家不确定自己的账号属性，可在抖音平台后台或借助数据分析工具查看粉丝的属性。例如，通过蝉妈妈工具，商家可以非常清晰地查看到粉丝画像，如粉丝的性别分布、年龄分布、地域分布、购买意向等。某抖音账号的视频粉丝画像如图 5-1 所示。

在充分了解粉丝群体的相关属性和需求后，商家选择符合其兴趣爱好的商品进行推荐，可以有效促进转化。例如，某定位为育儿的抖音账号的粉丝以 25 ～ 35 岁的女性为主，商家在营销中可以主推母婴用品、家居好物等。

2. 口碑款／知名品牌优先

用户大多喜欢购买口碑好或者知名品牌的商品，因为这些商品的质量更有保障。商家可挑选那些质量好、口碑佳的品牌商品作为主营商品，这有利于减少用户对商品质量的顾虑，从而促使更多订单成交。

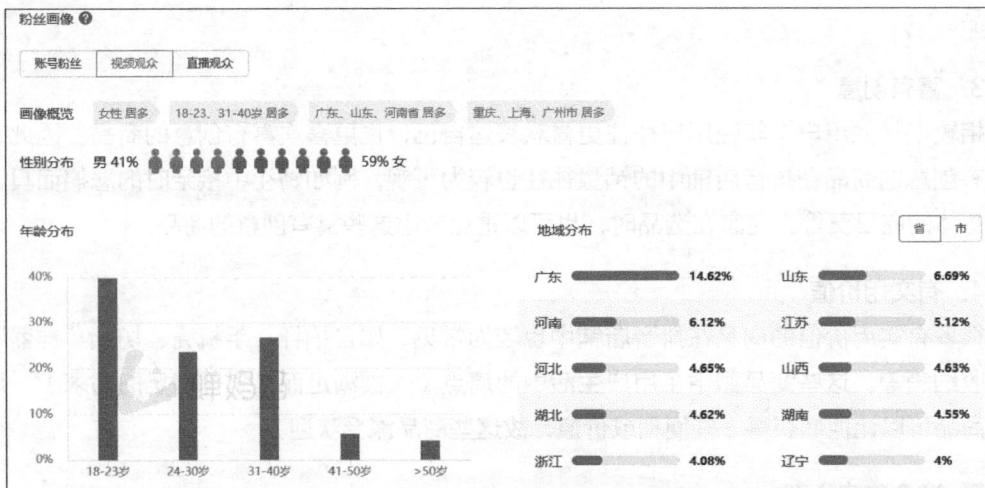

▲ 图5-1 某抖音账号的视频粉丝画像

如果不知道如何选择商品类目，可以参考热销商品。因为市场上的热销商品大多是受用户青睐的商品，销售潜力和市场空间都很大。例如，在飞瓜数据平台提供的"累计爆品榜"中可以查看近期热销商品的具体信息，如商品的名称、价格、总销量等，如图5-2所示。对比热销商品，不难发现这些商品主要是火锅底料、榴梿酥等适用人群广的商品。因而，商家在选品时，可查看各类热销商品排行榜，选择在排行榜中靠前的商品。

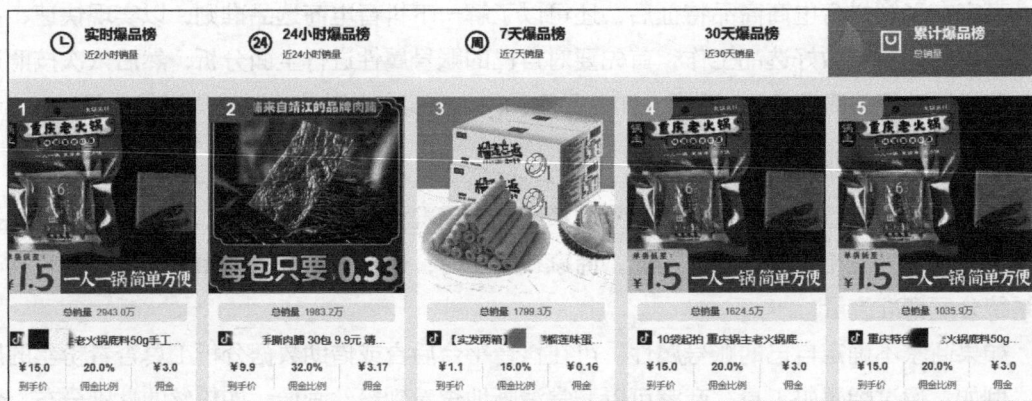

▲ 图5-2 累计爆品榜

同时，热点信息也有利于吸引用户关注，商家在选品时如果能抓住热点信息，选择热度高的商品，更能吸引用户的关注，提高转化率。例如，商家在节假日选择符合节日氛围的商品（如在中秋节前后售卖月饼），商品就有可能获得不错的曝光量和转化率。

3. 亲身体验（试用、试穿、试吃）款优先

商家只有在亲身体验过商品后，才更清楚自己推荐的商品的品质和卖点，这样在介绍商品时才更容易吸引用户并建立信任背书，从而促使用户产生购买的欲望。

因此,商家在选品时,最好选择亲身体验过的产品。对于一些不熟悉的商品,最好提前试用、试穿或试吃。例如,一个美妆类抖音账号的出镜主播最好在试用多种美妆产品后,挑选一些体验好、效果佳的产品推荐给用户。

5.1.3 抖音电商商品结构

商家在确定商品类目后,还需要熟悉抖音电商商品结构。一般来说,抖音电商商品由引流款、爆款和利润款构成,如图 5-3 所示。

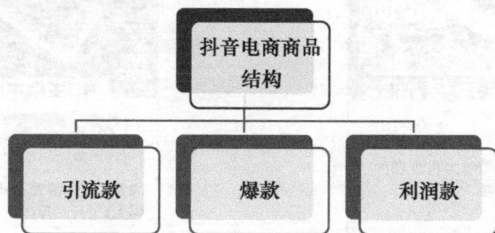

▲ 图5-3 抖音电商商品结构

1. 引流款

引流款是指吸引流量的商品。引流款商品普遍有成本低、被接受的可能性大等优点。很多用户之所以进店下单,是因为被引流款商品的显著特征或高性价比吸引。

在抖音电商中,常见的引流款商品是价格相对低、粉丝容易下单购买的商品。例如,某抖音小店中售价为 0.01 元的帆布包价格明显低于市场价,其目的就是聚集人气,它就是一款引流款商品,如图 5-4 所示。

2. 爆款

爆款是指抖音电商中价格适中、销量较高的商品,通俗而言就是口碑款商品。爆款商品的生命周期一般比引流款商品更长,其定价也会随时发生变化。爆款商品通常前期价格低,利润也低,等销量起来后,商家会逐步提高其价格,以增加利润。

例如,某抖音小店中一款意大利面因为商品品质、价格等因素,截至 2023 年 6 月 21 日已售卖 151.2 万件,它是店内的一款爆款商品,如图 5-5 所示。

▲ 图5-4 引流款商品

3. 利润款

利润款是指销量不高但利润高的商品。利润款商品通常是价格不太透明的商品,定价也略高,其主要目的是锁定特定粉丝。利润款商品一般质量好,或者有功能亮点,或者搭配优惠方案,这样才能获得较高销量。例如,某抖音小店中的樱桃因为品质好,受到粉丝的好评

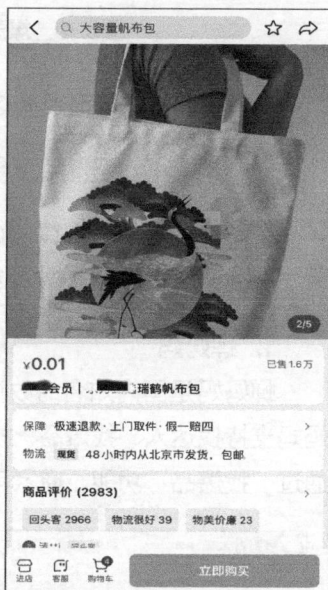

和喜爱,截至2023年6月21日,已售3.3万件,且单价在100元以上,属于利润款商品,如图5-6所示。

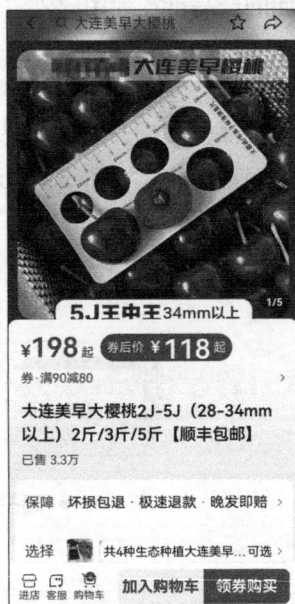

▲ 图5-5 爆款商品　　　　▲ 图5-6 利润款商品

抖音小店往往同时具有这3种类型的商品。

5.1.4　抖音电商选品工具

选品也是一件有规律可循的事,在此过程中,商家可以借助蝉妈妈、飞瓜数据、精选联盟等选品工具来做好数据化选品。

1. 蝉妈妈

蝉妈妈是国内知名的数据分析服务平台,致力于通过大数据帮助商家实现精准营销。蝉妈妈支持找达人、找爆品、找直播间、找素材、找品牌/小店等功能,如图5-7所示。其中,通过"找爆品"功能,商家可以找销量最高的商品、表现最好的直播商品及短视频爆品等。

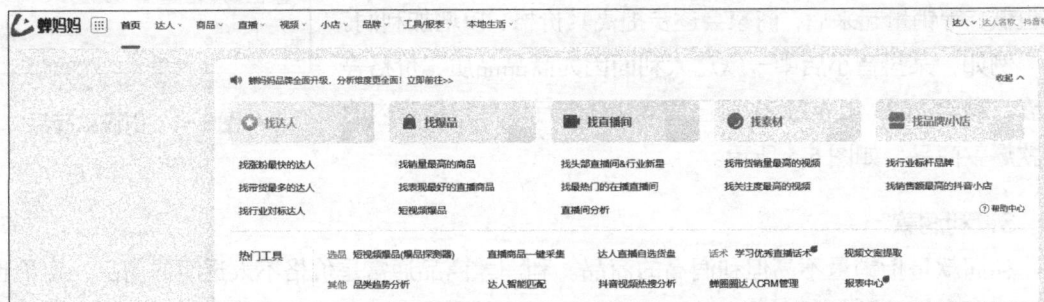

▲ 图5-7 蝉妈妈首页

以找销量最高的商品为例，在蝉妈妈首页，单击"找销量最高的商品"链接，进入"商品榜"页面，可以看到"抖音销量榜""抖音热推榜""直播商品榜""视频商品榜"等。任意打开一个榜单（这里以打开"抖音销量榜"为例），可以看到商品的日榜、周榜、月榜或自选日期的数据榜，以及具体热销商品的名称、主图、价格、销量、销售额、抖音历史销量、30天转化率等数据，如图5-8所示。

▲ 图5-8 蝉妈妈的抖音销量榜

商家在选品时，可参照蝉妈妈提供的实时商品数据快速找到在抖音中畅销的商品、其他达人售卖的商品、直播爆品和短视频爆品。

2. 飞瓜数据

飞瓜数据是一款短视频及直播数据分析专业工具，旨在为商家、达人、品牌方提供多维度的抖音与快手达人榜单、电商数据分析、直播推广等实用功能。商家可综合飞瓜数据的"商品库"以及"抖音商品榜"数据，快速找到当下的热门商品，如图5-9所示。

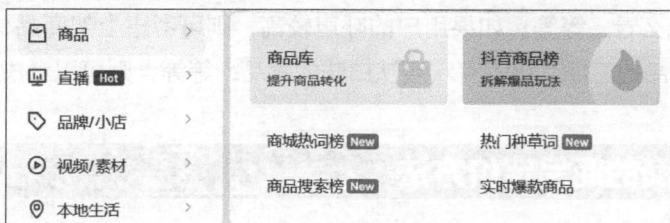

▲ 图5-9 飞瓜数据的"商品库"和"抖音商品榜"

3. 精选联盟

精选联盟作为抖音旗下连接抖音小店商家与推广者的交易营销系统，针对商家和达人提供合作平台。通过精选联盟，商家可以拥有更多推广渠道，达人则可以将更多流量变现，二者实现合作共赢。

用户进入抖音小店后台，单击"营销中心"→"精选联盟"选项，即可进入抖音精选联盟页面。

5.2 抖音电商的测品方法

商家在选好商品后，为进一步确定商品是否具有潜力，可采用短视频测品、直播间挂链接测品、直播间互动测品等方法测品，如图 5-10 所示。

1. 短视频测品

为明确用户对商品的接受程度，商家可以在发布的短视频中通过添加商品链接来进行测试。在发布与商品相关的短视频后，商家可通过后台查看该条短视频的点赞、评论、转发及转化等数据来判断该商品是否具有潜力。

如果商品的各项数据都较好，可以初步判断该商品具有潜力，可加大营销力度；而对于各项数据惨淡或负面评论较多的商品，则最好调整下架并替换为其他商品。

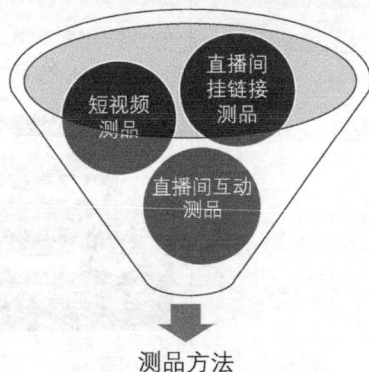

▲ 图5-10 测品方法

2. 直播间挂链接测品

商家除了可以采用短视频测品外，还可以在直播间中挂链接测品，以此得到商品的实时反馈数据。例如，在直播间人数较多时上架某款商品，查看商品的评论及转化数据，可大致了解用户对该商品的接受程度。对于数据较好的商品，可以增加出镜时间，多角度展现商品的特点和功能；对于无人问津的商品，则可以考虑做下架处理。

3. 直播间互动测品

还有一种直接的测品方法，就是直播间互动测品。这种方法更为简单，即使在没有样品的情况下，主播也可以在闲聊中询问用户对该商品的需求和喜好程度。例如，在直播间即将上架一款红油面皮之前，主播可在闲聊中询问用户有没有什么喜欢的方便食品，对于有嚼劲、酸辣口味的面皮怎么看，等等。如果用户的呼声较高，则可考虑上架商品；如果用户回复说平时没有吃方便食品的习惯，也不喜欢酸辣口味的食品；等等，则可以考虑换商品。

5.3 抖音电商的商品定价方法

商品定价是决定商品转化率的重要因素之一。在确定商品后，商家还需要掌握一些商品定价技巧，为商品制定合适的价格，这样才能在保证商品利润的同时高效转化。下面介绍几种常见的抖音电商商品定价方法，如图5-11所示。

1. 整数定价法

整数定价法是指为了迎合用户"求方便"的心理，将商品价格定为以"0"结尾的整数。例如，"10元""100元""300元""500元""1000元"等。以整数定价的商品更易给用户留下方便、简洁的印象，建议有知名度、品质好的商品使用整数定价法。某知名品牌的钢琴相关服务价格设定为"300元起"，即属于整数定价，如图5-12所示。

▲ 图5-11 抖音电商商品定价方法

2. 非整数定价法

非整数定价法是指以接近整数的方式来设定商品价格的最后一位数字。使用非整数定价法，更容易给用户留下价格低、划算等印象，在一定程度上迎合了用户求便宜、求实惠的心理。例如，一件售价10元左右的商品，可将价格定为9.9元，让用户感觉花费不到两位数的钱就能得到商品，从而刺激用户下单，如图5-13所示。

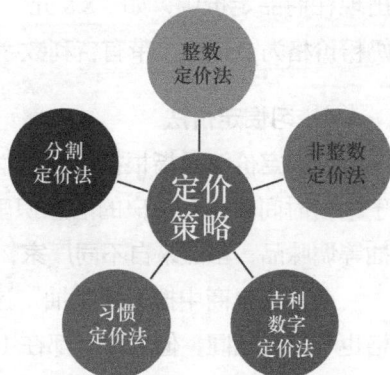

▲ 图5-12 采用整数定价法定价的商品　　▲ 图5-13 定价为9.9元的商品

3. 吉利数字定价法

吉利数字定价法是指利用用户对某些数字的发音联想和偏好制定价格，满足用户的某种心理需求。在我国，诸如 6、8、9 等数字通常有着吉利的寓意，深受用户喜欢，因而也经常出现在商品定价中，如"8.8 元""16.8 元""66 元""88 元"等。例如，某抖音小店中的奶粉价格为 268 元，带有吉利数字"6"和"8"，如图 5-14 所示。

4. 习惯定价法

习惯定价法是指根据用户的消费习惯而采取的一种心理定价方法。一些日常生活用品由于销售时间长，在用户的潜意识里已经形成一种习惯性的价格。例如，盐、鸡精、味精、生抽等调味品，虽然来自不同厂家，包装也略有差异，但售价差异却不大。

在抖音电商中搜索"生抽"这一商品，在搜索结果中可以看到即使商品的品牌不同，规格也不完全相同，但其价格都在 19.9 元左右，如图 5-15 所示。

▲ 图5-14 定价为268元的商品

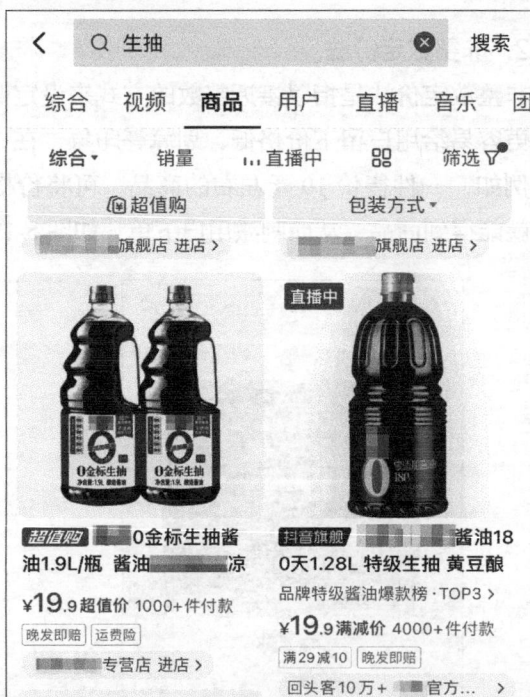

▲ 图5-15 定价相似的商品

5. 分割定价法

分割定价法是指通过分解价格的方式，让用户认为商品价格优惠。例如，在抖音电商营销过程中，"一天一杯咖啡钱，即可将××带回家"的营销话语，通过把数百元分割到每一天里，又用当下年轻用户常消费的咖啡举例，易使用户产生商品很便宜的感觉。某抖音小店中的手机就采用了定价分割法，并以抖音月付加持，以"抖音月付享 12 期免息，约 491.58 元 / 期"的方式，将 5899 元分割为 12 期，每期不到 500 元，如图 5-16 所示。

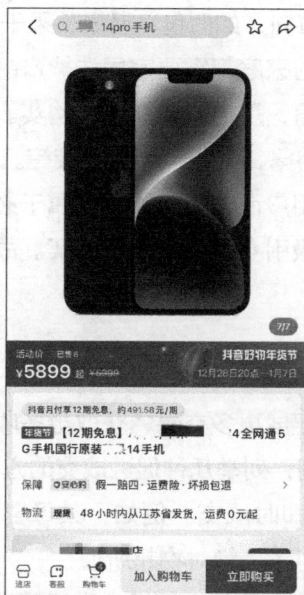

▲ 图5-16 采用分割定价法定价的商品

商家在进行商品定价时，可参考如上定价方法，制定出既利于成交，又有利润的商品价格。例如，某店铺的引流款、爆款和利润款商品的价格区间和商品数量占比如图 5-17 所示。

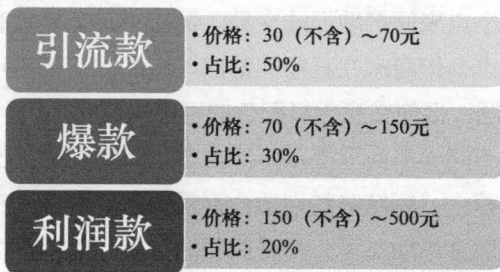

引流款	• 价格：30（不含）~70元 • 占比：50%
爆款	• 价格：70（不含）~150元 • 占比：30%
利润款	• 价格：150（不含）~500元 • 占比：20%

▲ 图5-17 某店铺的引流款、爆款和利润款商品的价格区间和商品数量占比

5.4 新手问答

5.4.1 抖音小店有哪些选品方向

商家在选品过程中，在考虑抖音电商商品特征的同时，也要遵守抖音电商选品准则。那么，具体有哪些选品方向呢？可以参考图 5-18 所示的几个方向。

▲ 图5-18 选品方向

• 休闲零食：很多用户都喜欢吃一些休闲零食，特别是一些价格适中、性价比高且味道好的休闲零食。商家在选品

时，可考虑休闲零食这个方向，如面包、坚果、果干等。

- 家居洗护产品：几乎所有的家庭都需要家居洗护产品。如果商品定价合理，且品质有保证，让用户感到物有所值，用户就愿意下单购买。故商家在选品时，也可考虑家居洗护产品，如洗发露、沐浴露、洗脸巾、洗衣液等。

- 美妆产品：对于众多女性用户而言，美妆产品属于必不可少的用品。只要商家展示的商品卖点得当，就很容易吸引女性用户下单购买。故商家在选品时，也可以考虑美妆产品，如眼影、口红等。

5.4.2 有哪些促进直播间成交的好方法

主播与达人等带货的目的是促成更多交易，获取更多收益。那么，是否有一些促进成交的方法呢？这里以直播间卖货为例，列举几种促进成交的方法。

- 请求成交法：主动出击，即时成交。例如，某母婴账号直播间的主播常说："宝妈们，跟着我买这个奶瓶就对了，绝对物超所值！"

- 假定成交法：在"一定会买"的肯定假设上进行阐述。例如，"姐妹们，你们收到货以后保证给你们一个惊喜！"

- 引导选择成交法：发出行动指令。例如，"不吃火锅就吃烤匠，让你感受正宗川味"。

- 小点成交法：适用于高客单价的商品，不直接提示用户比较敏感的重大成交问题，以免用户产生疑惑和犹豫；而是提出比较小的、次要的成交问题，以获得用户的认可和信任，利用成交的小点来间接地促成交易。例如，某手机具有拍照好看、充电快、待机时间长等多个优点，但商家在直播间销售该商品时，却重点强调了该手机的配色多这一成交的次要问题，促使在意手机配色的用户购买商品。

- 提示成交法：根据不同类目商品提示不同内容，以此促进成交。例如，对于食品，主播可以按照口味推荐："麻辣味特别适合喜辣的人，麻辣味在舌尖蔓延的感觉简直绝了；鲜虾味就比较适合小朋友了，香香脆脆的口感，加上淡淡的鲜虾味，让'海'的味道在口里融化。"

- 优惠成交法：提供优惠条件，吸引用户下单。例如，"这款扫地机，商场专柜价格是999元，即使是去年'双11'，旗舰店价格也是899元。今天厂家和我们搞活动，叠加使用多张优惠券后成交价只要699元，买到就是赚到。"

第6章
快速引流、导流，打造私域流量池

抖音电商运营其实也是流量运营。俗话说："流量在哪里，哪里就有商机。"商家想通过抖音电商实现更多变现，就必须掌握快速引流、导流的方法，还需要将所获得的流量引入自己的私域流量池，进行精细化运营。本章从抖音平台的推荐机制及其核心算法出发，帮助商家了解快速获取流量的方法。

6.1 抖音平台的推荐机制及其核心算法

抖音平台拥有一套独特流量推荐机制。通过这套流量推荐机制，抖音平台可以为用户筛选优质内容，为商家分配优质流量。商家想要获取更多的流量，提高内容和产品的曝光度，就需要先熟悉抖音平台的推荐机制及其核心算法。

6.1.1 抖音平台的推荐机制

抖音平台的推荐机制以智能推荐和"机器算法＋人工"的双重审核为主。抖音平台会根据用户的喜好进行内容推荐，以保证短视频的分发效率和用户体验。

另外，抖音平台会为每一条成功发布的短视频作品都提供一个流量池，无论短视频作品质量好坏、账号情况如何，都能获得一定的播放量。然后系统会根据短视频作品在这个流量池里面的表现，决定是否把该短视频作品推向更大的流量池。如果该短视频作品在每一个流量池中的表现都比较好，那么该短视频作品就会获得平台的热门推荐。因此，抖音平台的推荐机制大致分为3级：智能分发、叠加推荐、热门推荐，如图6-1所示。

1. 第一级：智能分发

智能分发是指只要用户成功发布短视频作品，即可获得一部分推荐流量。首次分发的流量以附近的人、关注账号的粉丝，以及社交好友为主。系统根据用户标签和内容标签对短视频作品进行智能分发。

第一级：智能分发

第二级：叠加推荐

第三级：热门推荐

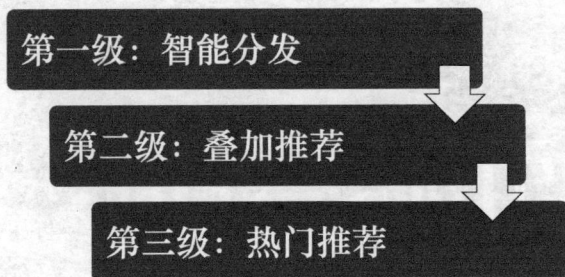

▲ 图6-1　抖音平台的推荐机制

2. 第二级：叠加推荐

叠加推荐是指结合"机器算法＋人工"的双重审核，优质的短视频作品会自动获得内容加权。初次推送的短视频作品在完播率、转发量、评论量、点赞量等关键指标达到一定的量级后，就会获得相应的叠加推荐机会。

3. 第三级：热门推荐

热门推荐是指当短视频作品获得大量用户的关注，达到系统推荐算法的要求后，就会获得热门推荐。系统会根据热门推荐算法选择优质的短视频作品，经过人工审核，将其设定为热门视频。

6.1.2　抖音平台推荐机制的核心算法

很多初次接触抖音电商运营的商家都会感到疑惑：为什么自己发布的短视频作品持续很长一段时间播放量都很低呢？抖音平台的推荐机制有一个十分强大的功能，那就是可以快速识别短视频作品的内容是否重复、是否优质、是否涉及违规行为等。如果商家发布的短视频作品内容不够优质，存在内容低俗、画面不清晰、疑似搬运或重复等问题，系统就会减少对该短视频作品的流量推荐。

另外，很多商家还有一个疑问，就是明明在抖音平台上看到许多短视频作品的内容都是"换汤不换药"，为什么这些短视频作品依旧能够获得非常高的流量呢？抖音平台上确实存在这样的现象，当某一内容成为爆款内容后，其他用户纷纷跟拍，其发布的作品依旧能获得高流量，甚至其热度反超原视频。

其实，跟拍热门内容与之前所说的"内容重复"并非同一概念。在抖音平台中，此种情况产生的根本原因是热门内容的算法升级。也就是说，某一内容在火爆后，系统会自动将这一内容判断为热门内容、是受大众喜欢的内容。因此，无论是谁转发或跟拍此内容，获得的流量都不会太少。即使是粉丝数量极少、权重较低的新号，发布此类热门视频，系统也会认定此内容为优质内容，所以会将该短视频作品直接推荐到更大的流量池中。

6.1.3　影响抖音流量推荐的4个关键指标

虽然经过抖音平台最初的智能分发，商家发布的短视频作品可以获得一定的基础流量，但如果想要进入更大的流量池，商家就需要想办法提升短视频作品的相关指标。影响抖音流量推荐的 4 个关键指标是短视频作品的完播率、转发量、评论量和点赞量。

1. 完播率

完播率主要是指短视频的播放完成率，是衡量短视频质量的重要指标。为了保证短视频的完播率，短视频内容的质量一定要过硬。如果短视频内容质量太差，用户随时有可能放弃观看。

完播率是抖音推荐机制中所占权重最大的一个指标。要提升短视频作品的完播率，商家具体可以从以下几个方面入手进行优化。

（1）短视频内容遵循"头三秒"理论。

一条短视频作品能否吸引用户的关注，主要取决于短视频内容的前 3 秒，这就是短视频内容的"头三秒"理论。商家要充分利用"头三秒"理论，在短视频内容的前 3 秒就清晰明了地展现出短视频的主题，使整个短视频在一开始就能对用户产生巨大的吸引力。

（2）短视频内容要严谨。

短视频内容一定要严谨，内容思想要符合社会主义核心价值观，画面情节要充实饱满。当然，商家也可以在保证短视频内容严谨的基础上，适当地添加一些趣味元素，以吸引用户的注意力。

（3）短视频内容要让用户产生期待感。

有些短视频作品从头到尾都保持神秘感，让用户充满了好奇；还有些短视频作品剧情跌宕起伏、不断反转，不看到最后，用户永远都不知道下一秒会不会更精彩。这些短视频内容总是能调动用户的好奇心，使他们对整个短视频充满期待，这样的短视频作品的完播率自然非常高。

（4）短视频内容要直击用户痛点。

商家在创作短视频作品时，要能够准确地击中用户的痛点，并帮助用户解决这些痛点，这样才能有效提升短视频作品的完播率。在策划短视频内容时，商家需要站在用户的角度提出问题、分析问题、解决问题。

（5）短视频内容要通俗易懂。

如果短视频内容生涩难懂，用户往往看到一半就放弃了。所以，短视频内容要贴合用户的认知需求，便于用户理解。

2. 转发量

商家希望通过抖音平台获取更多的流量，而抖音平台则希望借助平台用户的力量从外界引入流量。如果抖音平台上的短视频作品被用户转发到其他的平台，这些平台的用户只要点击链接，就会进入抖音平台，如此抖音平台便轻松完成了外界引流。所以，短视频作品的转发量越高，获取的平台曝光率就越高。

转发量在整个抖音的推荐机制中所占的权重仅次于完播率，所以商家一定要足够重视，尽可能地想办法引导用户进行转发。要想提升短视频作品的转发量，商家需要分析什么样的事情和内容能够刺激用户产生转发行为。通常，用户会基于以下几点对短视频作品进行转发。

（1）分享需求，也就是转化需求、分散需求。例如，一条关于胎儿发育的短视频作品记录了胎儿 40 周的发育过程的超声影像，观看这条短视频作品的用户想必大多数是准爸爸、准妈妈，如果他们认为这条短视频作品对自己有价值，就会积极转发该条短视频作品。

（2）分享快乐，就是将自己的快乐传递给身边人。当看到一条十分搞笑的短视频作品时，相信很多人会第一时间将其分享给身边人，让他们也感受到同样的快乐。抖音平台上搞笑类短视频作品的转发量通常都比较高，如图 6-2 所示。

▲ 图6-2 某搞笑类短视频作品

（3）共情表达，即如果一条短视频作品传递的情感能够与用户的内心情感相契合，或者它能以文字或图像的形式准确地表述用户想得到却表述不清的观点，那么用户自然而然就会转发它。例如，某条以"父爱如山"为主题的短视频作品令很多用户产生了共情，所以它的点赞量、评论量和转发量都非常高。

（4）正义传播，是指通过短视频作品传递社会正能量。正义传播类短视频的内容主要包括寻人、寻物、为好人好事点赞，以及弘扬社会正义等。正义传播类短视频的转发量通常都比较高，毕竟在社会中，绝大多数人都充满了正义感和同情心。例如，某条男子在高温天气下拉重物上坡，路人主动上前帮助他的传播正能量的短视频作品点赞量为 600 多万，转发量也高达 14.2 万。

3. 评论量

短视频作品的评论量可以从侧面反映其内容的吸引力。如果用户愿意查看短视频作品的评论，甚至愿意花费时间写下自己对该短视频作品的感想，至少说明他对该条短视频作品的内容是感兴趣的。

要想提高短视频作品的评论量，方法很简单，就是增强短视频内容与用户之间的互动性。要想增强短视频内容与用户的互动性，商家可以从以下几个方面入手进行优化。

（1）话题性：如果短视频内容涉及当下大家在茶余饭后讨论的一个问题或热点，那么该短视频作品一经发布，多半会引发用户的热烈讨论，因为这种题材的短视频作品的话题性非常强。

例如，在立秋当天以问题"立秋适合吃什么"为题材创作的短视频作品的话题性就非常强，它的评论量自然也很高。

（2）争议性：世界上很多事情都没有绝对的对错，人们对争议性事件总是持有不同的看法。如果有人将争议性话题放大，引导人们表达自己的立场，便很容易引发激烈的讨论。

抖音平台有很多带有争议性话题的短视频作品。例如，端午节期间，某短视频作品提出了一个争议性话题"又到南方粽子和北方粽子比拼的时候了"，从而引发南方用户和北方用户的激烈讨论。

（3）参与感：抖音商家在运营短视频账号时应思考一个问题——短视频内容能否激发用户的参与感？那么什么是参与感呢？

互联网的出现极大地方便了人与人之间的沟通交流，也拉近了人与人之间的关系。例如，某销售牛奶商品的抖音商家发布了一个有趣的话题："夏日自制牛奶饮品，纯牛奶有多少种喝法？"很多用户纷纷在短视频的评论区晒出自己的纯牛奶创新喝法，这就是激发了用户的参与感。

（4）评论回复：面对用户的评论，商家要及时回复，这样做会自然而然地使用户产生亲近感。如果商家能够认真阅读每一条评论，并且及时给出相应的回复，就会让写评论的用户觉得他们为短视频写评论是值得的，从而激发他们更加热情地参与到短视频评论中。

4．点赞量

点赞量表现的是用户对短视频内容的认可度。点赞量越高，说明认可和喜欢该条短视频作品的人越多。在抖音推荐机制中，点赞量对流量分配的影响力最弱，这是因为点赞这个动作很容易完成，所以用户点赞的完成度非常高。一般情况下，用户都会很乐意为自己认同和喜欢的短视频作品点赞。

能够获得高点赞量的短视频作品通常具有以下几个特征。

- 短视频作品的内容能够引发用户的情感共鸣。
- 短视频作品的剧情内容引人入胜。
- 短视频作品的内容能够激发用户的同情心。
- 短视频作品的主题充满了正义感。
- 短视频作品讲述了一个很励志的故事。

另外，在抖音平台上，颜值类、才艺类、偶像类、搞笑类等短视频作品也比较容易获得用户的喜爱和点赞。

6.1.4 作品进入热门流量池的3个阶段

了解了抖音平台的推荐机制以后，那么，商家在抖音平台上发布的短视频作品到底要怎样才能进入热门流量池呢？通常来说，一条短视频作品从发布到进入热门流量池需要经过 3 个阶段，如图 6-3 所示。

1. 启动阶段

在抖音平台，一条短视频作品发布后，系统会将这条短视频作品进行小范围推送，这就是短视频作品的启动阶段。在短视频作品的启动阶段，其推送量通常小于 1000 次。如果在启动阶段，短视频作品的数据反馈比较好，那么该短视频作品就会进入下一个阶段，即测试阶段。启动阶段最关键的数据指标为完播率。

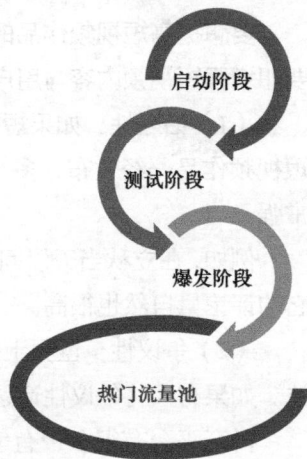

▲ 图6-3 短视频作品进入热门流量池的3个阶段

2. 测试阶段

短视频作品进入测试阶段后，系统会为其提供 1 万 ~ 10 万次的推送量。然后系统会根据推送后的数据反馈，决定该短视频作品是否进入下一个阶段，即爆发阶段。测试阶段的关键就在于通过引导提升短视频作品的点赞量、评论量和转发量。

3. 爆发阶段

短视频作品进入爆发阶段后，系统会为其提供 100 万次以上的推送量。在如此巨大的推送量的支持下，该短视频作品很容易就会成为抖音平台上的热门视频。

> **提示**
>
> 这里的推送量不等于粉丝量，如果商家想通过短视频作品快速吸引粉丝，关键在于把握短视频内容的质量，打造抖音用户感兴趣的内容。

6.2 抖音引流的常用方法

抖音平台上汇聚了大量的流量，除了依靠平台的推荐机制获取自然流量以外，商家还需要通过一定的技巧将更多的平台流量引入自己的账号，从而构建更大的流量池。下面将介绍一些抖音引流的常用方法，以帮助商家获取更多流量。

6.2.1 抖音热词引流

商家发布的短视频作品如果能够获得抖音平台的热门推荐，自然就能获得大量流量。但是创作热门短视频，并不是一件容易的事。商家可以利用抖音平台上的一些热门搜索词进行短视频创作，这样能获得较好的引流效果。下面为大家总结了4个利用抖音热词引流的技巧。

1. 短视频标题文案与热词相匹配

在抖音平台上，如果通过某个热词可以搜索到某类短视频，那么商家也可以在自己的短视频标题文案中加入相应的热词，以提升该短视频作品搜索匹配度的优先级别。

2. 短视频话题与热词相匹配

短视频话题与热词相匹配能最大限度地提升短视频的曝光量。例如，抖音平台上的热词之一为"美食"，同时存在多个与之相关的话题，带有相关话题的短视频总播放量都很高，如图6-4所示，其中，带有"农村美食"这一话题的短视频总播放量有1500多亿次。如果查看"农村美食"这一话题的短视频搜索结果，可以发现很多排名靠前的短视频作品，其标题文案中并没有出现"农村美食"这个关键词，但添加了"农村美食"这个热门话题，从而获得较高的转发量。

▲ 图6-4 "美食"相关热门话题

3. 短视频背景音乐与热词相匹配

要想短视频作品获得更多的曝光机会，商家可以使用与热词高度相关的背景音乐。例如，凭借动画片《中国奇谭》火"出圈"的热词"浪浪山"，被抖音知名音乐人大川Dietry创作成了歌曲《我想离开浪浪山（大川版）》，该曲一度登上抖音热门音乐榜。截至2023年3月，抖音平台上有41.7万人使用这首歌曲创作短视频，如图6-5所示。

▲ 图6-5 短视频背景音乐与热词相匹配

4. 抖音账号名称与热词相匹配

一些垂直领域的商家可以直接使用相关的行业热词为账号命名，这样能提高账号的曝光度。例如，现在很流行的一项活动"露营"，该词一度成为网络上搜索热度较高的词，因此不少商家在为账号命名时，在账号名称中加入"露营"这一热词，希望能够顺势利用该词的热度，如图 6-6 所示。

6.2.2 抖音原创短视频引流

作为一个短视频平台，抖音平台上最吸引用户的莫过于丰富精彩的短视频作品。所以，持续发布优质的原创短视频作品，是商家在抖音平台引流的最佳方式。只要原创短视频作品的播放量足够大，账号的曝光度就会越来越高，短视频引流的效果也会越来越好。

▲ 图6-6 抖音账号名称与热词相匹配

例如，抖音平台上的某美食主播坚持发布优质的原创短视频作品，截至 2023 年 6 月 27 日，该账号不仅收获了 2000 多万粉丝，而且发布的每一条短视频作品几乎都拥有不错的点赞量，如图 6-7 所示。

▲ 图6-7 抖音美食类账号的原创短视频作品引流

6.2.3 抖音评论区引流

许多用户在观看短视频作品时，都会习惯性地查看评论区的内容，甚至在评论区写下自己对作品的看法，或者 @ 自己的好友观看该作品。因此，如果商家能合理利用短视频作品的评论区，则可以获得不错的引流效果。

短视频作品的文案能够呈现的内容相对有限，商家可以在短视频作品的评论区中以自我评论的方式对短视频内容进行适当的补充。例如，某条短视频作品中提到了沙棘这种商品，于是主播专门在评论区留言"橱窗有沙棘哦"，提醒对短视频中商品感兴趣的用户可以在账号的商品橱窗中购买该商品，如图 6-8 所示。

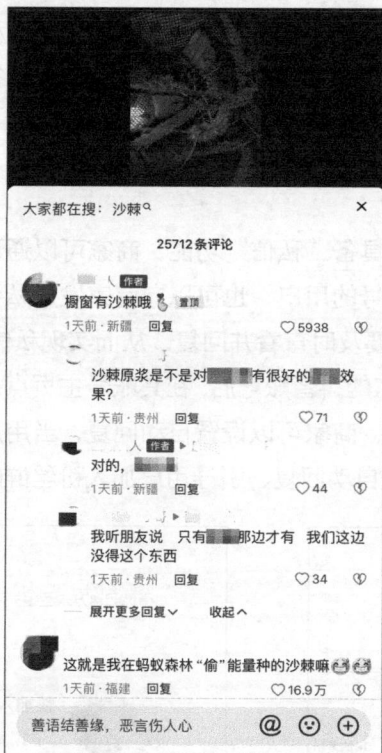

▲ 图6-8 抖音评论区引流

在短视频作品刚发布时，观看的用户可能不是太多，评论也比较少，这时商家进行自我评论能有效引导其他用户积极参与评论，从而提高短视频的评论量。除了自我评论以外，商家还能以回复评论的方式解答用户的疑问，引导用户购买商品，从而提高商品的销量。

在短视频作品的评论区，商家有机会获取活跃度较高的精准流量，但在评论区引流需要注意以下 3 点。

1. 第一时间回复评论

商家应该尽量在短视频作品发布的第一时间查看用户的评论，并做出相应的回复。及时回复用户的评论，不仅可以提高短视频作品的热度，还能让用户感受到商家对他的重视，从而增加用户对短视频账号的好感。

2. 不要重复回复评论

商家在回复用户评论时，面对同一个问题或者相似的问题，最好不要重复进行回复。其原因主要有两个：一是商家出于营销引流的目的回复评论，那么回复的内容中或多或少会有营销的痕迹，如果评论区中出现过多有营销痕迹的内容，往往会引起其他用户的反感；二是点赞量相对较高的评论的展示位置会比较靠前，商家只需对点赞量较高的评论进行回复，有相似问题的用户自然就能看到，从而可以减少商家回复评论的工作量。

3. 注意规避敏感词汇和问题

商家在回复用户的评论时，一定要注意规避一些敏感词汇和敏感问题。面对用户的敏感评论，商家可以采用迂回战术，不对这些敏感问题做正面的回答，而用其他意思相近的词汇或谐音词汇代替敏感词汇。

6.2.4 抖音私信消息引流

抖音平台中的每个账号都具备"私信"功能，商家可以通过该功能向抖音平台上其他用户发送私信消息；而关注了账号的用户，也可以向商家发送私信消息，咨询商品情况。针对用户发送的私信消息，商家需要及时查看并回复，从而实现私信消息引流。

例如，用户关注了某个商家的抖音账号后，在其账号主页点击"私信"按钮，如图6-9所示，即可发起与商家的聊天。同时，商家可以设置自动回复，当用户发送私信消息后，系统会自动回复。图6-10所示为某账号自动回复、引导用户加入粉丝群的页面。

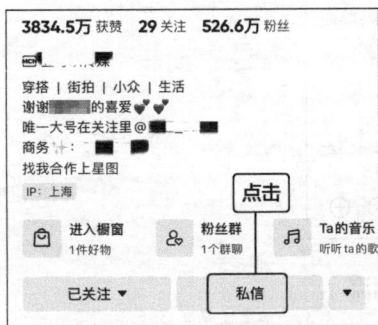

▲ 图6-9　点击"私信"按钮

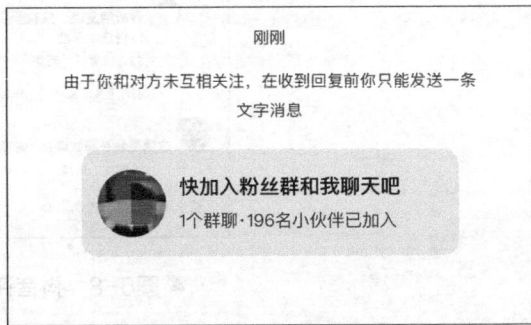

▲ 图6-10　自动回复

6.2.5 抖音矩阵引流

抖音矩阵是指在抖音平台上建立多个账号，并同时运营这些账号，从而增强品牌营销的效果，获取更多的流量。同一品牌多个账号一起运营，无论是对于推广品牌，还是对于引流，都可以起到很好的作用。搭建抖音矩阵的好处有很多，主要可以归纳为以下3点。

● 全方位地展现品牌特点，扩大品牌影响力。

- 通过链式传播进行内部引流，大幅度提升粉丝数量。
- 规避抖音平台突然的限流或者封号，保留资源与成果，降低单账号运营风险。

以"新东方"品牌为例，该品牌在抖音平台上创建了"东方甄选""东方甄选美丽生活""东方甄选自营产品""东方甄选之图书"等多个账号，如图 6-11 所示。其每个账号都拥有一定数量的粉丝，其主账号"东方甄选"的粉丝量更是有 2900 多万。

▲ 图6-11 "新东方"品牌的抖音矩阵

> **提示**
>
> 抖音矩阵中每一个账号都要有自己的角色定位和目标人群。

6.2.6 跨平台引流

有些商家虽然在抖音平台上能够快速获得大量粉丝，但这些粉丝的黏性非常弱，跨平台的转化率也非常低。为了提升抖音账号的跨平台引流能力，抖音平台对内容分享机制进行了重大调整。以前，用户如果想将抖音短视频分享到微信或者 QQ 等社交平台，被分享者只能在收到短视频链接后复制、粘贴短视频链接到抖音平台才能观看该短视频，这无疑增加了用户分享短视频的难度。如今，用户要将短视频跨平台分享给微信好友或者 QQ 好友，可以先将该短视频保存到本地，然后进行分享。具体的操作步骤如下。

步骤1 点击短视频页面的"分享"按钮，如图 6-12 所示。

步骤2 弹出新页面，点击"保存本地"按钮，如图 6-13 所示，将该短视频下载保存到本地。

▲ 图6-12　点击"分享"按钮

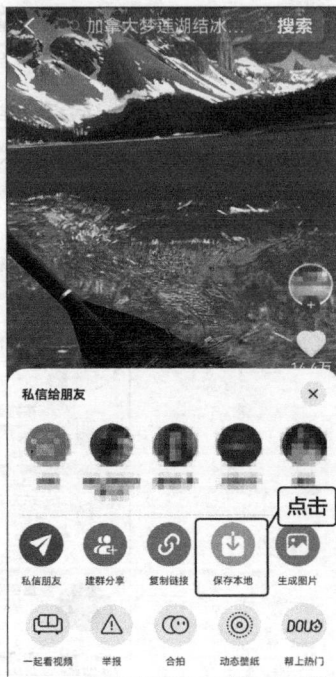

▲ 图6-13　点击"保存本地"按钮

步骤3 下载完成以后，点击"已保存，请去相册查看"按钮，如图 6-14 所示，即可前往相册将下载好的短视频分享到微信或者 QQ 等平台。

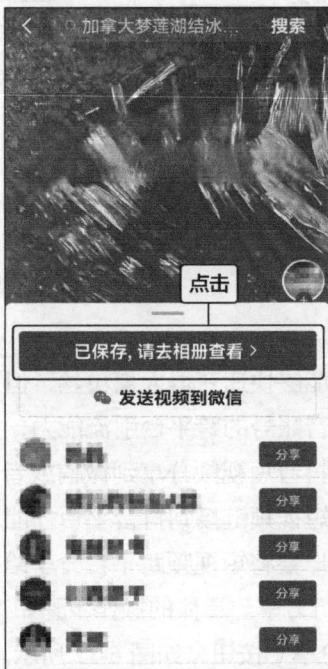

图6-14　点击"已保存，请去相册查看"按钮

短视频作品被分享到微信或者 QQ 等平台以后，被分享者可以直接点击并观看该短视频作品，不用再手动复制粘贴短视频链接到抖音平台观看了。抖音内容分享机制的改变，是对跨平台分享限制的一种突破，对抖音跨平台引流来说起到了非常重要的推动作用。

6.2.7　线上、线下引流

除了抖音平台以外，微信、QQ、微博等社交平台，以及一些热门音乐平台都聚集着大量的流量，商家如果能将这些平台的流量引入抖音平台，便可实现粉丝量的快速增长。另外，抖音引流是多方向的，不仅可以进行线上引流，还可以进行线下引流，例如很多有实体店的商家还会通过抖音平台向线下店铺引流。

1. 微信平台引流

微信作为我国主流移动社交平台，用户体量巨大，是抖音平台进行跨平台线上引流的绝佳选择。微信平台引流主要包括 3 个部分：微信朋友圈引流、微信群引流和微信公众号引流。

（1）微信朋友圈引流：商家将抖音短视频作品发布到微信朋友圈中，以吸引微信好友的关注。微信朋友圈引流具有用户黏性强、内容可信度高、短视频内容易于传播等优点。商家通过微信朋友圈引流时需要注意以下几点。

- 微信朋友圈只能发布播放时长小于30秒的视频，而抖音平台支持最长播放时长为15分钟的视频，所以，商家不能直接将抖音短视频作品发布到微信朋友圈，需要对其进行剪辑，尽量选择短视频内容中的关键部分进行发布。
- 发布到微信朋友圈中的短视频不能自主设置封面，所以商家在一开始拍摄短视频时，就要注意短视频画面的美观性。
- 商家要做好推广短视频的文字描述，以及利用微信朋友圈的评论功能进行信息补充。

（2）微信群引流：商家将抖音短视频作品发布到微信群中，微信群中的用户点击短视频后即可直接观看，从而增加抖音短视频作品的曝光量。在微信群引流时，商家发布短视频作品的时间应尽量与在抖音平台发布的时间相同，但分享不可太过频繁。

（3）微信公众号引流：商家将抖音短视频作品发布到微信公众号中，将微信公众号的粉丝吸引到抖音平台上。微信公众号是企业或个人等主体进行信息发布、提升品牌（个人）形象和知名度的重要平台。所以，商家在微信公众号中定期发布抖音短视频作品，可以有效提高抖音短视频的曝光度。

2. QQ平台引流

QQ 作为一款出现比较早的社交通信工具，拥有庞大的用户群体和强大的资源优势。商家可以通过 QQ 群、QQ 空间等渠道为抖音平台引流。

（1）QQ 群引流：商家可以创建或加入一些与抖音账号定位相关的 QQ 群，与群友进行交流互动，取得他们的信任之后，再选择合适的时机在 QQ 群中发布抖音短视频作品。QQ 群引流的渠道很多，包括群相册、群公告、群论坛、群共享、群动态和群话题等。

（2）QQ 空间引流：商家可以在 QQ 空间中发布抖音短视频作品，积攒人气，吸引更多的人关注和观看。需要注意的是，在 QQ 空间引流时，商家要将 QQ 空间的访问权限设置为所有人都可访问。

除此之外，商家还可以通过 QQ 签名、QQ 头像和 QQ 昵称等渠道为抖音平台引流。例如，在 QQ 签名中加入抖音账号信息，使 QQ 头像和 QQ 昵称的设置与抖音账号相同，也可以提高抖音账号的曝光度。

3. 微博平台引流

除了微信平台和 QQ 平台以外，微博平台的用户基数也非常大。在微博平台上，商家主要可以利用"@"功能和热门话题来为抖音平台引流。

（1）"@"功能引流：要想通过微博平台引流，商家一定要会使用"@"功能。商家在微博平台上发布抖音短视频作品时，可以根据自己发布的内容 @ 相关领域的公众人物、媒体、企业等。如果这些人能够回复商家，商家就能借助他们的粉丝扩大自身的影响力，让更多粉丝及微博用户关注自己的抖音账号。

（2）热门话题引流：微博热门话题是一个制造热点信息的地方，也是聚集网民数量最多的地方。商家要学会利用这些热门话题，推广自己的抖音短视频作品，吸引更多微博用户的关注，从而将他们吸引到抖音平台。

4. 音乐平台引流

抖音最初的定位是一款音乐创意短视频社交软件，所以音乐在抖音平台中占据着非常重要的地位。在抖音平台上，使用热门音乐作为短视频背景音乐，可以有效提高短视频作品的排名。因此，不少商家会借助各种音乐平台来为自己的抖音账号引流。

常见的音乐平台有网易云音乐、QQ 音乐、酷狗音乐等。以网易云音乐为例，它是一款专注于发现与分享的音乐产品，依托专业音乐人、DJ、好友推荐及社交功能，为用户打造了全新的音乐生活。网易云音乐的目标受众是一群具有一定音乐素养的年轻人，恰恰与抖音平台的目标受众重合。在网易云音乐平台上，商家可以利用音乐社区和评论功能对抖音账号进行宣传和推广，还可以利用主页动态进行引流。

5. 向线下店铺引流

对于拥有线下实体店的商家来说，通过抖音平台给自己的线下店铺引流，是一种非常好的流量获取方式。例如，蜜雪冰城、海底捞等品牌都通过抖音平台吸引了大量用户前往门店消费。

抖音平台的"认领 POI 地址"功能可以更好地帮助商家向线下店铺引流。商家利用"认领 POI 地址"功能可以获取店铺地址标签，展示店铺的基本信息，实现线上到线下的流量转化。商家使用"认领 POI 地址"功能发布短视频作品后，短视频中会显示店铺的定位，如图 6-15 所示。点击定位后，可跳转至 POI 功能页面，该页面中会显示具体的店铺信息和优惠团购信息等，如图 6-16 所示。

▲ 图6-15 短视频中显示的店铺定位

▲ 图6-16 POI功能页面

商家可以在 POI 功能页面中与附近的粉丝建立联系，向他们推荐商品、优惠券或者店铺活动等，为线下店铺引流，提升店铺转化率。

6.2.8 "多闪"App引流

"多闪"App 是一款短视频社交产品，也是抖音官方的好友聊天工具。"多闪"App 源于抖音平台的私信模块，以"短视频＋社交"的模式为基础，利用其特色功能"聊天"，可将抖音平台上的社交关系直接引流过来。商家可通过"多闪"App 来维护抖音平台上的社交关系。当然，商家通过"多闪"App 拍摄的短视频也可以同步分享到抖音平台。"多闪"App 的聊天界面如图 6-17 所示。

"多闪"App 中，添加好友的方式有很多，如添加朋友、新朋友推荐等。商家可以通过这些方式主动添加好友，并对其进行管理。

图6-17 "多闪"App的聊天界面

1. 添加朋友

打开手机中的"多闪"App，在"通讯录"中可以看到"添加好友"界面，该界面中会自动显示推荐的朋友列表，这是系统根据抖音平台中已关注自己的用户或自己可能认识的用户进行推荐的。如果想要添加某个用户为朋友，只需点击该用户账号名称后面的"回关"或"关注"按钮，如图 6-18 所示。

图6-18 "多闪"App中的"添加朋友"界面

在"多闪"App 中，商家还可以根据关键词或账号来查找朋友。例如，在搜索框中输入关键词"多多"或者直接输入账号"××585"，在手机键盘上点击搜索按钮，即可出现搜索结果，如图6-19所示。点击用户账号名称后面的"关注"按钮，即可关注该用户。

图6-19 "多闪"App的查找朋友界面

2. 新朋友推荐

在"多闪"App的"新朋友"界面中，可以看到一些已经关注自己的用户或自己可能认识的用户。如果用户账号名称后面显示的是"关注"按钮，点击该按钮可以通过抖音平台关注该用户；如果用户账号名称后面显示的是"回关"按钮，点击该按钮可以和该用户建立朋友关系，如图6-20所示。

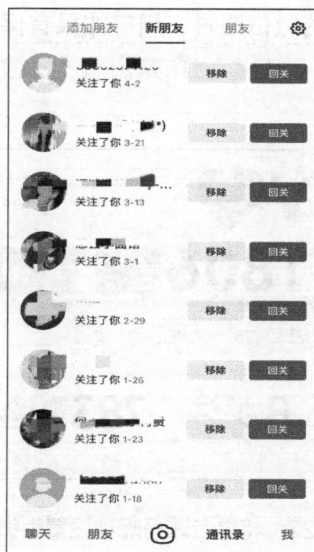

图6-20 "多闪"App中的"新朋友"界面

6.3 抖音导流微信的常用方法

因为微信平台是目前互联网行业中使用最广泛和用户数量最多的社交平台，所以微信平台成为众多商家搭建私域流量池的首选。越来越多的商家在通过抖音平台积累了一定数量的粉丝后，会将这些粉丝引入微信平台。因为抖音平台属于泛娱乐平台，相比之下，微信这种社交平台更适合沉淀用户，也更适合深度沟通，更有利于商业变现。抖音导流微信的常用方法主要包括图 6-21 所示的几种，下面具体介绍前两种方法。

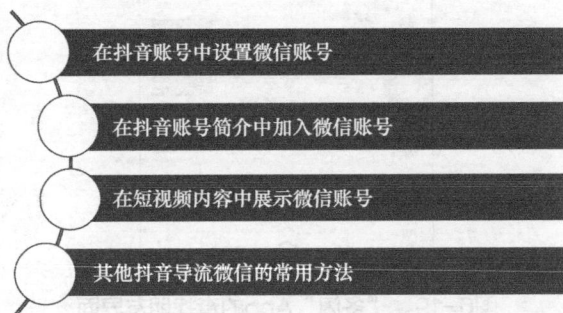

在抖音账号中设置微信账号

在抖音账号简介中加入微信账号

在短视频内容中展示微信账号

其他抖音导流微信的常用方法

▲ 图6-21 抖音导流微信的常用方法

6.3.1 在抖音账号中设置微信账号

在设置抖音账号时，需要设置账号、昵称、简介等信息。商家可以在这些信息中加入一些导流信息，方便对账号感兴趣的用户添加自己为微信好友或联系自己。例如，某保洁员将自己的抖音账号昵称设置为自己的微信账号，用户如果有保洁方面的需求，就可以直接添加其微信账号，与其进行沟通交流，如图 6-22 所示。

V♥
1806

抖音号：

1.2万 获赞　**8** 关注　**783** 粉丝

▲ 图6-22 将抖音账号昵称设置为微信账号

6.3.2 在抖音账号简介中加入微信账号

商家也可在抖音账号简介中加入微信账号，这样用户对账号的服务或商品感兴趣时，可以直接使用相应的联系方式联系商家。某旅游类抖音账号的简介中就留有主播的个人微信账号，如图 6-23 所示。用户如果有合作需求或想要咨询相关的旅游问题，可以添加该主播为微信好友。

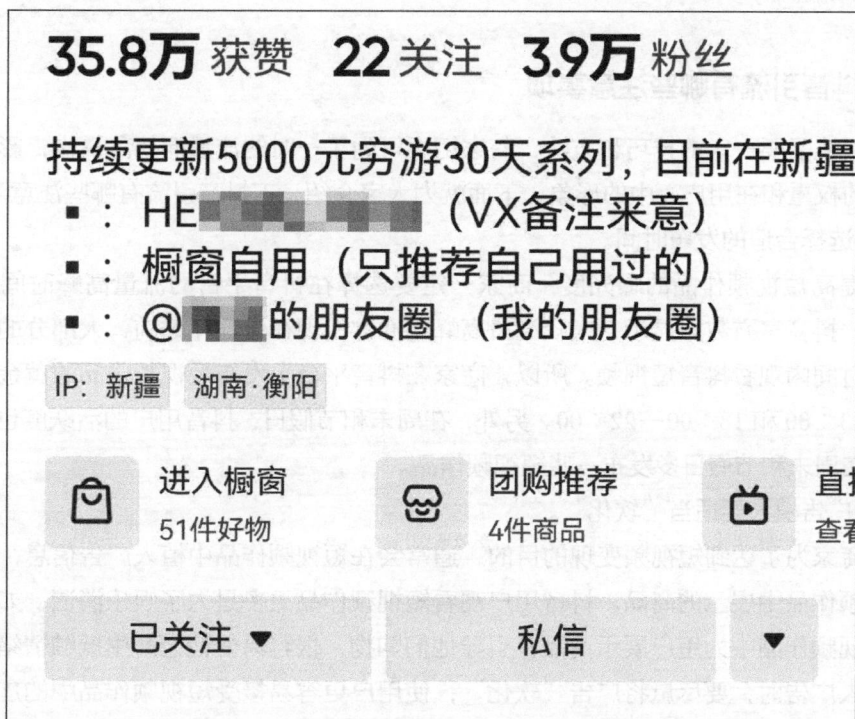

35.8万 获赞　**22** 关注　**3.9万** 粉丝

持续更新5000元穷游30天系列，目前在新疆
- ：HE████████（VX备注来意）
- ：橱窗自用（只推荐自己用过的）
- ：@██的朋友圈（我的朋友圈）

IP: 新疆　湖南·衡阳

进入橱窗　51件好物　　团购推荐　4件商品　　直播　查看

已关注 ▼　　　　私信　　　　▼

▲ 图6-23　在抖音账号简介中加入微信账号

因为抖音平台本身不支持直接留微信账号或者引流至微信平台这种行为，所以商家在留微信账号时最好采取一些措施，而且在抖音账号前期粉丝不多时，最好不留微信账号，以免影响抖音账号权重。

6.4 新手问答

6.4.1 为什么要将抖音流量引入微信

很多商家在做营销时，难免发出疑问：为什么一定要将在抖音平台获得的流量引入微信呢？这是因为抖音、淘宝、快手等平台的流量都属于公域流量。一般在平台建立初期，流量的获取成本通常比较低；当平台逐渐成熟后，流量的获取成本会增加；后期，平台甚至会通过收费来调整流量分配。因此，为了降低流量获取成本，商家最好将流量引入微信平台，这样做有如下好处。

- 微信流量可以被商家多次重复使用。
- 微信流量目前是完全免费的。
- 商家通过微信流量可以随时精准触达目标用户，直接管理自己的粉丝。

随着各平台流量竞争加剧，商家要想获得抖音流量会变得越来越困难，对此，商家不得不积极打造自己的专属私域流量池，以摆脱抖音平台的流量分配限制，提升流量的商业价值。

6.4.2 抖音引流有哪些注意事项

抖音引流需要一定的技巧和方法，商家切不可为了一时的流量而胡乱操作，影响账号在抖音平台的权重和在用户心中的形象。下面就为大家介绍一下抖音引流有哪些注意事项。

（1）选择合适的发布时间。

为了提高短视频作品的曝光度，商家一定要选择在抖音平台的流量高峰时间段发布短视频作品。抖音官方数据显示，大众流量高峰期通常出现在饭前和睡前，大部分的用户会选择在这段时间内观看抖音短视频。所以，商家在抖音平台上发布短视频作品的黄金时间段为11：00—13：00和18：00—22：00。另外，在周末和节假日，抖音用户的活跃度也非常高，商家可以在周末和节假日多发布一些短视频作品。

（2）广告植入要适当"软化"。

很多商家为了达到短视频变现的目的，通常会在短视频作品中植入广告信息，吸引用户购买短视频作品中展示的商品。抖音用户观看短视频作品更多是为了娱乐消遣，如果商家一味地在短视频作品中为用户展示商品，引导他们购物，很容易使他们产生抵触情绪。因此，商家在植入广告时，要尽量将广告"软化"，使用户更容易接受短视频作品中的广告信息。例如，商家可以针对商品设计相关的剧情内容，让用户觉得短视频作品很有趣，同时也能从短视频作品中看到商品的使用效果。

（3）不要频繁进行类似的操作。

商家在引流的过程中最好不要频繁地进行类似的操作，如频繁地修改账号名称、头像、简介等信息，其原因主要有以下4个。

- 频繁地进行类似的操作，会使抖音平台对账号的正常性产生怀疑。一旦抖音平台认定账号运营不正常，势必会对账号进行降权处理。
- 商家在抖音平台上进行的相关操作，如更改个人信息、发布短视频作品等，抖音平台都会对其进行相关审核，如果频繁地进行类似的操作，会增加抖音平台的工作量，使抖音平台对账号打上不好的标签。
- 频繁地进行类似的操作也会消耗商家大量的精力和时间。
- 抖音用户往往是因为对某账号发布的内容感兴趣才关注该账号的。如果商家频繁地进行类似的操作，有可能会使用户无法顺利找到自己感兴趣的内容，进而取消关注该账号。

（4）不要随意删除短视频作品。

很多商家都有一个不好的习惯，就是他们发现自己发布的某条短视频作品的整体数据较差时，就会把这条短视频作品删除。但随意删除短视频作品，对抖音账号的影响非常大，不仅会减少抖音账号上热门的机会，还会影响该账号当下已经积累的整体数据，使账号权重下降。因此，建议商家不要轻易删除自己之前发布的短视频作品，尤其是当自己的抖音账号处于稳定成长的阶段时。

第7章
抖音营销推广，引流、获客、增收益

要想在抖音平台的众多同类商家中脱颖而出，获得更多的展现或变现机会，商家就需要掌握一些抖音营销推广的方法，因为"酒香也怕巷子深"。本章主要讲解抖音营销的常用方法、抖音广告的投放方法、"DOU＋"的投放技巧、抖音企业号的打造方法以及抖音官方营销工具的使用方法等，旨在帮助商家获得更好的营销效果。

7.1 抖音营销的常用方法

抖音平台作为一个新的风口，成为商家争相抢夺的营销阵地。但其实抖音营销失败的商家比比皆是，部分商家要么是花费高额成本拍大片，要么是简单粗暴地找公众人物合作，这些方法不但花费高，而且效果不一定理想。那么商家应该如何做好抖音营销呢？这里分享7个方法，如图7-1所示。

7.1.1 与有影响力的公众人物合作

一些有一定影响力的公众人物，如知名或当红的演艺人员、运动员等，自身就有一定数量的粉丝，商家只要能与之合作，很可能迅速获得粉丝及其关注。

例如，成立于2011年，主营花艺、香氛、家居服、家纺、家饰、家具、珠宝配饰、美妆个护等商品的艺术生活品牌——"野兽派"入驻抖音后，采取与知名演员合作的方式进行品牌营销，该账号发布的诸多短视频都是以与其签约的知名演员进行商品展示为主要内容，深受用户喜欢。

商家与有影响力的公众人物合作，虽然合作费用并不低，但很可能为品牌和账号带来不错的营销效果。

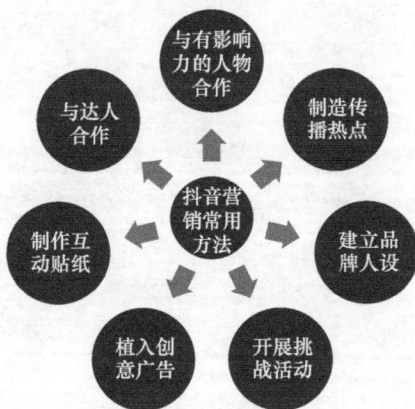

▲ 图7-1 抖音营销常用方法

有实力的商家可以考虑采用这个方法来进行抖音营销。

7.1.2 制造传播热点

抖音平台的用户互动性极强，适合传播活动及内容。不少商家通过策划热点内容来传播品牌、商品信息，都获得了不错的效果。所谓热点内容，是指广受大众关注的、欢迎的新闻和信息，或者是指某时期引人注目的人物话题和突发性事件。在互联网时代，热点内容是指在较短时间内，大多数网民都会关注的热门事件或话题。

常规热点内容是指一些较为常见或定时出现的热门话题，如大众熟知的国家法定节假日、纪念日、固定的大型赛事活动等。商家可根据历年来这些热点内容的关注度，提前对选题内容进行筛选、预热和拍摄制作，等待时机准时发布。例如，每年春节，大家都会讨论"过年团聚""团年饭""春运"等话题，如果商家此时发布带有此类话题的短视频作品，往往能取得不错的营销效果。

因为常规热点内容具有预判性，所以商家可以提前做计划，将热点事件与自己的品牌及商品结合起来，取得不错的营销效果。同时，商家还可以寻找同领域的热点话题、了解热点出现的始末、抓住热点关键词等，策划出与品牌高度相关的热点内容。

1. 寻找同领域的热点话题

商家跟热点时，需要将热点事件与账号定位结合起来，再制作出新的热点创意短视频，而不是简单地复制粘贴。如果热点事件无法与账号定位相关联，商家最好不要强行跟热点。例如，定位美妆领域的抖音账号应重点关注美妆相关的话题。

2. 了解热点出现的始末

商家在跟热点时，还要了解热点事件、话题出现的始末，例如了解某个热点事件发生的时间、过程及结果等。在全面了解热点后，商家才能将其与自己的短视频作品结合起来。例如，有的热点带有负面信息，如果商家盲目将其加入自己的短视频作品，容易招来用户的反感。

如果某热点事件的可查阅资料有限，商家无法全面了解热点信息，可借助百度、搜狗等搜索引擎，以及知乎、今日头条等平台了解事件的始末，以便结合热点事件创作出与自己账号相关的短视频作品。

3. 抓住热点关键词

商家查阅热点话题、事件信息后，最好找到与之相关的3～5个关键词来创作短视频内容。因为热点一般都具有时效性，用户了解到一些热点信息时，会对该热点信息进行搜索，如果商家的抖音账号所发布的短视频作品中含有热点关键词，则该短视频作品容易被用户搜索、浏览，其播放量也有机会得到提升。

4. 对热点进行二次创作

在看到一个热点内容时，商家需要思考如何将其与自己的内容领域相关联。如果短视频内容与热点的关联较强，用户在刷到相近甚至完全相同的题材时，可能会在好奇心的驱动下看完短视频，甚至与商家互动。

跟热点并非盲目跟风，而是在热点的基础上进行再创新。商家需将热点和自己的内容领域相匹配，进行二次创作，才有可能真正跟上热点。

同时，在互联网时代，热门意味着大流量，商家如果想创作出更多的热门视频，还需设法接住抖音首页的热门事件的流量。例如，使用常见的合拍、加定位、发起话题、模仿同行等方法，可以让短视频作品搭乘"热门船"，提高短视频作品的曝光度。

热门事件一般都具有时效性，通常在热门事件发生的 16 个小时内，是事件推进与发酵高度集中的时段，也是用户对事件最感兴趣的时段。随着时间的推移，事件被推送的次数增多，信息也趋于重复，这会导致用户逐渐对该事件产生视觉疲劳，对该事件的关注度也会降低。所以，商家如果想接住热门事件的流量，必须在最短的时间内创作出与热门事件相关的短视频作品。

如何才能找到热门事件呢？商家可通过关注"抖音热榜"来了解热门事件。"抖音热榜"囊括了当下线上及线下的一些热门事件。这个排行榜包含的事件和话题，就是当下抖音平台中最热门的搜索词条。商家可将这些词条应用到短视频标题、文案及内容中，以便跟上热点。

抖音用户点击"搜索"按钮，系统自动跳转至"猜你想搜"和"抖音热榜"页面，如图 7-2 所示，在"抖音热榜"中可见目前抖音平台热度最高的 10 个热门事件。用户还可查看"同城榜""直播榜"等，从中找到更多与热点相关的内容。

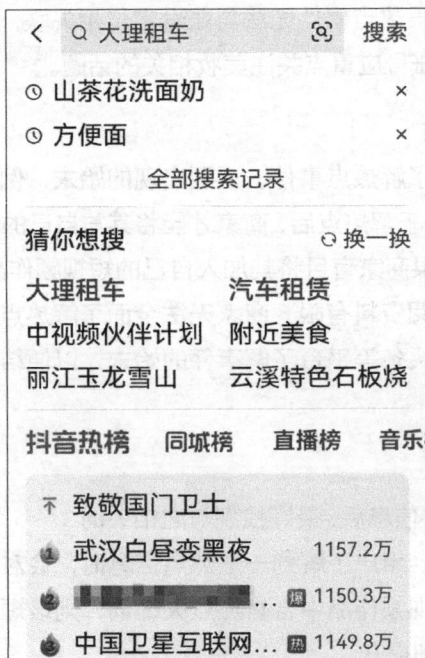

▲ 图7-2 "猜你想搜"和"抖音热榜"页面

商家可实时关注"抖音热榜"，查看当前的热门事件，并找到与自己行业相关的事件进行关联，以此提升短视频作品的播放量。另外，为了保持平台用户的活跃性，抖音官方还会发起或支持一些活动。这些活动势必有大量流量支持，商家如果能参与这样的热门话题或热门活动，自然能分到流量，被更多用户看到。

7.1.3　建立品牌人设

通常而言，品牌人设往往比其他普通人设更具有吸引力。近年来，随着媒介种类增多，品牌人设也越来越丰富。除了文学、动漫、影视、游戏等传统的品牌人设，社交媒体平台、文博机构，以及不少地方政府等也纷纷加入打造品牌人设的潮流之中。

例如，奶茶行业的蜜雪冰城凭借"感人"的价格、亲民的市场路线，以及可爱的"雪王"形象，逐步成为奶茶界的"人气王"。"雪王"头戴王冠，身披红色披风，手拿冰激凌权杖，挺着圆圆的大肚子，形象可爱讨喜，如图7-3所示。

蜜雪冰城打造"雪王"为"品牌代言人"。在其官方微博和抖音短视频作品中，"雪王"的形象虽然不算太精致，但确实很接地气。其抖音短视频作品中经常出现"雪王"与其他品牌人设或顾客的互动画面，从而加深了抖音用户对蜜雪冰城和"雪王"的印象。例如，某抖音账号发布的短视频作品中，"雪王"与青蛙人偶在街上互动，让观看视频的用户觉得很搞笑，如图7-4所示。这类短视频作品在给用户带去欢乐的同时，也加深了用户对品牌的印象。

▲ 图7-3　蜜雪冰城的"雪王"品牌人设形象

▲ 图7-4　"雪王"与青蛙人偶在街上互动的短视频作品

7.1.4 开展挑战活动

很多短视频平台都有挑战活动，这些活动一般都会自带巨大的流量。例如，抖音平台上每天都有各种挑战活动，商家发起或参加活动，不仅可以让自己的短视频作品获得曝光，还可以向优秀的短视频创作者同行学习。

例如，某抖音账号在2023年1月10日—1月24日推出"新年有机会更好"的现金奖励活动。抖音用户在满足任务玩法的前提下，可以参与到活动中，不仅能为短视频作品带来流量，还可根据短视频作品的播放量、点赞量等数据获取商家给予的现金奖励。截至2023年1月11日，该活动已经发布1.7万条短视频作品，共获得2.3亿次播放、38.5万次点赞，如图7-5所示。

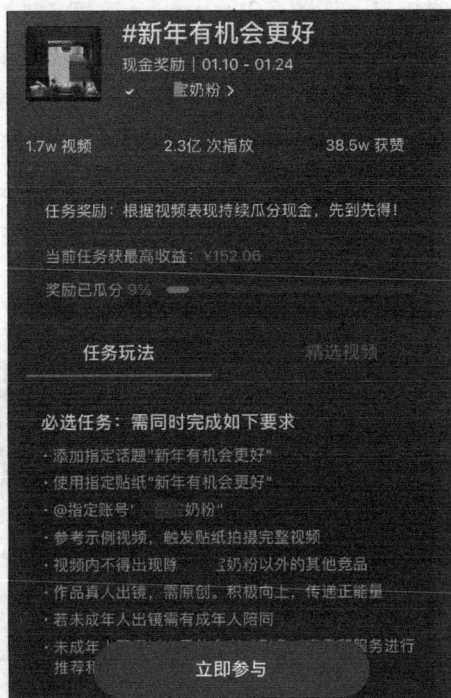

▲ 图7-5 "新年有机会更好"的活动主页

商家主动开展诸如此类的挑战活动，有机会吸引众多用户，包括流量达人参与到活动中来。随着活动的热度上涨，品牌也会被更多用户熟知和关注。

部分能力有限的商家可能无法发起一个挑战活动，但可以加入其他商家发起的挑战活动，随着所加入挑战活动的火热，自己的短视频作品也有机会被送上热门。对于部分有实力的商家而言，发起挑战活动更是一个打造热门营销方案的途径。因为挑战活动是通过强话题引导，带动用户互动，从而助力品牌传播的一种营销方式，而抖音活跃用户以"90后"为主，年轻人更容易参与挑战活动，传播品牌信息。想要玩好挑战活动，商家需理解挑战活动的逻辑与玩法，在掌握挑战活动的运营方法后，设计一套与产品相结合的玩法，才能吸引更多用户参与，从而提升挑战活动的热度。

7.1.5 植入创意广告

抖音营销与传统营销最大的不同就是广告力度不同，抖音广告大多数是软广告。商家通过植入创意广告的方式潜移默化地推广产品，既不易让用户反感，也能取得较好的营销效果。

> **提示**
>
> 软广告，即软性广告，是指将产品信息不露痕迹地融入一些媒介，从而达到宣传的效果。

例如，某情感类抖音账号在发布的一条朋友一起在家做火锅的短视频作品中，植入某款饮料的广告，该短视频作品点赞量达 60 多万。这条有温度、有情感的广告短视频之所以能获得如此好的数据，其原因就在于短视频作品不是在单纯地营销产品，更多的是将产品与剧情相结合，给人眼前一亮的感觉。对于该短视频作品中提及的产品，有需要的人群自然会更加关注它，这使该短视频作品的广告效益较理想。

7.1.6 制作互动贴纸

在抖音平台中，商家可以制作创意贴纸，如 2D 脸部挂件贴纸、2D 前景贴纸等。一些有趣、好玩的贴纸会吸引用户主动使用，从而传播贴纸信息和企业信息。例如，抖音官方推出的"鲜活兔 you"贴纸就带有某品牌牛奶的信息，在临近春节时，它还融入了"红包送福"的特效，被 7000 多人使用，如图 7-6 所示。

▲ 图7-6 "鲜活兔you"贴纸

7.1.7 与达人合作

在抖音电商经营过程中，很多商家选择与达人合作，借助达人资源，快速提升品牌知名度和产品销量。在抖音平台中，商家可以通过抖 Link 选品会、精选联盟、星云计划、直播电商基地等工具和平台寻找、联系达人。

- 抖Link选品会：抖音电商重要的线下撮合活动，通过线下选品会的形式高效实现人货撮合，搭建连接抖音电商达人、MCN（Multi-Channel Network，多频道网络）机构和品牌商家合作的线下桥梁。
- 精选联盟：可以实现达人找商家和商家找达人的双向匹配。该平台中设有"选品广场"和"达人广场"两个板块，达人和MCN机构可以主动通过"选品广场"发现产品，商家也可以通过"达人广场"找到心仪的达人和MCN机构。
- 星云计划：基于品牌商家需求，通过招募线上达人、培养潜力达人，持续孵化稳定、长期的专业带货"达人池"。
- 直播电商基地：具有完善的直播场地和直播环境，以及成熟的运营团队和丰富的操盘经验，不仅可以为达人提供一站式管家服务，同时也可以为商家开展直播卖货提供稳定、优质的带货达人资源。

在选择达人时，有专门的工具化模块对合作达人的数据进行追踪，以帮助商家评价合作达人的表现。

7.2 抖音广告的投放方法

在抖音平台，商家也可以通过付费投放广告的方式来引流。抖音平台中常见的广告主要包括开屏广告、信息流广告、搜索广告等。值得注意的是，商家如果想在抖音平台中投放广告，需要支付广告费，并提供企业营业执照、商标证书或品牌授权书等资料，以及网店渠道等信息。同时，抖音平台会自动统计广告视频的流量数据，如展现量、点击量、点击率等，商家可以根据这些数据来优化调整自己的广告计划出价。

7.2.1 开屏广告

抖音平台的开屏广告是指用户在打开抖音 App 后还没有进入短视频页面时看到的广告。抖音平台的开屏广告具有视觉冲击力强的优点，可以实现品牌强曝光。图 7-7 所示为某品牌的开屏广告。用户如果对广告内容感兴趣，可以直接上滑跳转至商品详情页。

▲ 图7-7 某品牌的开屏广告

开屏广告适用于新品上市、品牌传播及活动推广等场景，如图7-8所示。

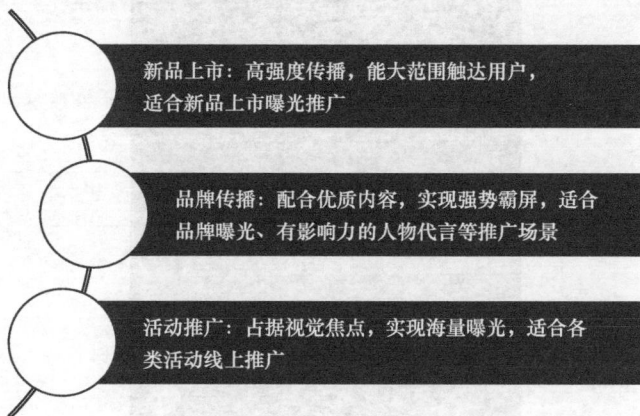

新品上市：高强度传播，能大范围触达用户，适合新品上市曝光推广

品牌传播：配合优质内容，实现强势霸屏，适合品牌曝光、有影响力的人物代言等推广场景

活动推广：占据视觉焦点，实现海量曝光，适合各类活动线上推广

▲ 图7-8 开屏广告的适用场景

"百事可乐"品牌通过抖音平台的开屏广告，打造话题"热爱霸屏榜"，为活动页面引流，如图7-9所示。截至2023年6月27日，该话题的播放量高达30.5亿次。

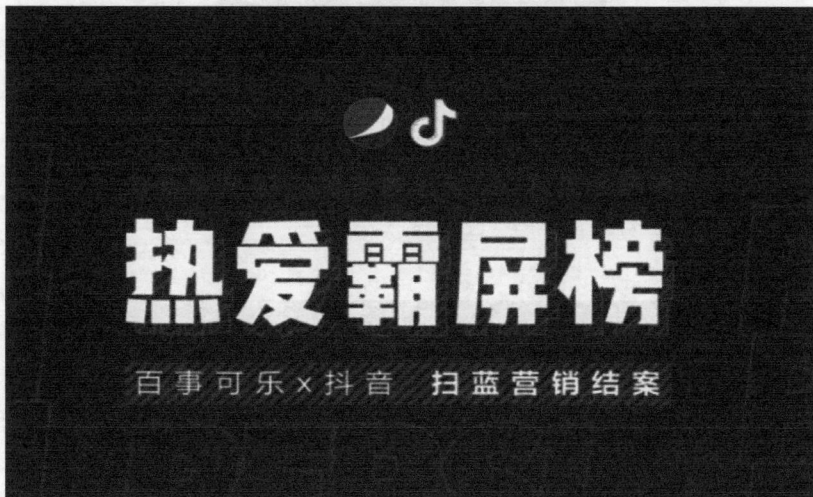

▲ 图7-9 "百事可乐"品牌的开屏广告

7.2.2 信息流广告

抖音平台的信息流广告是指穿插在短视频作品中的广告，支持多种展现形式。信息流广告一般出现在抖音App"推荐"页面中，有"广告"字样。OPPO手机品牌的信息流广告如图7-10所示。

▲ 图7-10 OPPO手机品牌的信息流广告

信息流广告适用于线索收集、应用推广及门店推广等场景，如图 7-11 所示。

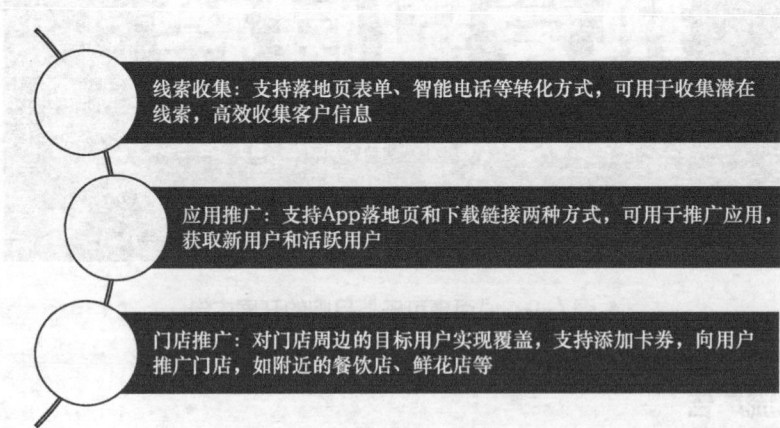

线索收集：支持落地页表单、智能电话等转化方式，可用于收集潜在线索，高效收集客户信息

应用推广：支持App落地页和下载链接两种方式，可用于推广应用，获取新用户和活跃用户

门店推广：对门店周边的目标用户实现覆盖，支持添加卡券，向用户推广门店，如附近的餐饮店、鲜花店等

▲ 图7-11 信息流广告的适用场景

7.2.3 搜索广告

抖音平台的搜索广告是指抖音用户搜索关键词时，搜索结果页面展现出的广告产品信

息。例如，抖音用户在搜索框中输入"方便面"，可以看到与该关键词相关的产品搜索广告，如图 7-12 所示。

▲ 图7-12 搜索广告

搜索广告适用于品牌曝光、内容营销及产品推广等场景，如图 7-13 所示。

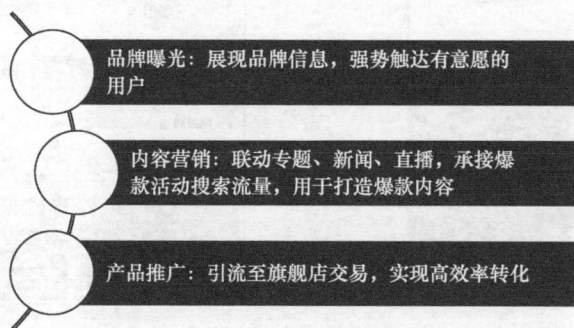

▲ 图7-13 搜索广告的适用场景

7.3 "DOU+"的投放技巧

"DOU+"工具是抖音平台入门级的推广方式，其门槛低、效果可估算，是很多商家的广告投放首选。那么，"DOU+"如何投放呢？如何才能实现投放效果最大化呢？下面就为大家详细讲解"DOU+"投放的相关问题。

7.3.1 投放"DOU+"的方法

"DOU+"工具是抖音平台推出的一款付费短视频加热工具。商家付费购买"DOU+"工具后，抖音平台会将其发布的短视频作品推荐给更多用户，从而提高其短视频作品的播放量和曝光率。在抖音平台中，商家既可以为自己的短视频作品投放"DOU+"，也可以为别人的短视频作品投放"DOU+"。下面就为大家讲解这两种投放"DOU+"的方法。

1. 为自己的短视频作品投放"DOU+"

新发布的短视频作品的人气有可能不是特别理想，这时商家可以借助"DOU+"工具为自己的短视频作品付费引流。为自己的短视频作品投放"DOU+"的具体操作步骤如下。

步骤1 打开抖音 App，进入个人主页，点击页面右上方的 ≡ 按钮，如图 7-14 所示。

步骤2 进入个人中心页面，点击 DOU+ 上热门选项，如图 7-15 所示。

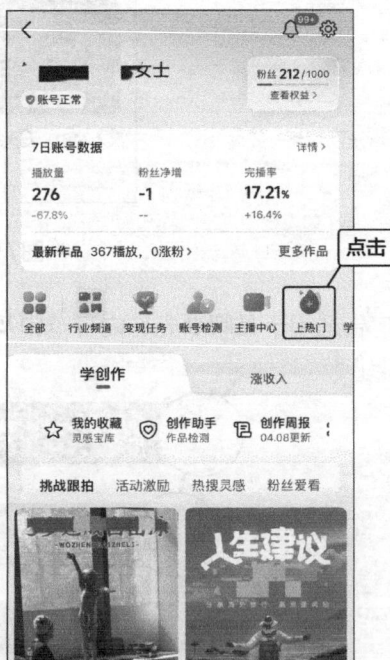

▲ 图7-14　点击 ≡ 按钮　　　　▲ 图7-15　点击DOU+上热门选项

步骤3 进入"DOU+上热门"页面，选择投放目的和需要上热门的短视频作品，点击"支付"按钮，如图 7-16 所示。

步骤4 默认进入套餐选择页面，选择合适的套餐，点击"支付"按钮，如图 7-17 所示。

▲ 图7-16　选择投放视频作品　　　　▲ 图7-17　选择投放套餐

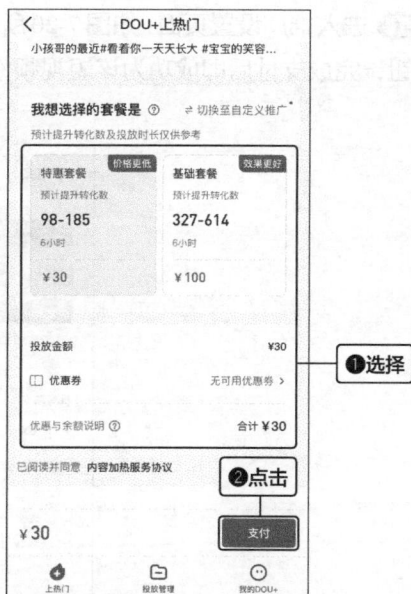

2. 为别人的短视频作品投放"DOU+"

在抖音平台中，抖音用户还可以为自己喜欢的短视频作品投放"DOU+"，帮助自己喜欢的短视频作品上热门，具体的操作步骤如下。

步骤1 打开需要帮助推广的短视频作品，点击页面右下方的"分享"按钮 ，如图7-18所示。

步骤2 进入转发页面，点击"帮上热门"按钮，如图7-19所示。

▲ 图7-18　点击"分享"按钮　　　　▲ 图7-19　点击"帮上热门"按钮

步骤3 进入推广设置页面，如图7-20所示。选择要推广的短视频作品和推广目的，点击"支付"按钮，完成支付后即成功为该短视频作品设置"DOU+"投放计划。

▲ 图7-20　推广设置页面

> **提示**
>
> 商家也可以前往"DOU+"定向版投放页面，自行设置想要提升的数据指标、投放时长、投放人群及投放金额等。

7.3.2　如何实现"DOU+"投放效果最大化

使用"DOU+"工具进行推广引流，抖音账号和短视频作品能够获得更多的流量与热度。但要实现"DOU+"投放效果最大化，商家还需要掌握"DOU+"投放的相关技巧。下面就为大家介绍如何实现"DOU+"投放效果最大化。

1. 选择合适的"DOU+"投放时间

抖音平台中，每一条短视频作品发布后都有一个"上热门的黄金期"，如果商家能够把握这个时期，再加上"DOU+"工具的助力，就很容易将自己的短视频作品推上热门。

通常来说，短视频作品发布后的1～2小时内，是其"上热门的黄金期"，商家在这个时期进行"DOU+"投放，往往能取得非常不错的效果。因为在短视频作品发布后的1～2小时内，抖音平台会为新作品提供一定的基础流量，如果商家在这个时候进行"DOU+"投放，就能顺势为短视频作品"续力"，从而使短视频作品在初期自然流量和"人为续力"的双重加持下，达到流量的最高峰。

另外，建议商家根据抖音平台的用户活跃高峰期进行"DOU+"投放；投放额度小于500元时，投放时长可设置为6小时。例如，某账号的主播为其发布的首条短视频作品投放

"DOU+"，投放额度可以设置为100元，投放时间可以选择18∶00，投放时长设置为6小时，到24∶00结束，刚好涵盖了抖音平台的整个用户活跃高峰期。

2. 选择合适的"DOU+"投放模式

"DOU+"投放模式有两种，分别是"系统智能推荐"和"自定义定向推荐"。其中，"系统智能推荐"投放模式是由系统根据短视频内容将其投放给有相同兴趣的用户。例如，短视频内容是关于美食的，那么系统就会自动将其推荐给经常浏览美食类短视频的用户。选择"系统智能推荐"投放模式，投放6个小时，可以为短视频作品带来120～226次转化，如图7-21所示。

"自定义定向推荐"投放模式可以对投放人群的性别、年龄、地域、兴趣标签进行自定义设置，如图7-22所示。

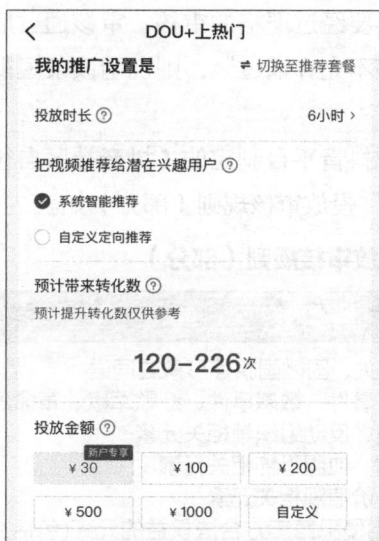

▲ 图7-21 "系统智能推荐"设置页面　　▲ 图7-22 "自定义定向推荐"设置页面

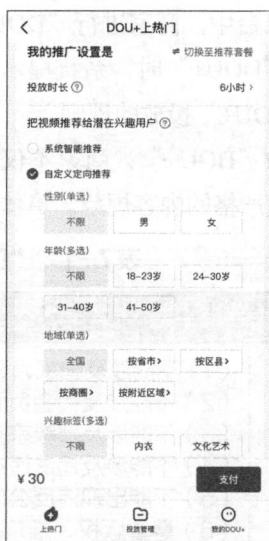

在进行"DOU+"投放时，商家需结合自己账号的内容方向及目标粉丝画像来选择投放人群，让投放效果最大化。例如，某美妆类抖音账号的目标用户信息为"全国范围内年龄为18～30岁，且对美妆产品感兴趣的女性用户"，在进行"DOU+"投放时，商家就可以根据此目标用户信息进行"自定义定向推荐"投放设置。

同时，"自定义定向推荐"投放模式还支持"达人相似粉丝"推荐，可将短视频内容推荐给垂直领域达人粉丝或与该类达人相似的用户群体。例如，科普类账号主播在进行"DOU+"投放时，可选择与之相关的达人，使投放更加精准，如图7-23所示。

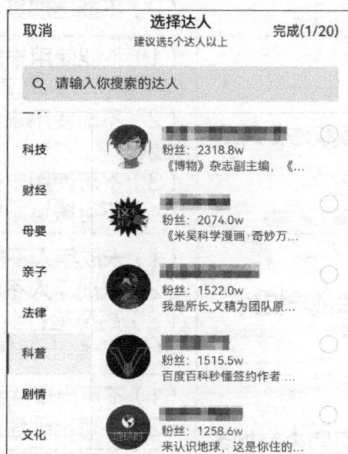

▲ 图7-23 "达人相似粉丝"推荐

3. "小额多次"投放

商家在进行"DOU+"投放时，应遵循"小额多次"的原则，不要一次性投入过大金额，多次投放往往可以获得更好的投放效果。另外，在投放期间，商家还要注意数据的变化，及时做出调整和优化。

例如，某商家准备花费 800 元推广费用为自己的一条短视频作品进行"DOU+"投放，采用"小额多次"原则，可以每次投放 100 元，先后分 8 次进行投放。在投放过程中，该商家应随时观察该短视频作品的数据表现，当数据出现下滑时，就进行一次投放，直至将 800 元推广费用投放完。

7.3.3 "DOU+"投放无法过审的原因

在抖音平台中，商家进行"DOU+"投放需要经过严格的审核，审核通过后才可投放。如果在投放"DOU+"时，系统提示"视频审核不允许通过"，则说明该条短视频作品的内容不符合"DOU+"投放的规则。

要想投放"DOU+"，商家不仅要自觉遵守抖音平台制定的《抖音社区自律公约》，还要遵守一些更严格的内容规范。具体的"DOU+"投放审核规则（部分）如表 7-1 所示。

表7-1 "DOU+"投放审核规则（部分）

规则名称	具体内容
社区内容规范	（1）不能涉及国家领导人、国家机关、国徽国旗等形象或词语 （2）不能涉及社会负面事件、热点事件、敏感事件、红歌军歌、革命烈士等 （3）不能涉及邪教宗教、封建迷信、反动组织等相关元素 （4）不能涉及违法违规、低俗色情、血腥恐怖相关元素 （5）不能出现违反公序良俗、社会价值观相关元素 （6）尊重版权，推广内容不得使用侵犯第三方合法权益的元素(包括文字、图片、视频、创意等) （7）不能出现危害未成年人或残疾人身心健康的内容 （8）未成年人不能作为代言人拍摄商业营销内容 （9）不能出现其他抖音平台认为不适合出现的推广内容
版权法律风险	（1）不能使用未授权的第三方的名称、Logo、形象、图片、音频、视频等(若投放相关素材，则需要单独确认) （2）不能使用未经演艺人员等权利人授权的涉及其肖像权、姓名权、知识产权等相关素材 （3）不可使用未授权的影视剧、综艺片段等素材 （4）不可搬运站内外视频
未成年相关	（1）未成年人不能作为代言人拍摄加热内容 （2）未成年人不可参与营销视频的拍摄 （3）高风险行业（如食品、美妆、游戏、酒水、医疗、OTC药品、医疗器械、皮草等）严禁出现任何未成年人相关内容
视频内容加热规范	（1）不可出现扰乱社会秩序的内容 （2）不可出现违反公序良俗、社会价值观相关内容 （3）不可出现违法行为 （4）不可出现风险内容 （5）不可出现引人不适内容

"DOU+"投放的审核极为严格，很多新手在初次投放"DOU+"时，往往会因为不熟悉投放规则而遇到审核不通过的情况。通常，"DOU+"投放审核被驳回的原因大致如表7-2所示。

表7-2 "DOU+"投放审核被驳回的原因

原因名称	具体原因	举例说明
视频和视频描述中出现了联系方式	如电话号码、微信账号、QQ账号、二维码、公众号名称、地址等	"想获取摄影视频教程大全加微×××××"
包含明显的营销招揽信息	如标题招揽、口播招揽、海报或传单招揽、价格招揽、标题产品功效介绍等	（1）标题招揽："没时间辅导孩子功课？就找×××" （2）口播招揽（品牌功效）："××护理凝胶，涂在蚊虫叮咬处，10秒快速止痒，各种皮肤小问题均可使用" （3）价格招揽："××沐浴露，原价99元，现在只需59元，全国包邮" （4）标题产品功效介绍："全深层滋养精华，补水、保湿、滋养多效合一"
明显的品牌营销信息	如品牌定帧、商业字幕、非官方入库商业贴纸、非官方入库音乐等	（1）品牌定帧：短视频中出现某App下载广告的画面 （2）商业字幕：短视频右上角出现商业字幕广告
指向性的企业店铺名称	如恶意诋毁店铺或故意抬高店铺	"不像××家的洗面奶，用了会过敏"

提示

如果遇到短视频作品确实无法投放"DOU+"或"DOU+"投放审核不通过的情况，商家之前预付的推广费用将于4～48小时内退回至"DOU+"账户，可在下次投放"DOU+"时使用或提现。

7.4 抖音企业号运营技巧

抖音"蓝V"账号是指抖音平台中的企业用户和机构用户经过抖音官方认证后获得的带有"蓝V"标识的账号，如图7-24所示。

对于抖音商家来说，通过"蓝V"认证的账号，不仅可以获得抖音官方的认可，以保证企业品牌的唯一性、官方性和权威性，还能解锁更多抖音企业号的营销玩法，更好、更快地实现自己的营销目的。

▲ 图7-24　通过"蓝V"认证的账号

7.4.1　申请"蓝V"账号，需认证为企业号

申请"蓝 V"账号，需要在"抖音官方认证"中进行企业认证，开通抖音企业号。以移动端为例，开通抖音企业号的具体操作步骤如下。

步骤1 打开抖音 App，通过账号主页进入"创作者服务中心"页面，点击该页面中的"全部"按钮，如图 7-25 所示。

步骤2 在弹出的页面中，点击"进阶服务"一栏中的"企业号开通"按钮，如图 7-26 所示。

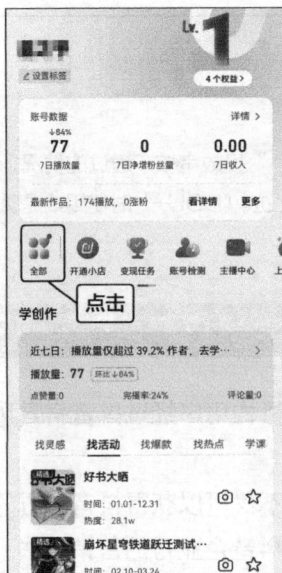

▲ 图7-25　点击"全部"按钮　　　▲ 图7-26　点击"企业号开通"按钮

步骤3 进入"企业号开通"页面，点击"去上传"按钮，如图7-27所示，按要求上传营业执照，进行企业身份验证和免费资质审核，即可开通企业号并点亮"蓝V"标识。

▲ 图7-27　点击"去上传"按钮

7.4.2　抖音"蓝V"账号核心功能详解

抖音平台会为通过"蓝V"认证的企业号提供丰富的营销福利及多项专属功能权益，从而为企业营销创造更好的条件，所以有条件的抖音商家基本上都会选择开通企业号。下面就为大家详细介绍一下抖音"蓝V"账号的核心功能。

1. 官方认证标识

通过"蓝V"认证的企业号，其账号主页中账号名称的下方会显示蓝色标识的"V"；同时，"蓝V"标识旁边还会展示认证信息，如"××官方账号""××公司""旗舰店账号"等。中国移动官方认证标识如图7-28所示。抖音用户只要在某个账号的账号主页中看到"蓝V"标识及认证信息，就会知道该账号是经过"蓝V"认证的企业号，账号在用户心目中的权威性就得以提升了。

▲ 图7-28　中国移动官方认证标识

2. 自定义头像

商家在"蓝V"账号主页中可以将品牌Logo或企业商标设置为账号头像，以此来提高账号的辨识度，彰显账号的权威身份。例如，抖音账号"小米官方旗舰店"就将小米品牌Logo设置为头像，让用户一看就知道该账号是小米公司的企业号，如图7-29所示。

▲ 图7-29　抖音账号"小米官方旗舰店"的头像

3. 短视频置顶

商家在"蓝V"账号主页中可以设置3条置顶短视频作品，优先展示重要的视频内容。例如，抖音账号"上汽大众"在账号主页设置了3条置顶短视频作品，以提高重点内容的曝光率，如图7-30所示。

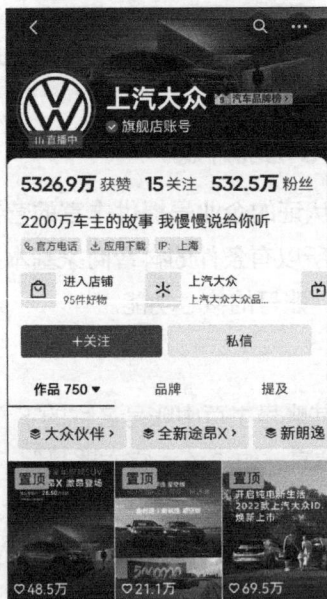

▲ 图7-30　短视频置顶

在选择置顶短视频作品时，商家可以从两个方面来考虑：一是选择播放量和转发量都比较高的作品置顶；二是选择能够与用户产生连接的作品置顶。

4. 认证同步

抖音与今日头条、西瓜视频都是抖音集团旗下的产品（统称"头条系"），所以这些平台可以实现账号同步认证。也就是说，在抖音平台上通过"蓝V"认证的账号，可以一站式完成今日头条、西瓜视频等其他"头条系"平台的认证。

"头条系"账号之间的认证同步功能，不仅可以缩短认证时间，还可以使各账号共享粉丝。例如，某企业的今日头条账号积累了一定数量的粉丝，现在该企业在抖音平台上新注册了一个"蓝V"企业号，那么该企业号也会拥有与今日头条账号相同的粉丝量。

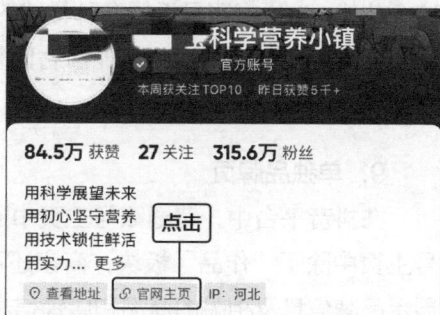

▲ 图7-31　在"蓝V"账号主页设置
官网主页链接

5. 官网主页链接

"蓝V"账号拥有外链按钮设置权，商家可以在账号主页中设置跳转至企业的官网主页等的外链按钮。用户只需点击主页中设置好的外链按钮，即可跳转至企业的官网主页等，如图 7-31 所示。

6. 电话呼出

商家在"蓝V"账号主页中可以设置电话呼出组件，通过该组件，用户可以直接与企业进行电话联系。用户只需点击主页中的"联系我们"按钮，在弹出的对话框中点击对应的电话号码即可进行呼叫，如图 7-32 所示。

7. 账号搜索置顶

在抖音平台中，用户通过关键词搜索账号时，系统会将"蓝V"账号置顶，从而使企业的目标用户能够快速找到企业账号，帮助企业抢占流量入口。例如，在抖音平台中搜索关键词"手机"，从搜索结果中可以看到排名靠前的账号基本都是经过"蓝V"认证的企业号，如图 7-33 所示。

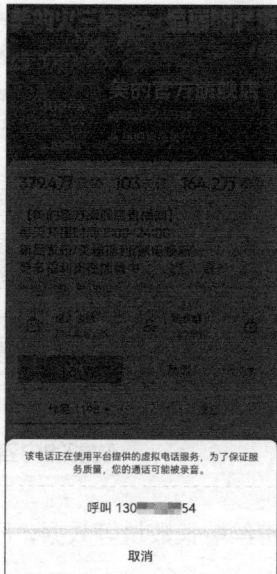

▲ 图7-32　电话呼出

▲ 图7-33　关键词"手机"的账号搜索结果页面

8. 私信自定义回复

"蓝 V"账号具有私信自定义回复功能，可以对用户信息进行自动回复。企业可以借助这个功能，为抖音账号设置多种样式的回复内容，例如，在自动回复中展示企业的联系方式、服务范围等内容。该功能既能节省回复消息的人力成本和时间成本，还能有效避免错过任何一个潜在用户。

9. 单独品牌页

在抖音平台中，普通账号主页中通常只有"作品"板块，如图 7-34 所示；而"蓝 V"账号主页中除了"作品"板块，商家还可以自主设置"品牌""商品""商家"等板块，用于展示品牌信息及相关的商品和店铺信息，如图 7-35 所示。

▲ 图7-34 普通账号主页

▲ 图7-35 "蓝V"账号主页

10. 认领POI地址

"蓝 V"账号可以认领 POI 地址，将线上用户引入线下实体店，对店铺信息进行曝光，促进流量转化。POI 地址认领功能对拥有实体店的企业来说至关重要，因为抖音用户通过 POI 地址不仅可以查看店铺的相关情况，还能拨打店铺的电话，并借助导航软件直接前往店铺。

11. 数据分析

商家可以通过"蓝 V"账号后台查看账号的运营数据，以便掌握账号的运营情况，对账号进行合理优化。"蓝 V"账号数据分析功能可以为商家提供 5 个方面的数据，如图 7-36 所示。

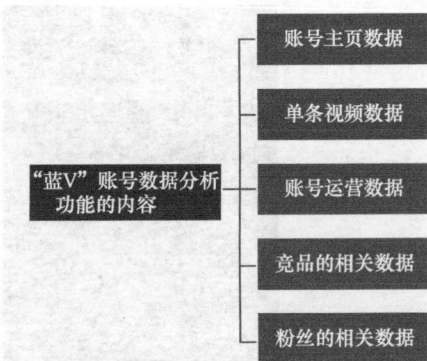

▲ 图7-36 "蓝V"账号数据分析功能的内容

- 账号主页数据：商家可以查看账号的粉丝总量、粉丝增长数量等数据，同时还能对访问者的年龄、性别等数据进行分析。
- 单条视频数据：商家可以查看某条视频的评论量、点赞量、转发量等数据，并根据这些数据优化短视频内容。

- 账号运营数据：商家可以查看账号相关数据的变化趋势，如粉丝增长曲线、点赞增长曲线等。
- 竞品的相关数据：商家可以查看行业账号的整体运营情况，掌握行业发展的趋势。
- 粉丝的相关数据：商家可以查看并分析抖音用户画像，从而更好地了解目标用户的需求，提高企业营销的转化率。

7.5 抖音官方营销工具

抖音平台为商家提供了丰富的营销工具，常见的营销工具有限时限量购、满减、商家优惠券、达人专属营销券、定时开售、定金预售、拼团等。商家应该熟练使用这些营销工具，以便在促进拉新、互动的同时，也提升销售额。

7.5.1 限时限量购

"限时限量购"是一款抖音店铺营销工具，可对商品进行低价促销，营造购买氛围，如图7-37所示。限时限量购能有效提升直播间销量，从而提升单品转化率和店铺成交额，是一款不可忽视的营销工具。

▲ 图7-37 限时限量购活动页面

这里以抖音小店后台为例进行设置。打开抖音小店后台，单击"营销"→"营销工具"→"更多营销工具"选项，进入"工具列表"页面，单击"限时限量购"选项，如图7-38所示。

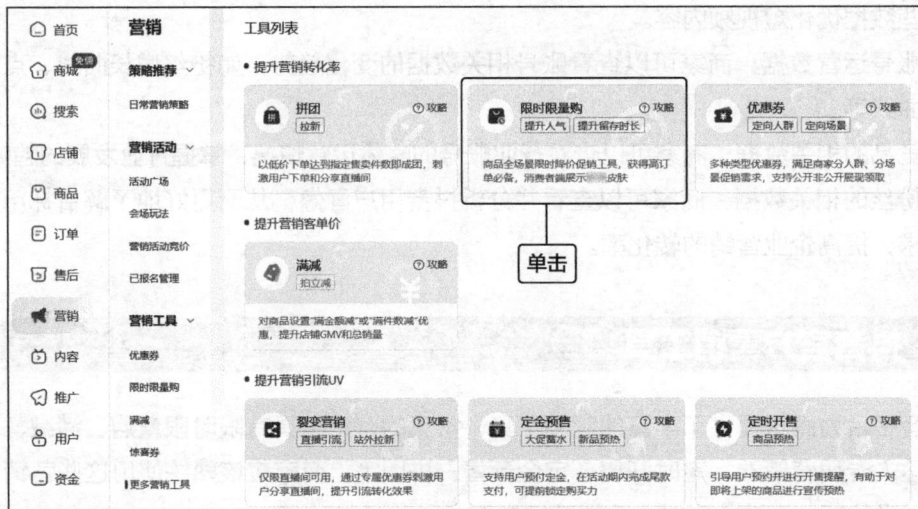

▲ 图7-38 单击"限时限量购"选项

页面自动跳转至"创建活动"页面，根据页面提示进行选择活动类型、填写活动名称、设置活动时间及选择商品等操作后，单击"提交"按钮，如图 7-39 所示，即可创建一个新的限时限量购活动。

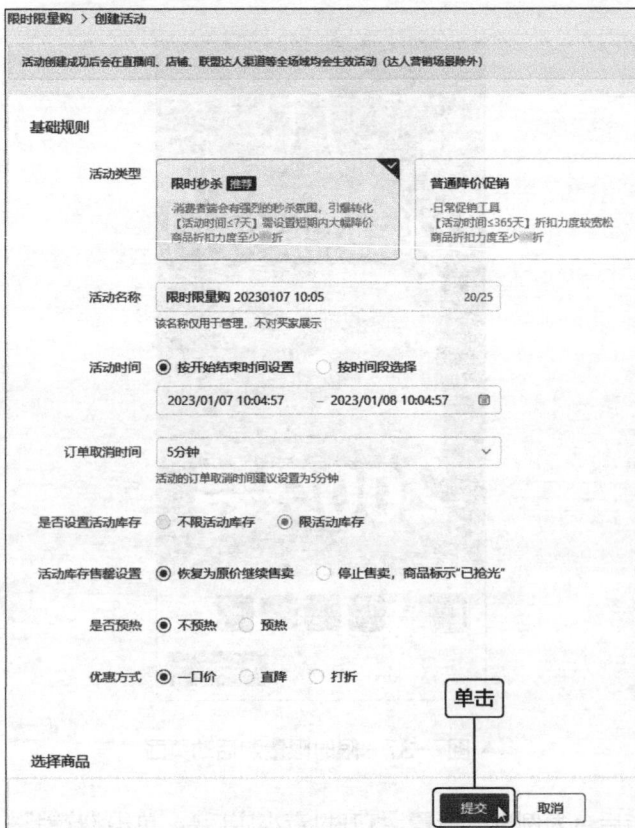

▲ 图7-39 单击"提交"按钮

7.5.2 满减

"满减"是指用户在购满一定金额的活动商品后，合并下单可享受满减优惠。满减一般应用在购买多件商品的场景中，其目的是提高用户下单金额，从而提高店铺客单价。例如，某直播间的产品可享满减活动，满减后价格为 0.01 元，如图 7-40 所示。

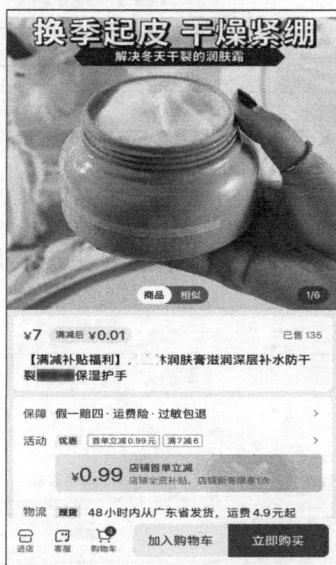

▲ 图7-40 满减活动页面

满减活动一般需在抖音小店后台完成设置，登录商家账号，单击"营销"→"营销工具"→"更多营销工具"选项，进入"工具列表"页面，单击"满减"选项，如图 7-41 所示。

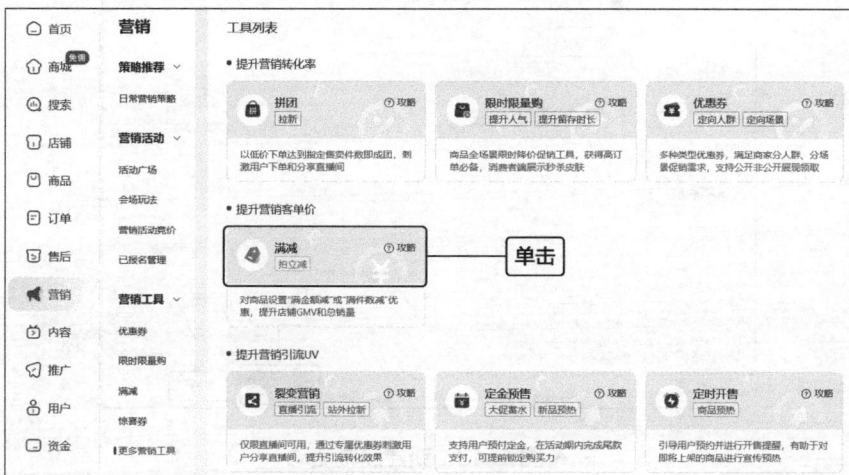

▲ 图7-41 单击"满减"选项

页面自动跳转至满减活动介绍页面，单击"立即新建"按钮，如图 7-42 所示。

121

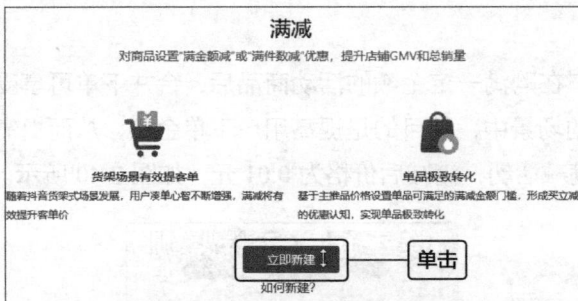

▲ 图7-42　满减活动介绍页面

页面自动跳转至"新建活动"页面，根据页面提示进行选择活动类型、填写活动名称、设置活动时间、填写优惠设置、选择商品等操作后，单击"提交"按钮，如图 7-43 所示，即可创建一个新的满减活动。

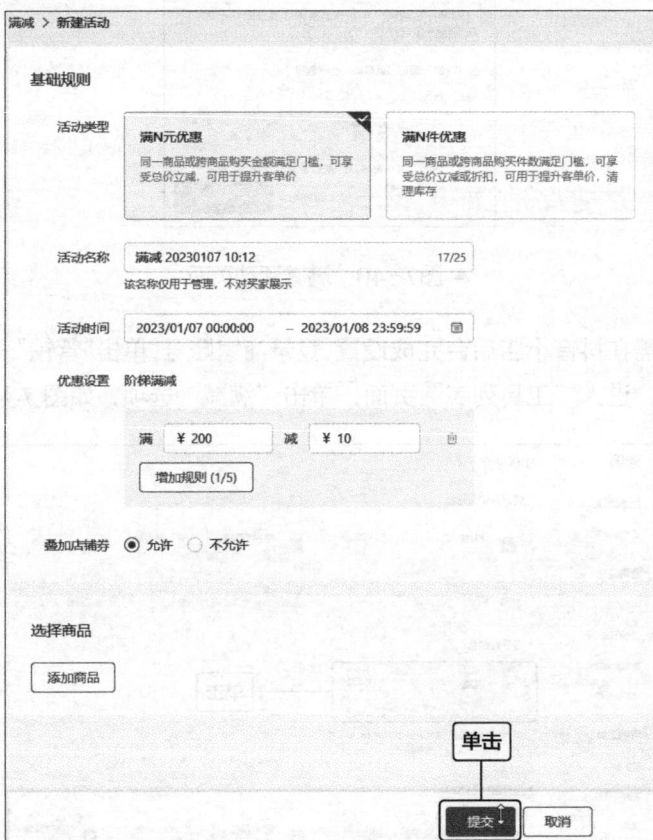

▲ 图7-43　新建满减活动

7.5.3　商家优惠券

"商家优惠券"是由商家创建的优惠券，已领取优惠券的用户下单时可以抵扣一定的金额。常见的商家优惠券包括商品优惠券、店铺粉丝券、达人粉丝券、店铺新人券、全店通用券、自有渠道券、广告单品券 7 种类型，如表 7-3 所示。

表7-3 商家优惠券类型及特点等信息

优惠券类型	特点	可用范围	优惠形式	适用场景
商品优惠券	优惠券生效后可在商品页公开领取	指定商品可用	支持满减或直减	日常营销、大促营销
店铺粉丝券	由店铺官方抖音账号的主播在直播间内发放，仅店铺官方抖音账号粉丝可领	店铺通用或指定商品可用	支持满减或直减	日常营销、大促营销、专享优惠和定向营销
达人粉丝券	由合作达人在其直播间内发放，仅达人抖音账号粉丝可领	店铺通用或指定商品可用	支持满减或直减	合作达人直播间带货
店铺新人券	由店铺官方抖音账号的主播在直播间内发放，仅店铺新人可领，每人限领1张	店铺通用或指定商品可用	支持满减	直播间拉新、日常营销、大促营销以及特定商品的推广
全店通用券	优惠券生效后自动展示，商家也可以同时在直播间发放	店铺通用或指定商品可用	支持满减或直减	日常营销、大促营销
自有渠道券	优惠券生效后不会自动展示，需要商家自行发放	店铺通用或指定商品可用	支持满减或直减	专属渠道营销、私域营销
广告单品券	仅可在广告渠道领取	仅鲁班平台可领取	仅指定商品可用	仅限开通广告资质的商家使用

商家可以在抖音小店后台设置商家优惠券活动，这里以设置商品优惠券为例。打开抖音小店后台，单击"营销"→"营销工具"→"更多营销工具"选项，进入"工具列表"页面，单击"优惠券"选项，如图 7-44 所示。

▲ 图7-44 单击"优惠券"选项

页面自动跳转至"新建优惠券"页面,单击商品优惠券右下方的"立即新建"按钮,如图7-45所示。

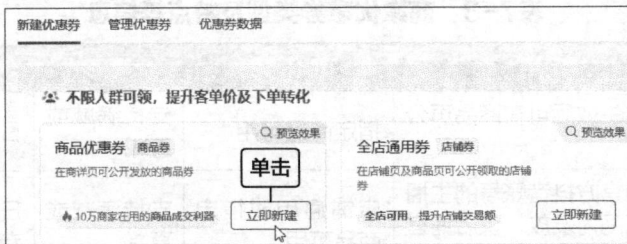

▲ 图7-45　"新建优惠券"页面

页面自动跳转至"新建商品优惠券"页面,根据页面提示进行填写优惠券名称,设置领取时间、使用时间、优惠内容、满减面额、发放量,以及选择商品等操作后,单击"提交"按钮,如图7-46所示,即可创建一个新的商品优惠券活动。

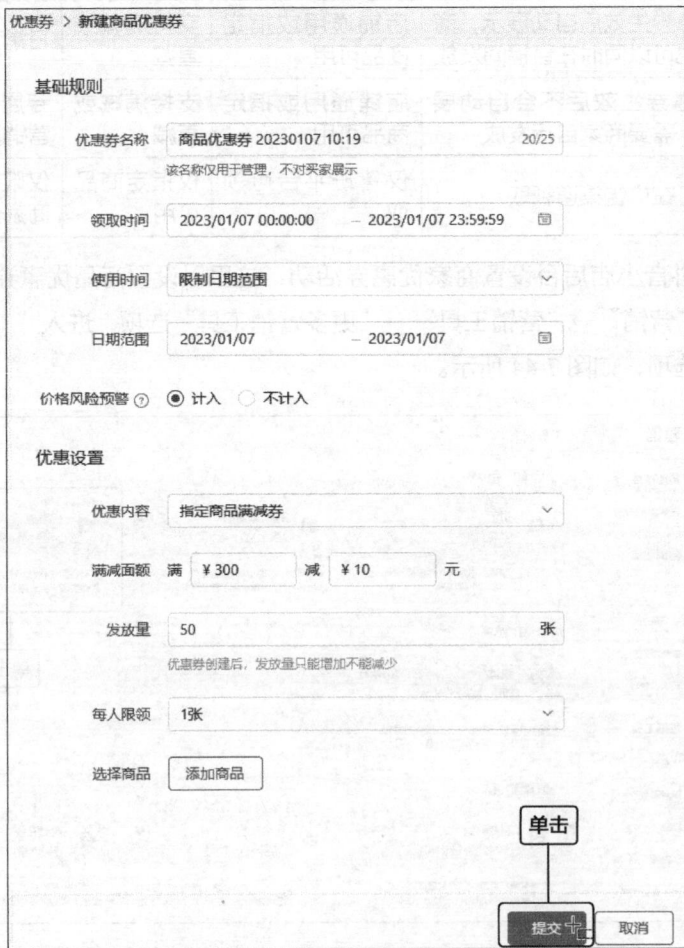

▲ 图7-46　"新建商品优惠券"页面

商家可用类似的方法设置其他商家优惠券活动。

7.5.4　达人专属营销券

"达人专属营销券"是指由商家创建并承担成本的，指定达人发放的定向渠道优惠券，用户仅能通过达人渠道（达人直播间、达人短视频、达人橱窗）领取。某直播间的达人专属营销券的券额及领取门槛如图7-47所示。

关注我才可以领券哦

粉丝专享券

￥10

再想想　　　　立即关注

▲ 图7-47　达人专属营销券的券额及领取门槛示例

商家可以在抖音小店后台设置达人专属营销券。打开抖音小店后台，单击"营销"→"营销工具"→"优惠券"选项，单击"达人专属券"右下角的"立即新建"按钮，如图7-48所示。

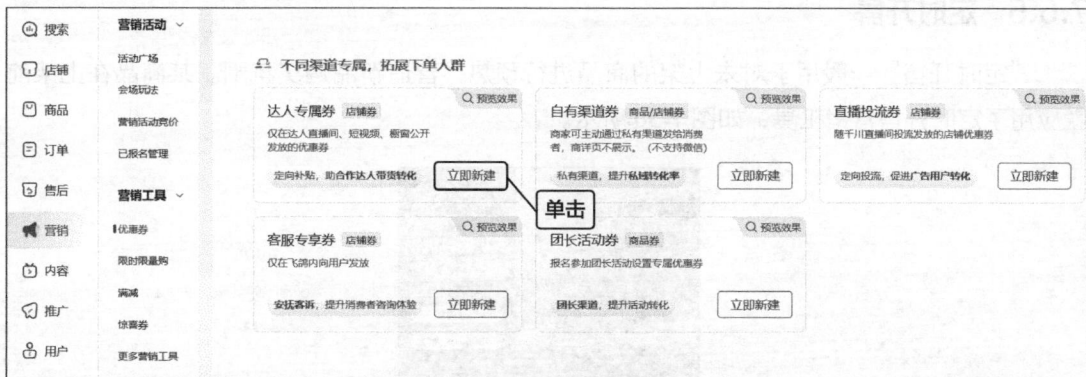

▲ 图7-48　创建达人专属营销券

页面自动跳转至"创建活动"页面，根据页面提示进行设置活动名称、活动时间、活动生效条件等操作，添加商品后单击"提交"按钮，如图7-49所示，即可生成一个新的达人专属营销券活动。

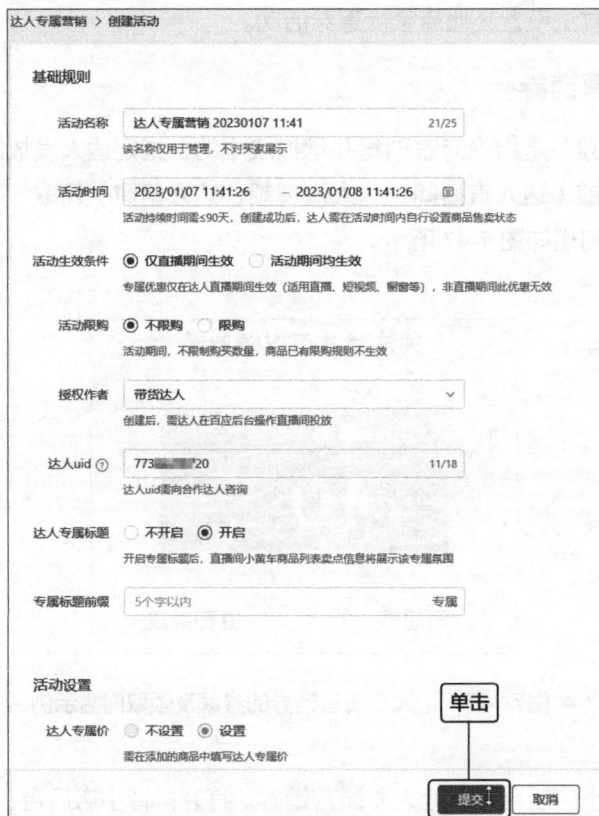

▲ 图7-49 "创建活动"页面

7.5.5 定时开售

"定时开售"一般用于对未上架的商品进行预热，营造新品购买氛围。某商品在上架前就应用了定时开售营销工具，如图 7-50 所示。

▲ 图7-50 定时开售商品

商家可以在抖音小店后台设置定时开售活动，打开抖音小店后台，单击"营销"→"营销工具"→"更多营销工具"选项，进入"工具列表"页面，单击"定时开售"选项，如图7-51所示。

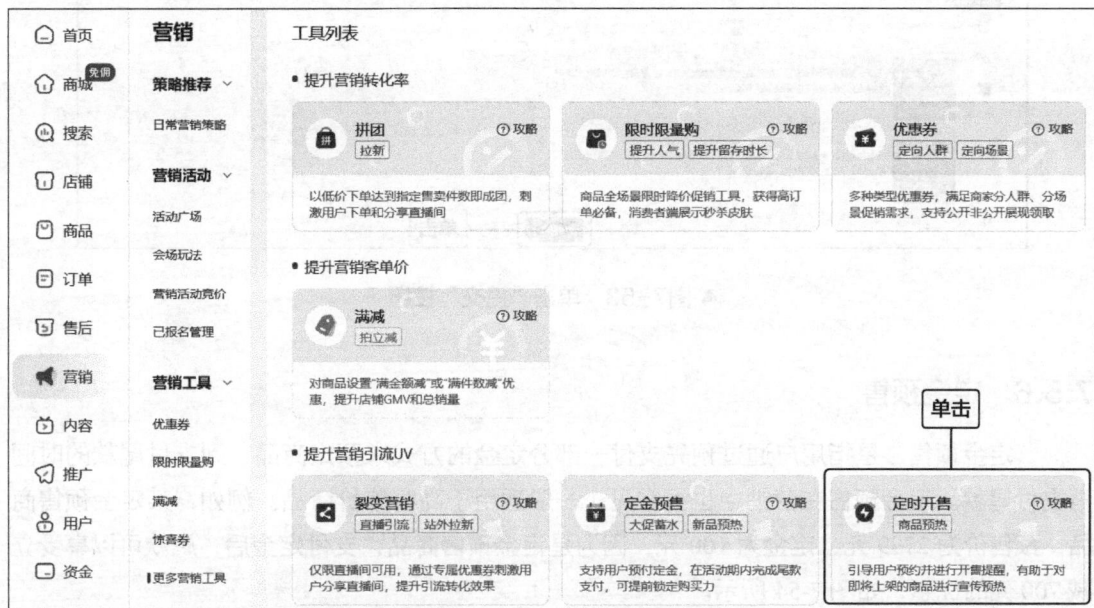

▲ 图7-51 单击"定时开售"选项

页面自动跳转至定时开售商品的设置页面，单击"添加商品"按钮，如图7-52所示。

▲ 图7-52 单击"添加商品"按钮

页面自动跳转至"添加商品"页面，根据页面提示进行设置开售时间、选择商品等操作，然后单击"提交"按钮即可，如图7-53所示。

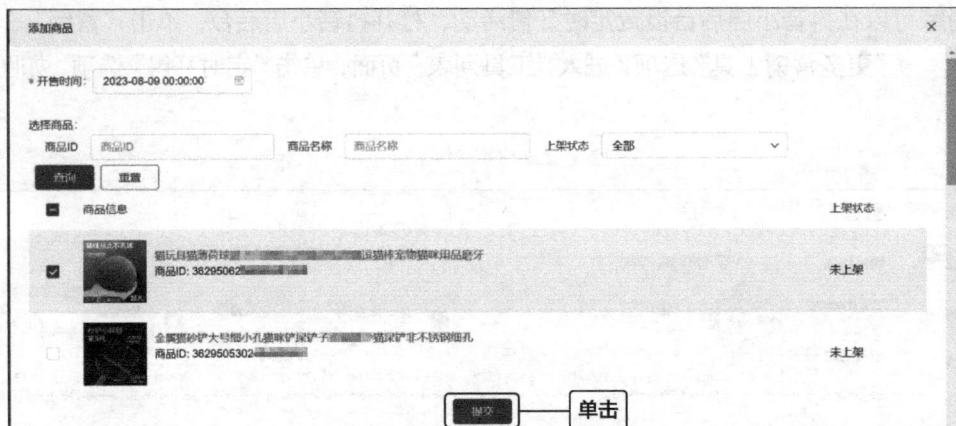

▲ 图7-53　单击"提交"按钮

7.5.6　定金预售

"定金预售"是指用户通过预先支付一部分定金的方式来预定商品，到支付尾款的时间再支付尾款。定金预售在营销中也很常见，一般适用于高客单价商品。例如，某定金预售商品，预售价为 2799 元，定金为 100 元，因为是定金预售商品，支付定金后，尾款可以享受立减 700 元的优惠，如图 7-54 所示。

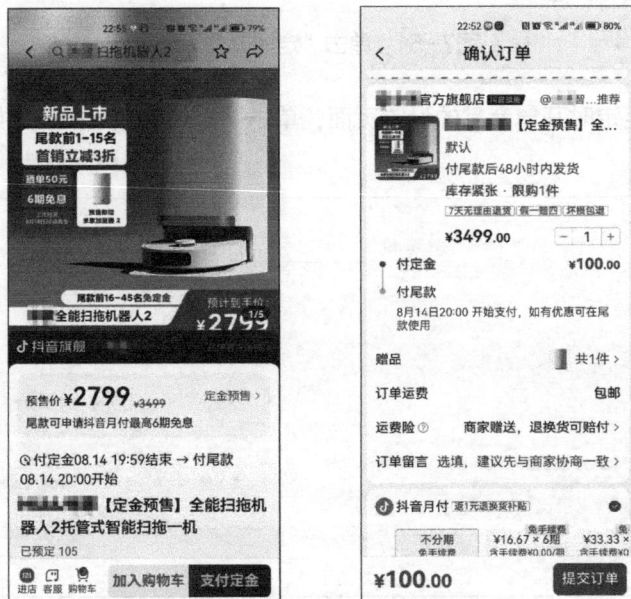

▲ 图7-54　定金预售商品

商家可以在抖音小店后台设置定金预售活动，打开抖音小店后台，单击"营销"→"营销工具"→"更多营销工具"选项，进入"工具列表"页面，单击"定金预售"选项，如图 7-55 所示。

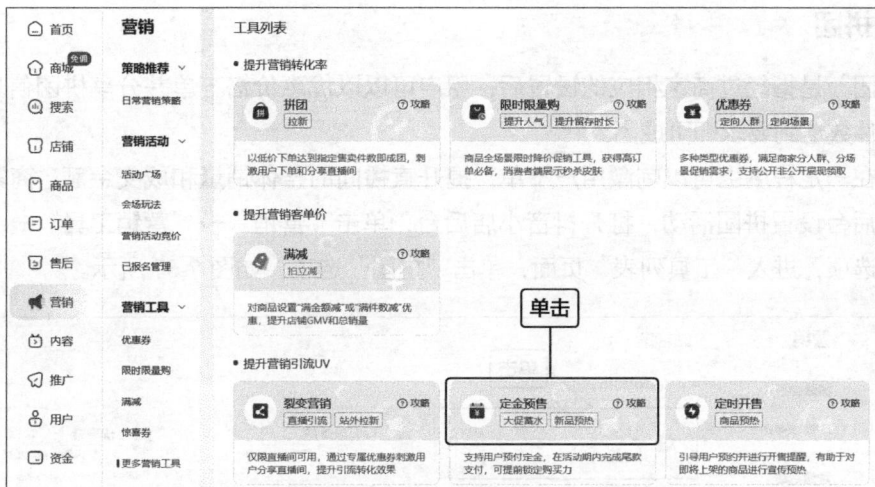

▲ 图7-55 单击"定金预售"选项

页面自动跳转至定金预售的"创建活动"页面，根据页面提示设置活动名称、定金付款时间、尾款付款时间、订单取消时间，然后选择商品，再单击"提交"按钮，如图7-56所示，即可创建一个新的定金预售活动。

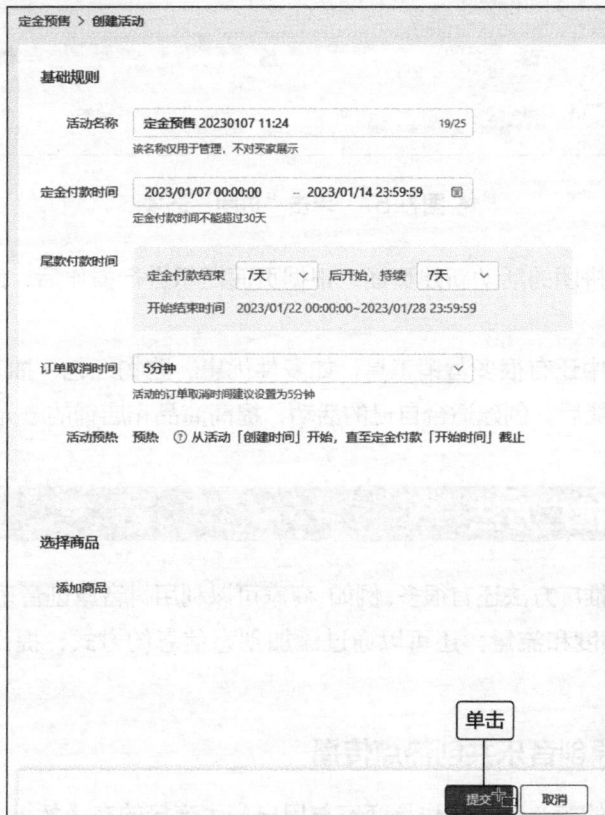

▲ 图7-56 创建定金预售活动

7.5.7 拼团

"拼团"是指经过商家相应的设置后,用户可以以优惠价格下单并分享拼团信息,商品总体售卖件数达到要求即可成团。

拼团在一定程度上可以刺激用户下单,提升直播间的整体销量和成交金额。商家可以在抖音小店后台设置拼团活动,打开抖音小店后台,单击"营销"→"营销工具"→"更多营销工具"选项,进入"工具列表"页面,单击"拼团"选项,如图 7-57 所示。

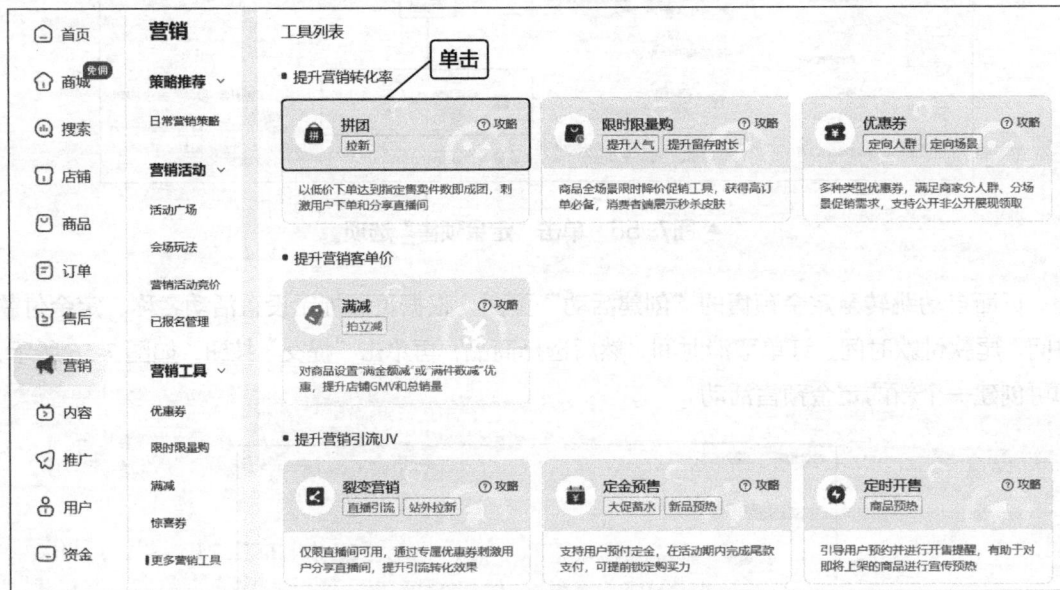

▲ 图7-57 单击"拼团"选项

页面自动跳转至拼团的活动新建页面,根据页面提示进行操作后,即可生成一个新的拼团活动。

抖音小店的后台中还有很多营销工具,如多件优惠、购物红包、抽签购等,商家可在了解各项工具的营销功能后,创建适合自己的活动,提高商品和店铺的曝光率及销量。

7.6 其他营销推广方法

抖音平台的营销推广方法还有很多。例如,商家可以利用抖音原创音乐和抖音"LINK计划"提升短视频作品的热度和流量;还可以通过添加创意信息的方式,提高账号的点击率和转化率。

7.6.1 利用抖音原创音乐共创热点传播

音乐是抖音平台的核心内容,也是商家与用户产生连接的有效桥梁。商家可以打造与品牌相关的原创音乐,通过一些营销手段促使抖音用户使用该音乐,共创热点,形成裂变传播。

例如，某人首发的歌曲《蜜雪冰城（抖音DJ热搜原版）》，由于歌词简单、旋律辨识度高，被上万人使用。不少用户使用该背景音乐发布短视频作品时，也取得了不错的数据。当越来越多的用户使用该背景音乐时，"蜜雪冰城"品牌就得到了传播。

7.6.2 利用抖音"LINK计划"增加内容流量

抖音平台推出的"LINK计划"将品牌营销诉求与原生短视频流量合理匹配，在原生短视频中设置广告链接，可以让用户更好地进入某些信息页面，从而达到内容流量曝光、触达目标用户的目的。

> **提示**
>
> "LINK"为联系、连接的意思。

在抖音平台中，"LINK计划"有两大核心曝光点位，分别是短视频主页（在短视频主页添加商品和其他链接）和评论置顶区域（在短视频评论区添加置顶的商品和其他链接）。

抖音"LINK计划"相较于抖音平台的其他营销工具，具有独特的营销优势，主要体现在以下4个方面，如图7-58所示。

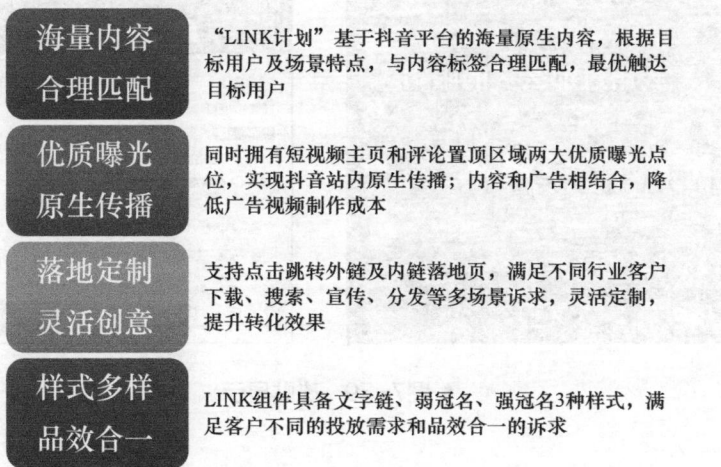

海量内容合理匹配	"LINK计划"基于抖音平台的海量原生内容，根据目标用户及场景特点，与内容标签合理匹配，最优触达目标用户
优质曝光原生传播	同时拥有短视频主页和评论置顶区域两大优质曝光点位，实现抖音站内原生传播；内容和广告相结合，降低广告视频制作成本
落地定制灵活创意	支持点击跳转外链及内链落地页，满足不同行业客户下载、搜索、宣传、分发等多场景诉求，灵活定制，提升转化效果
样式多样品效合一	LINK组件具备文字链、弱冠名、强冠名3种样式，满足客户不同的投放需求和品效合一的诉求

图7-58 抖音"LINK计划"的营销优势

7.6.3 添加创意信息提高点击率和转化率

在抖音营销推广过程中，创意同样是吸引用户点击并实现销售转化的关键因素。商家可以在短视频作品中添加一些创意信息，以此凸显短视频内容的亮点，从而提高相关链接的点击率，促进商品的高效转化。

1. 查看详情

"查看详情"是信息流模块中较为常见的一种按钮设置，用户通过点击信息流广告中的"查看详情"按钮，可以一键直达相关信息页面。如果商家想要让用户了解商品或店铺详情，甚至购买商品，就可以设置"查看详情"按钮，引导用户进入对应页面。

2. 磁贴显示

磁贴是一种类似于小卡片的附件，主要粘贴在短视频作品和信息流广告中，用户点击磁贴，即可直达相关信息页面，如图 7-59 所示。其实，磁贴与信息流广告中设置的按钮比较相似，都是为了引导用户进入相关信息页面，只是显示的形式有所不同。不过与信息流广告中设置的按钮相比，磁贴最大的不同就在于，用户可以直接去掉广告中的磁贴，即可以关闭弹出的磁贴。

▲ 图7-59　磁贴显示

3. 下载直达

下载按钮也是信息流模块中一种常见的按钮。如果商家需要引导用户下载某个 App，就可以在信息流广告中设置"立即下载""极速下载"等按钮，使用户能够一键直达下载页面，从而有效提升该 App 的下载量。

4. 特效展示

在抖音平台中，如果用户使用了特效道具，短视频作品中的账号名称上方就会展示该特效道具的链接，其他用户点击该链接即可跳转至该特效道具的相关话题页面，如图 7-60 所示。

特效展示对于抖音商家来说是一种极具创意的营销推广方式。商家可以设计与自己品牌相关的特效道具，然后通过短视频作品展示该特效道具，吸引其他用户使用该特效道具拍摄短视频，从而打造热点话题，提升品牌的传播效果。

▲ 图7-60 特效展示

7.7 新手问答

7.7.1 如何了解更多实时活动

商家在营销过程中还可以参加一些平台实时活动，以赢取流量。商家在抖音小店后台就可以了解到实时活动信息。打开抖音小店后台，单击"营销"→"营销活动"→"活动广场"选项，即可看到各类活动，如图 7-61 所示。对于感兴趣且满足条件的活动，商家可单击活动右侧的"立即报名"按钮，根据页面信息报名参加活动。

▲ 图7-61 活动页面

7.7.2　什么是"DOU+"币

"DOU+"币是抖音平台为用户提供的用于"DOU+"投放的一种虚拟商品。用户在购买"DOU+"流量时或者发红包时，就需要使用"DOU+"币。"DOU+"币的充值页面如图 7-62 所示。

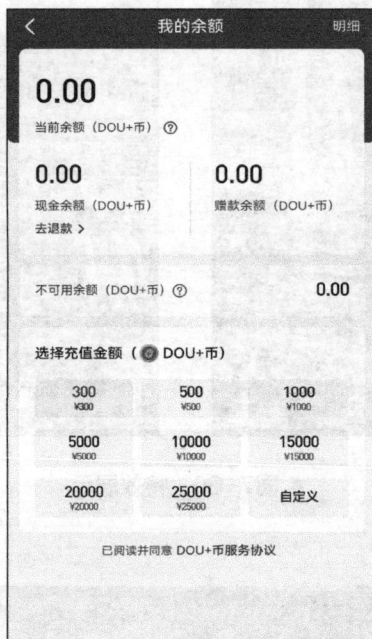

▲ 图7-62　"DOU+"币的充值页面

第8章
商品橱窗、抖音小店、
抖音小程序卖货技巧

在抖音平台卖货，商家首先通过短视频引流，然后借助平台中一些实用的卖货功能，进行商品销售，从而实现流量变现。本章主要介绍商品橱窗、抖音小店及抖音小程序 3 个实用的抖音卖货功能，以帮助抖音商家快速掌握抖音卖货的方法和技巧，从而快速提高商品销量。

8.1 商品橱窗卖货

商品橱窗是抖音平台为抖音商家提供的集中展示和管理商品的场所，无论是通过短视频带货，还是通过直播卖货，商家都需要从商品橱窗中添加商品。因此，商品橱窗是抖音平台中的最基本的卖货功能。在抖音平台中，要想高效转化流量，提升账号的变现能力，商家就一定要运营好商品橱窗。

商品橱窗的主要作用就是添加、管理和出售商品。当商家开通商品橱窗功能以后，账号主页中就会出现"进入橱窗"按钮，这就是商品橱窗的入口，如图 8-1 所示；点击"进入橱窗"按钮即可进入商品橱窗页面，如图 8-2 所示。在商品橱窗页面中，用户可以查看商品详情，进一步了解和购买商品。

商品橱窗也是抖音购物车的重要组成部分。开通商品橱窗功能以后，商家就可以在短视频作品或者直播间中添加抖音购物车。如果用户对短视频作品或直播间中推荐的商品感兴趣，就可以直接点击购物车按钮跳转至商品详情页浏览并购买。

> **提示**
>
> 商品橱窗和购物车都是"商品分享权限"开通后才有的功能。有商品橱窗就肯定有购物车，只是它们出现的位置和作用有所不同而已。商品橱窗是商家在抖音卖货前必须开通的功能。

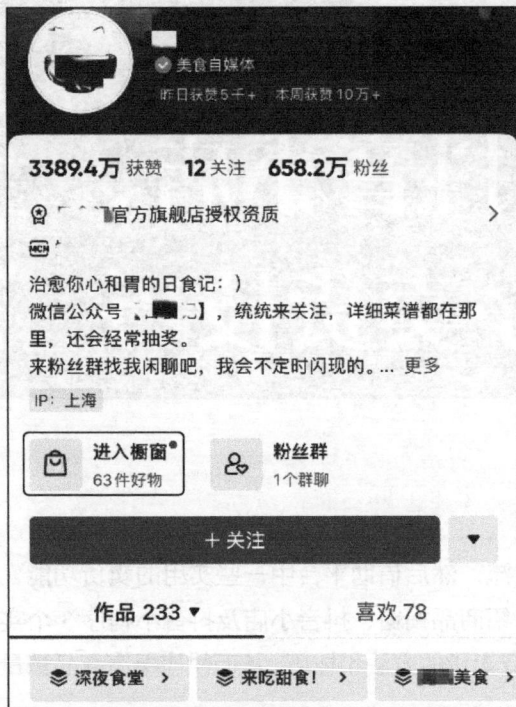

▲ 图8-1 商品橱窗入口

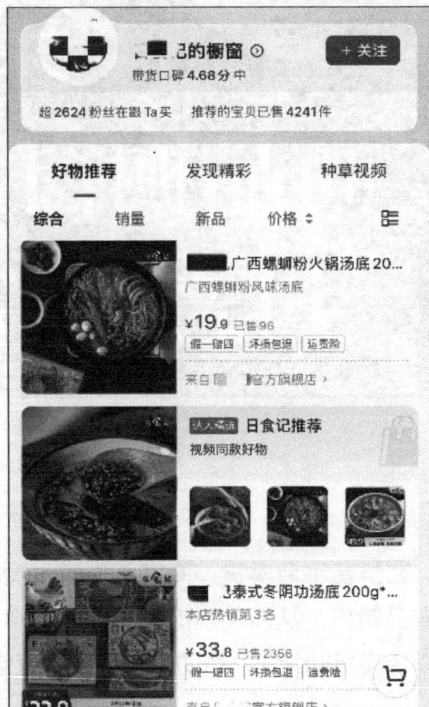

▲ 图8-2 商品橱窗页面

8.1.1 开通商品橱窗的条件

商家要开通商品橱窗，必须具备以下条件。

（1）抖音账号粉丝数量要大于等于1000。

（2）保证个人主页发布的作品数量大于等于10。

（3）完成实名认证，最好有自己原创的和商品相关的作品。

值得注意的是，商品橱窗功能申请通过后，商家10天内必须添加至少10件商品到商品橱窗，以完成新手任务，否则开通的商品橱窗功能将会被收回。如果10天内没有完成新手任务导致商品橱窗功能被收回，商家可以在7天后重新申请，但仍需要完成新手任务。

> **提示**
>
> 之前已完成的新手任务，在重新申请商品橱窗功能后不会被计算在内。

8.1.2 开通商品橱窗的步骤

开通商品橱窗功能，必须要先开通"商品分享权限"，之后商家才能在抖音平台中的短视频作品、直播间和账号主页中分享商品。

此外，商家还可以先开通抖音小店，因为开通抖音小店以后，系统会自动为其开通"商品分享权限"。但如果商家不符合抖音小店入驻条件，又想在抖音平台上卖货，则只能先开通"商品分享权限"，以在短视频作品或直播间中添加并分享其他账号的抖音小店中的商品，或第三方电商平台中的商品。

这里建议先开通抖音小店。商家通过抖音平台的"创作者服务中心"即可开通"商品橱窗功能"和"商品分享权限"，具体的操作步骤如下。

步骤1 打开抖音 App，点击账号主页右上方的 **≡** 按钮，在弹出的页面中点击"创作者服务中心"选项，如图 8-3 所示。

步骤2 进入"创作者服务中心"页面，点击"变现能力"一栏中的"商品橱窗"按钮，如图 8-4 所示。

步骤3 进入"商品橱窗"设置页面，在"权限申请"一栏中点击"商品分享权限"按钮，如图 8-5 所示。

步骤4 进入"商品分享功能申请"页面，根据提示完成实名认证，并缴纳商品分享保证金，满足申请要求以后，点击"立即申请"按钮，如图 8-6 所示，等待系统审核通过即可。

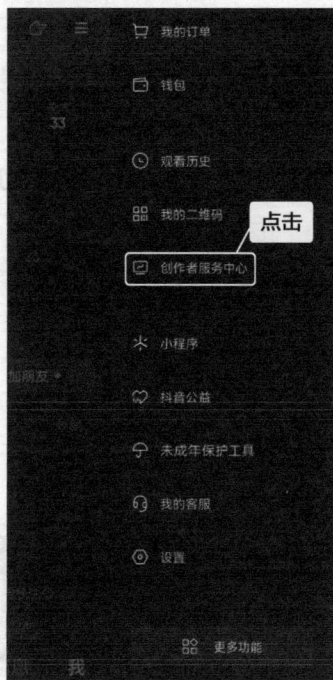

▲ 图8-3 点击"创作者服务中心"选项

▲ 图8-4 点击"商品橱窗"按钮

▲ 图8-5 点击"商品分享权限"按钮

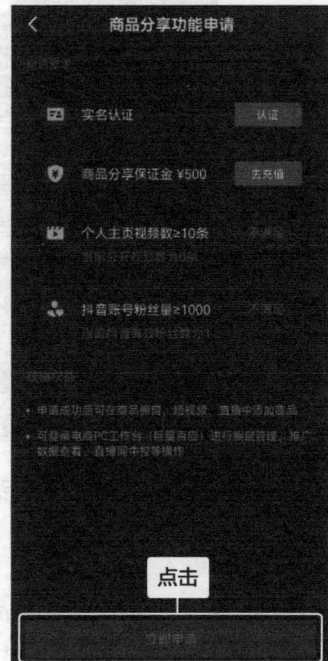

▲ 图8-6 点击"立即申请"按钮

> **提示**
>
> 随着时间的推移，商家申请开通"商品分享权限"的规则可能发生变化，商家根据提示操作即可。

8.1.3 在商品橱窗中添加/删除商品

商品橱窗功能开通以后，抖音商家就可以在商品橱窗中管理商品了。下面主要讲解如何添加和删除商品橱窗中的商品。

1. 添加商品

商品橱窗功能开通以后，抖音商家需要在10天内完成商品添加任务，其具体操作步骤如下。

步骤1 打开抖音 App，在账号主页点击"商品橱窗"按钮，如图 8-7 所示。

步骤2 进入"商品橱窗"页面，点击"选品广场"按钮，如图 8-8 所示。

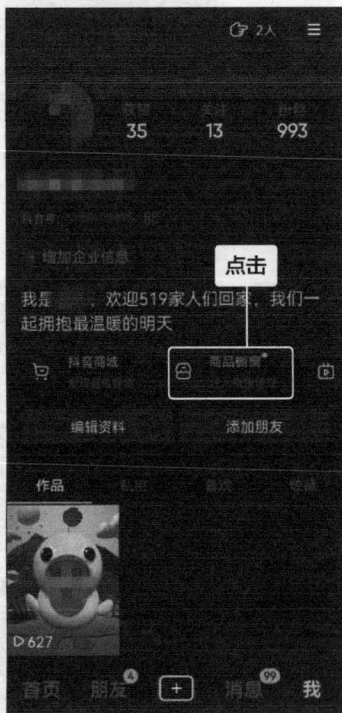

▲ 图8-7 点击"商品橱窗"按钮   ▲ 图8-8 点击"选品广场"按钮

步骤3 进入"选品广场"页面，如图 8-9 所示，商家可通过搜索商品或添加商品链接的方式添加商品。这里以搜索商品的方式为例，在搜索框中输入商品名称（如保温杯），跳转至搜索结果页面，点击对应商品旁边的"加橱窗"按钮，如图 8-10 所示，即可将商品添加到商品橱窗。

步骤4 返回"商品橱窗"页面，点击"橱窗管理"按钮，如图 8-11 所示。

步骤5 进入"橱窗管理"页面，点击 ☑ 按钮，如图 8-12 所示。

步骤6 进入"编辑商品"页面，如图 8-13 所示，在该页面中编辑商品的相关信息，信息编辑完成后点击"确认"按钮即可。

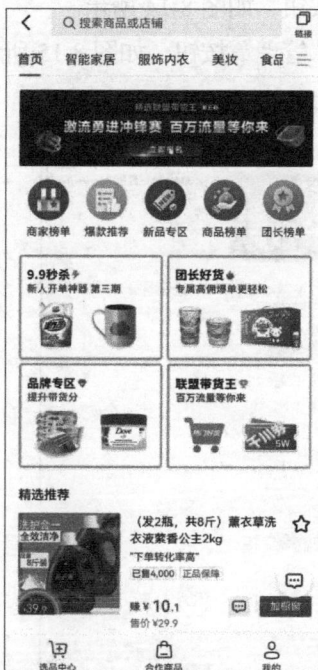

▲ 图8-9 "选品广场"页面　　　　▲ 图8-10 将商品添加到商品橱窗

▲ 图8-11 点击"橱窗管理"按钮　　▲ 图8-12 点击 ☑ 按钮　　▲ 图8-13 编辑商品信息

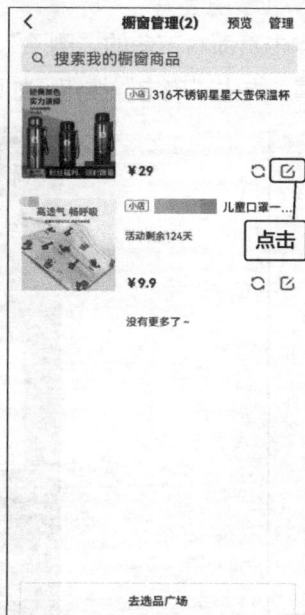

2. 删除商品

商品橱窗中某些商品没货了或者某些商品不再适合销售时，抖音商家就需要对商品橱窗中的商品进行删除操作，具体的操作步骤如下。

步骤1 进入"商品橱窗"页面，点击"橱窗管理"按钮，如图 8-14 所示。

步骤2 进入"橱窗管理"页面，点击页面右上角的"管理"按钮，如图 8-15 所示。

▲ 图8-14　点击"商品橱窗"按钮　　　　▲ 图8-15　点击"管理"按钮

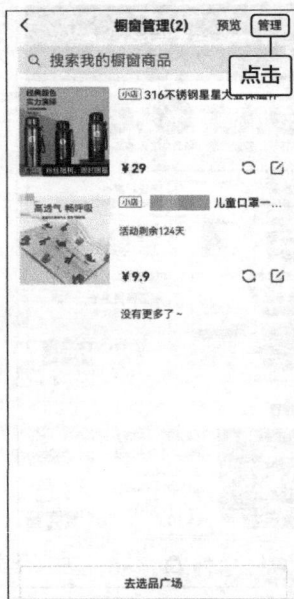

步骤3 选择需要删除的商品，点击页面右下角的"删除"按钮，如图 8-16 所示。

步骤4 弹出"移除商品"对话框，点击"确定"按钮，如图 8-17 所示，即可删除该商品。

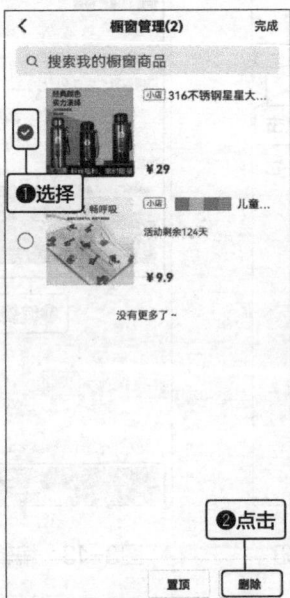

▲ 图8-16　选择要删除的商品　　　　▲ 图8-17　删除商品

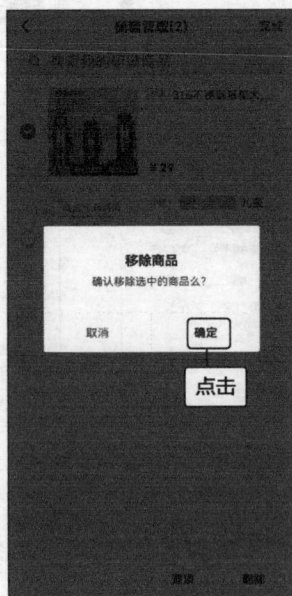

提示

同时勾选多个商品后再点击"删除"按钮，可批量删除商品。

8.2 抖音小店卖货

抖音小店是抖音平台一个重要的卖货渠道。抖音小店的开通与商品管理等相关内容在前面的章节中已详细讲解，这里主要给大家介绍如何运营抖音小店，让商品销量在抖音小店中快速提高。

8.2.1 加入精选联盟：达人推广商品赚取佣金

1. 认识精选联盟

精选联盟是方便商家与达人进行商品合作推广的一个综合平台。符合平台要求的商家入驻精选联盟后，可以将商品添加到精选联盟商品库中，并设置佣金，由达人在线选择推广商品，制作商品分享视频，产生订单后，平台会按期与达人进行佣金结算。

精选联盟为商家和达人提供了合作机会，不仅可以帮助商家推广商品，而且可以帮助达人赚取佣金，是一个实现双赢的商务平台。为提高商家与达人的合作效率，精选联盟推出了普通计划、定向计划、招募计划、鹊桥计划等联盟工具供商家使用。

精选联盟与淘宝客的性质是一样的，它既是一个提供商品、查看交易、结算佣金的平台，更是一个商品库，里面包括淘宝、京东、网易考拉等平台中的商品。

2. 开通精选联盟

现在越来越多的抖音商家开通了精选联盟，它不仅可以为第三方店铺引流、促进转化，而且可以帮助达人通过推广商品赚取佣金。

那么，如何开通精选联盟呢？要想开通精选联盟，商家必须先开通抖音小店，只有开通抖音小店后商家的抖音后台才会出现"精选联盟"按钮。

要开通精选联盟，商家还需要满足两个条件：①关闭精选联盟权限次数＜3次；②商家体验分≥4.0分。

提示

通常情况下，符合精选联盟要求的正常状态的商家成功入驻抖音小店后，其体验分都大于等于4.0分，只要店铺没有因违规被关闭的情况，就能自动开通精选联盟。

开通精选联盟的方法非常简单，具体操作方法如下。

步骤1 商家符合开通条件后，只需进入抖音小店后台，单击"营销中心"→"巨量百应"→"精选联盟"→"开通联盟"选项。

步骤2 单击"开通精选联盟权限"页面中的"立即开通"按钮，即可开通精选联盟，如图 8-18 所示。

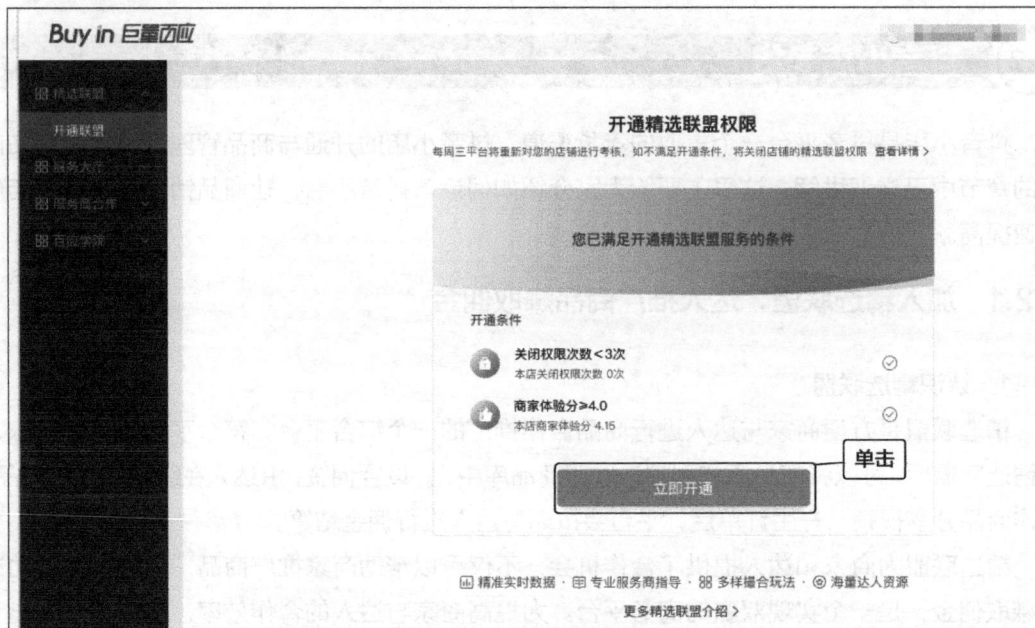

▲ 图8-18 开通精选联盟

3. 将商品添加到精选联盟商品库

商家成功开通精选联盟后，就可以在后台将要推广的商品添加到精选联盟商品库中，以供达人选择进而推广。

将商品添加到精选联盟商品库中的操作方法如下。

步骤1 进入抖音小店后台，单击"营销中心"选项，进入"精选联盟"页面。

步骤2 单击"上传商品"按钮，选择已经上传到抖音小店的商品。

步骤3 设置佣金比例，单击"确定"按钮，完成商品的添加。

商家添加商品之后，精选联盟中的达人就能够在精选联盟商品库中看到商家的商品，然后可以在线选品，并制作商品分享视频或者进行直播带货。当产生订单之后，达人就可以获得相应的佣金，平台按期统一结算佣金，商家负责发货。

4. 精选联盟清退机制

开通精选联盟后，抖音平台会每日校验商家体验分。如果商家体验分＜ 3.8 分，如图 8-19所示，商家将收到抖音平台发送的警告通知。商家在收到警告通知后，应及时调整运营策略，避免精选联盟使用权限被收回。

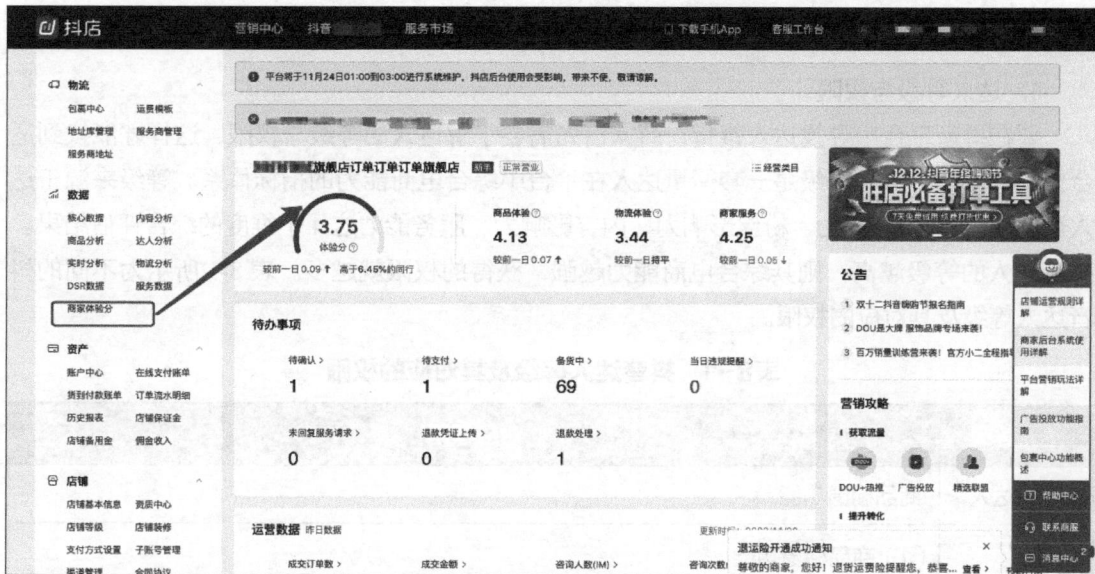

▲ 图8-19　商家体验分

精选联盟清退机制的具体规定如下。

（1）商家体验分低于 3.5 分。

（2）商家在店铺后台中上传的商品品牌资质不符合准入标准中的品牌资质要求。

（3）其他精选联盟认为不适合继续推广的商家或商品。

（4）系统会每日校验商家状态，对达到清退标准的商家进行清退。商家符合准入标准后可再次开通精选联盟，但每个商家开通精选联盟平台的次数不得超过 3 次。

值得注意的是，每个商家仅有 3 次开通精选联盟的机会，如果被平台 3 次收回精选联盟使用权限，则该商家将永久不可申请开通精选联盟。所以，商家如果想要利用精选联盟平台推广商品，一定要严格遵守抖音小店的管理规则及精选联盟平台的管理规则。

（5）系统会每日校验商品指标，对达到清退标准的商品进行清退，商品符合准入标准后可再次开启推广。

5. 达人绑定精选联盟推广结算信息

达人在精选联盟商品库中挑选和推广商品，产生订单后，平台定期将佣金打到达人绑定的收款账号中。

达人绑定结算信息的具体流程：单击"我"→"我的商品橱窗"→"电商工具箱"→"我的收入"→"结算管理"→"立即绑定银行卡"按钮，或者单击"我"→"右上角设置图标"→"设置"→"电商工具箱"→"我的收入"→"结算管理"→"立即绑定银行卡"按钮绑定收款账号。

注意：结算信息仅支持绑定实名者银行储蓄卡，不支持信用卡和对公账户。

8.2.2　与达人合作：快速卖爆商品

众所周知，抖音平台中有很多带货达人。抖音商家在营销过程中，可以与带货达人合作推广销售自己的商品。那么商家如何找到这些带货达人呢？如何与带货达人合作呢？

1．达人等级与权限

要在抖音平台中寻找达人带货，商家首先需要了解达人的等级与权限，这样才能找到适合自己的带货达人。等级是一套衡量达人在平台中综合电商能力的指标体系。等级来源于达人最近30天的带货能力、粉丝影响力、内容影响力、服务能力这4个维度的综合评估结果。抖音达人的等级越高，则其综合电商能力越强，获得的权限就越多。表8-1所示为不同的抖音达人等级及其对应的权限。

表8-1　抖音达人等级及其对应的权限

达人等级	对应权限
一级达人	商品橱窗功能
二级达人	（1）商品橱窗功能 （2）个人主页视频置顶 （3）短视频电商功能——在短视频中添加商品，即短视频作品中会显示购物车链接 （4）PC端管理后台登录权限
三级达人	（1）商品橱窗功能 （2）个人主页视频置顶 （3）短视频电商功能——在短视频中添加商品，即短视频作品中会显示购物车链接 （4）直播电商功能——在直播间中添加商品并售卖，即直播间中会显示购物车链接 （5）PC端管理后台登录权限

2．寻找达人

在抖音平台中，商家可以在精选联盟中寻找适合推广自己的商品的达人。在精选联盟中，商家主要通过以下几个渠道寻找达人：①在达人广场主动搜索达人；②报名达人招商活动；③开展团长招商活动；④利用达人广场的同行合作参考。

商家可在抖音小店后台的"达人广场"寻找合适的达人，图8-20所示为部分达人的账号信息。

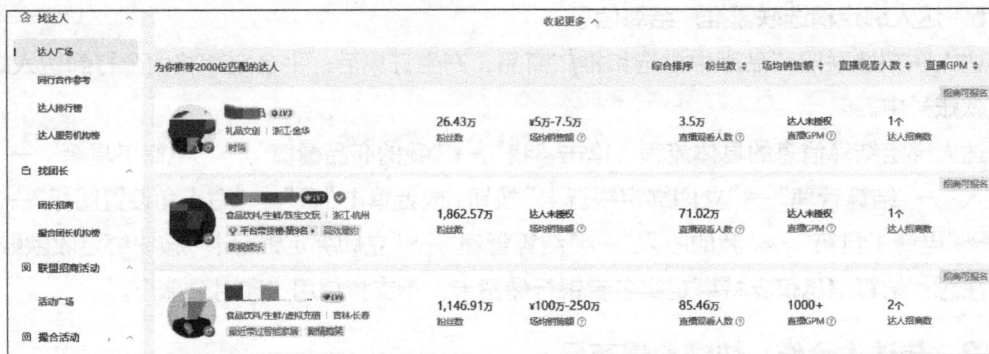

▲ 图8-20　达人广场

除此之外，商家还可以在蝉妈妈、抖老板等平台中获取带货达人的信息，然后联系达人或达人招商负责人进行合作商谈。

3. 与达人合作

联系到达人之后，商家应向达人介绍自家商品的优点、价值，以及价格和质量优势，并给出丰厚的佣金来打动达人。如果达人的带货效果不错，商家后续或许可以与其长期合作。

> **提示**
>
> 商家可以依据店铺所处阶段的不同而灵活调整佣金。精选联盟中商品佣金的比例最低为1%，最高为50%。

找达人带货，以互利共赢为合作原则，因此商家不仅要与达人建立良好的合作关系，而且要维护并提升店铺评分、保证商品质量、做好客户服务及售后工作。

8.2.3 参加平台活动：快速拉动销售，提升销售额

抖音商家开通抖音小店以后，可以参加一些平台活动，以提升账号和短视频的曝光率，获取平台的流量扶持，进而快速拉动店铺内商品的销售，增加商品的购买量。

抖音平台经常会组织一些官方活动。这些活动的用户参与度很高，互动性也很强，不仅可以为抖音小店带来大量流量，还可以为用户带来不同的体验，进而快速形成裂变传播。抖音平台联合乐事推出的活动页面如图 8-21 所示。

▲ 图8-21 抖音平台联合乐事推出的活动页面

商家参加抖音平台活动的基本操作如下。

步骤1 在抖音后台找到活动报名入口：进入抖音小店后台，单击"营销"→"营销活动"→"活动广场"选项，如图 8-22 所示。

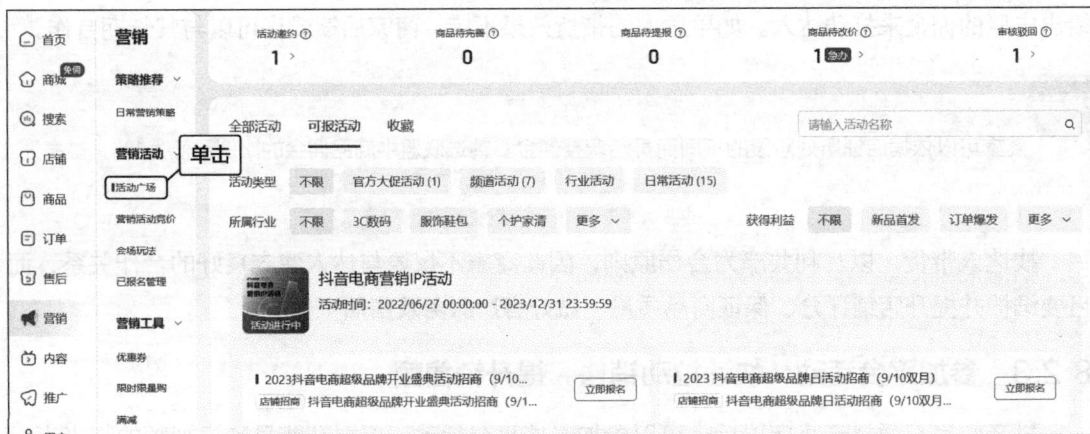

▲ 图8-22 抖音平台活动报名入口

步骤2 选择一个活动，查看活动详情和活动要求。如果不符合要求，则不能报名；如果符合要求，则单击"立即报名"按钮，如图 8-23 所示。

▲ 图8-23 查看活动详情和活动要求

步骤3 单击"添加报名商品"按钮，如图 8-24 所示。

▲ 图8-24 添加报名商品

步骤4 进入"添加商品"页面,选择可报名本次活动的商品,并提交报名信息,如图8-25所示。

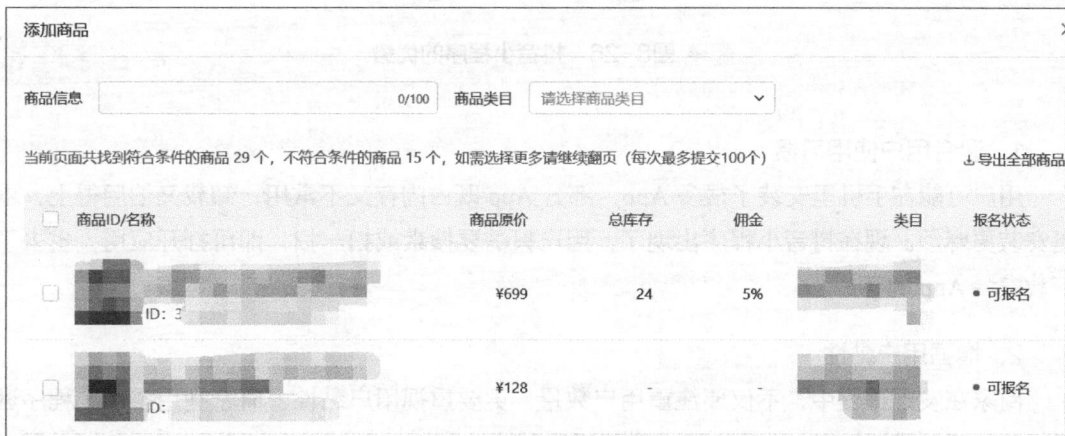

▲ 图8-25 选择报名商品

注意:同一个商品仅支持报一场活动。

提示

无论活动大小,对店铺的评分都是有要求的,如果店铺评分很低,则无法参加活动。另外,商家要时刻关注平台发布的活动信息,尽量多参加符合自己店铺定位的活动。

(8.3) 抖音小程序卖货

抖音小程序是基于抖音开发的、能在抖音打开且无须跳转至第三方的小程序,支持在抖音短视频左下角文本区上方及评论区顶部等位置展示，目前包括游戏类小程序、电商类小程序（如小米有品）、咨询付费类小程序3类。

8.3.1 抖音小程序的优势

抖音小程序无须安装、卸载，可以随时进入和退出，用户与其不是粉丝关系，而是访问关系。抖音小程序的优势如图8-26所示。

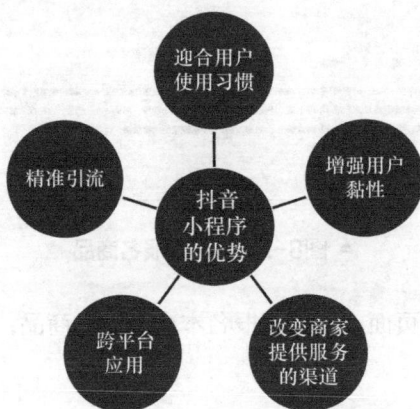

▲ 图8-26 抖音小程序的优势

1. 迎合用户使用习惯

用户可能在手机里安装了很多App，部分App既占内存又不常用，卸载又怕用得上，重复安装更麻烦。现在抖音小程序出现了，用户只需要搜索或扫一扫，即可打开应用，省去了下载安装App的环节。

2. 增强用户黏性

商家在发展过程中，不仅要注重用户数量，更要重视用户黏性。商家利用抖音小程序进行拉新，不仅能增加用户数量，还能增强用户黏性。

3. 改变商家提供服务的渠道

过去，实体商家需要借助平台连接互联网用户资源。使用这种连接方式，商家既不能沉淀用户，还要给平台分利润。现在通过抖音小程序，商家可直达抖音用户，打造自己的品牌，拓展自身的营销渠道，沉淀用户。

4. 跨平台应用

抖音小程序只需设定一次代码，一次发布，就可以触达今日头条、抖音、西瓜视频等平台用户。

5. 精准引流

抖音小程序会根据搜索场景完成精准引流，通过关键词推荐直达、字节跳动小程序open

字节如意服务直达等多种形式，强化功能，形象展示服务。

抖音小程序对于商家的营销有着重要作用。商家可以在了解抖音小程序的入口后，创建抖音小程序，为自己带来更多流量及销量。

8.3.2 抖音小程序的主要入口

随着抖音电商的迅猛发展，越来越多的人在抖音中开店推广商品，而抖音小程序的诞生更是让越来越多的人选择利用抖音小程序卖货。那么抖音小程序的入口有哪些呢？

抖音小程序有很多入口，表 8-2 所示为抖音小程序的主要入口。商家可以通过这些入口进入抖音小程序卖货。

表8-2 抖音小程序的主要入口及其内容描述

主要入口	内容描述
视频挂载	视频挂载是抖音小程序最大的流量入口，在抖音短视频的左下角，位于用户名称的上方，如图8-27所示。商家可以直接在短视频播放页面中插入抖音小程序链接，通过短视频内容完成商品"种草"；用户通过视频挂载入口即可直接进入抖音小程序
评论区	挂载了抖音小程序的短视频，其评论区顶部的空白区域中也会同步出现一个抖音小程序入口，如图8-28所示。用户在评论区互动时可以看到抖音小程序的入口，通过该入口即可进入抖音小程序
"蓝V"账号主页	可以将抖音小程序挂载在已完成认证的"蓝V"账号主页，其入口将展示在抖音账号简介下方的区域。例如，某抖音账号主页中显示了联系该医生的抖音小程序链接，用户点击该链接，即可进入对应的抖音小程序，如图8-29所示。
社交分享	在抖音平台内，用户可将抖音小程序直接分享给自己的抖音好友或者"多闪"好友
扫码进入	当将抖音小程序分享至其他平台时，系统会生成一张附有抖音小程序二维码的图片，用户打开抖音App扫码识别二维码即可进入
名称搜索	用户可以在抖音、今日头条、抖音火山版等平台，通过搜索查找相应的抖音小程序。例如，搜索关键词"淘票票"，即可在搜索结果页面找到"淘票票"抖音小程序，如图8-30所示
历史入口	如果抖音用户近期使用过某个小程序，那么该小程序就会在最近使用的小程序列表中出现。点击"我"→"小程序"按钮，即可查看

▲ 图8-27　短视频播放页面中的抖音小程序入口　▲ 图8-28　评论区中的抖音小程序入口

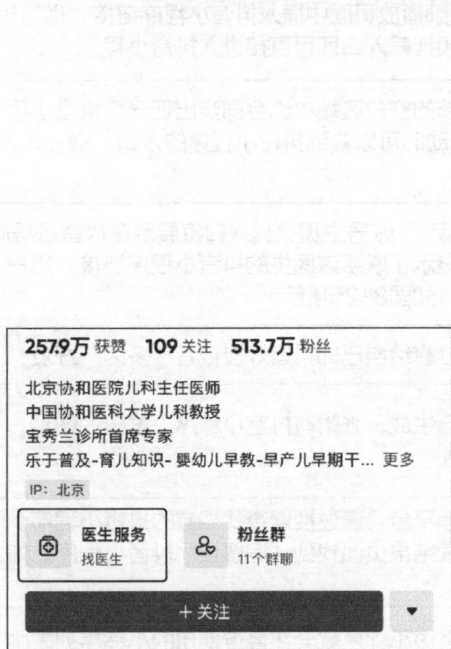

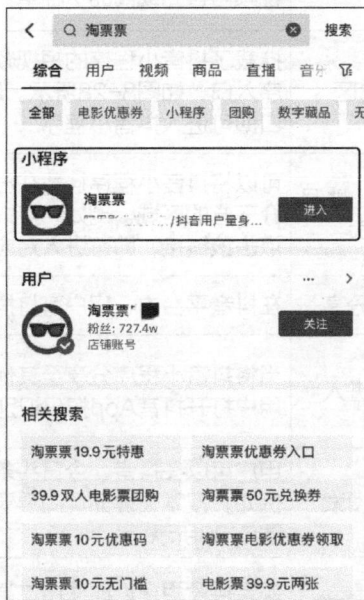

▲ 图8-29　账号主页中的抖音小程序入口　▲ 图8-30　关键词搜索结果页面中的抖音小程序入口

8.3.3　创建抖音小程序

抖音小程序能够很好地提升抖音用户的购物体验，帮助抖音商家提升商品销量，所以对于抖音商家来说，抖音小程序无疑是一个优质的营销渠道。那么抖音商家应该如何创建抖音小程序呢？想要创建抖音小程序，抖音商家需要先获取通过抖音开放平台获取小程序的App ID，具体的操作步骤如下。

步骤1 打开"抖音开放平台"官方网站，单击页面右上方的"登录/注册"按钮，如图8-31所示。

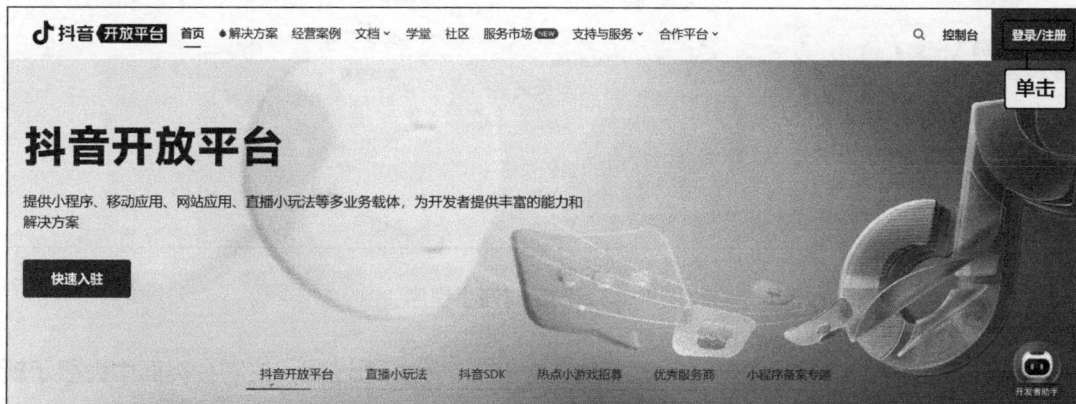

图8-31 登录抖音开放平台

步骤2 登录抖音开放平台后，在右上角单击"控制台"按钮，并在"我的应用"中将页面切换到"小程序"选项，然后单击"创建小程序"按钮，如图8-32所示。

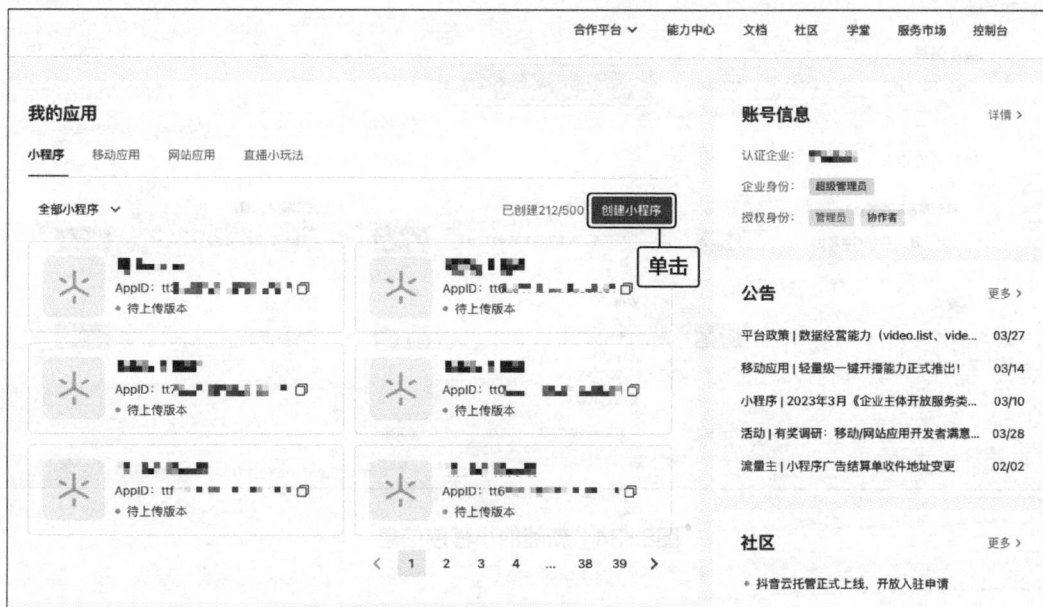

图8-32 单击"创建小程序"按钮

步骤3 进入"创建小程序"页面，填写"小程序名称"，勾选"我已阅读并同意《开放平台服务协议》"复选框，单击"创建"按钮，提交审核，如图 8-33 所示。

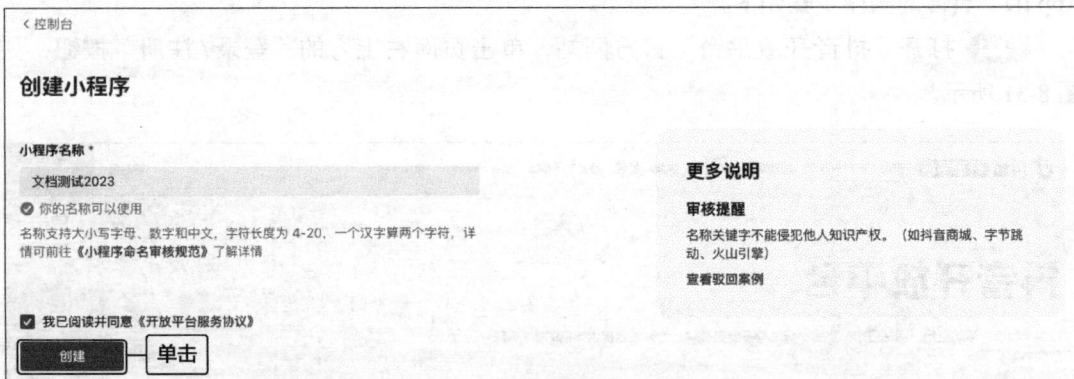

图8-33 创建抖音小程序

步骤4 小程序创建后，由抖音开放平台进行审核。审核通过后，控制台页面中会展示新建的小程序的 AppID，如图 8-34 所示。获取小程序的 AppID 后，商家可以下载并安装抖音开发者工具（IDE），对小程序进行开发、调试，最后再上传到抖音开放平台进行使用和运营。

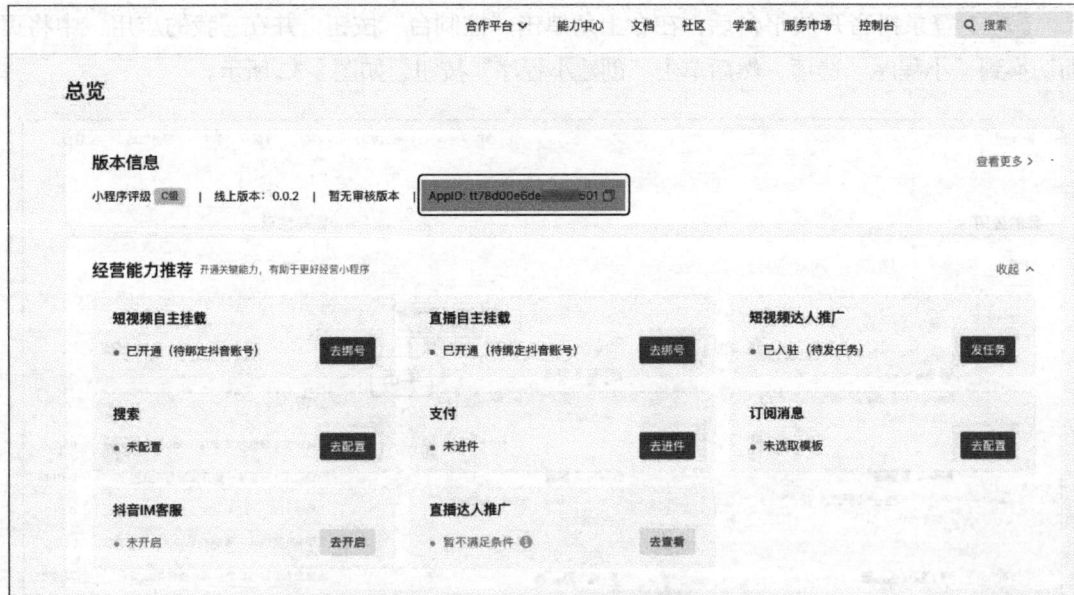

图8-34 新建的小程序信息

提示

在抖音开放平台上创建小程序时，需要先进行主体认证。个人主体仅支持创建直播小玩法，小程序、移动应用、网站应用仅支持企业主体。

新手问答

8.4.1 抖音小店和商品橱窗的区别是什么

抖音小店和商品橱窗都是抖音商家销售商品的主阵地，是十分重要的抖音电商板块。二者之间的区别主要体现在开通要求、具体性质及适用人群等方面，如表8-3所示。

表8-3 抖音小店和商品橱窗的主要区别

区别项目	抖音小店	商品橱窗
开通要求	不需要粉丝基础，不过要提前准备好相关营业执照、法定代表人或代理人身份证、银行账户信息、经营类目所对应的行业资质及店铺名称和店铺Logo等材料	需要有一定的粉丝基础，要求账号粉丝数量≥1000，还要经过实名认证，公开发布且审核通过的短视频作品至少有10条
具体性质	本质上是一种店铺形式	只是一个商品分享功能
适用人群	适合需要售卖自有商品，同时存在分享商品需求的抖音用户（抖音小店更适合有货源的抖音用户）	适合以分享商品为主的抖音用户（没有货源的抖音用户也可以通过商品橱窗分享商品）

8.4.2 商家如何开通抖音团购

抖音团购是抖音平台推出的一款本地生活类的团购营销工具。商家开通抖音团购之后，可以配置团购优惠套餐，并通过短视频、直播等渠道展现给用户，引导用户线上购买，然后到店使用。

开通抖音团购后，商家可以设置组合商品套餐或折扣优惠券来推广商品，用户在抖音平台购买商品后可以到门店进行消费。抖音团购主要适用于美容、理发、餐饮、酒店、旅游、理疗等生活服务商家。目前，商家开通抖音团购后可享受图8-35所示的福利。

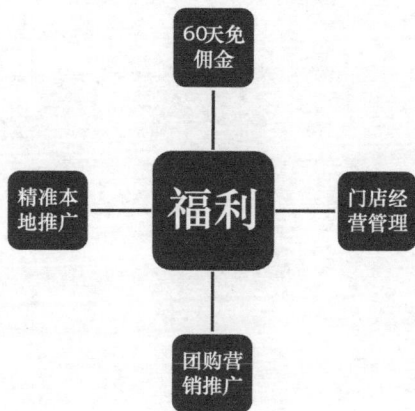

▲ 图8-35 福利

开通抖音团购后，商家可以利用抖音短视频的流量提升线下店铺的人流量，带动实体店的快速发展。

商家开通抖音团购的方法如下。

（1）开通抖音企业号并完成认证。

（2）在抖音"创作者服务中心"的"团购开店"中申请开通。

> **提示**
>
> 想要开通抖音团购的商家需提供营业执照、法定代表人及经营人身份证等材料。

8.4.3 抖音小程序订单如何配送

众所周知，常见的电商平台在客户下单后会有专业的配送团队进行配送，例如，美团专送、饿了么蓝骑士专送、京东快递、蜂鸟快送等。而抖音目前还没有自己的专业配送团队，那么抖音小程序订单如何配送呢？

其实，抖音小程序是利用第三方配送平台进行配送的，即抖音小程序和这些配送平台实现对接，例如，抖音小程序直接对接闪送、UU跑腿、顺丰同城、达达快送等配送平台。当客户在抖音小程序下单后，这些第三方配送平台可以立即接单，及时将商品送到客户手中。整个流程十分清晰，商家不用为配送而担忧。

第9章
短视频带货实战技巧

随着短视频的蓬勃发展，短视频带货也逐渐走进大众视野。越来越多的用户习惯这种购物方式，越来越多的商家也开始利用短视频带货。本章主要讲解短视频带货的优势与策划要点，带货短视频拍摄、文案创作、脚本编写的方法。

9.1 短视频带货的优势

在短视频平台中，如果你是拥有众多粉丝和较高关注度的"网红"，如拥有百万级、千万级粉丝量的主播，那么你发布一条短视频可能就能获得上百万甚至千万的点赞量，开展一场直播几分钟可能就能卖出几十万元的商品。

与传统营销方式相比，短视频带货有很多优势，主要体现在以下 5 个方面。

1. 营销成本低

带货短视频主要靠内容来吸引用户，且内容的制作、传播及粉丝维护的成本相对较低，内容的创作者可以是个人，也可以是企业。与传统广告营销相比，短视频带货不仅可以节省人力，还可以节省财力，同时门槛较低。

2. 传播速度快

在网络时代，使用短视频进行商品推广，比使用传统的广告营销模式的传播速度快很多。短视频平台拥有海量流量，只要短视频的内容有吸引力，平台就会不断地把它推荐给其他用户，从而引导用户关注和分享。同时，内容好的短视频容易被传播，且传播速度非常快。

3. 没有时间限制

与其他传播渠道相比，短视频的传播没有时间限制。用户看到的短视频，有可能是商家一年前发布的。只要短视频内容持续受到用户的关注，平台就会不断地把该短视频推荐给其他用户，这样该短视频就可以长期活跃在平台用户的视线中，不断进行传播。

4. 购物具有便捷性

商家发布短视频的最终目的都是带货。在制作带货短视频时，商家都是结合目标消费者的需求来策划短视频内容的，当短视频内容激发消费者对商品的需求后，消费者可直接点击短视频中的购物链接跳转至商品详情页，进行收藏、加购、下单等操作。

例如，某短视频作品以制作酥肉的步骤及成品展示为主要内容，且短视频中出现了购物链接。用户在观看展示酥肉制作过程的短视频后，如果想自己动手制作同款食物，可能就需要购买短视频中推荐的商品。为进一步了解商品信息，用户会直接点击购物链接，跳转到对应的商品详情页，查看商品价格、销量、评论等信息。如果用户在查看商品详情页后对该商品仍然有兴趣，可直接购买商品，完成交易。

正因如此，消费者在短视频中下单快于在网购 App 中下单。短视频带货加快了用户做出购买决策的过程，既方便了消费者购物，也利于商家售卖商品，实现变现。

5. 数据效果可视化

短视频带货相比传统营销的一个明显特点就是，短视频的传播效果可以进行可视化数据分析。例如，带货短视频的相关数据包括多少人关注、多少人浏览、多少次转发、多少条评论、多少人互动等。通过数据分析，商家可以掌握行业情况，并及时调整和优化带货短视频的内容，从而达到更好的营销效果。

9.2 短视频带货的策划要点

短视频带货具有营销成本低、传播速度快、没有时间限制等诸多优势。目前短视频带货是大势所趋，商家要想做好短视频带货，应先了解其策划要点，如图 9-1 所示。

1. 精准定位目标消费者

需求决定市场，商家想通过短视频卖货，必须先了解消费者，再根据他们的消费特点策划短视频内容，才能吸引对商品感兴趣的消费者。

不同消费者的购物喜好不同，例如年轻消费者往往喜欢购买一些快消品（如零食、小玩具、小家具等），大多注重商品价格，不太注重商品质量，对于这类消费者，商家应采用低价走量的模式；宝妈消费者不仅会为自己

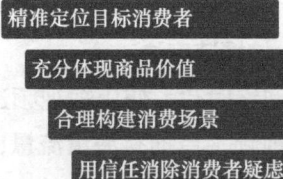

精准定位目标消费者

充分体现商品价值

合理构建消费场景

用信任消除消费者疑虑

▲ 图9-1 短视频带货的策划要点

购买一些必需品，还要为家人购买一些日常用品，大多注重商品的实用性和安全性，对于这类消费者，商家则需要重点考虑商品的实用性与安全性。

由此可见，商家想通过短视频卖货，必须先分析这些商品的目标消费者是谁，并结合目标消费者的购物特点来策划短视频内容，从而获得更高的转化率。

商家要利用短视频带货，短视频的内容是基础，吸引的都是对商家制作的短视频感兴趣的人。因此，商家所销售的商品要与短视频内容保持一致，这样才容易引起共鸣，从而提高转化率。

2. 充分体现商品价值

短视频带货不是简单地开展促销活动和降低商品价格，而是要在短视频中充分体现商品价值，用商品价值去吸引消费者。因为在经济活动中，商品价值是决定商品价格的重要因素，通常情况下，商品价格与商品价值是成正比的。而商品价格也并不是决定商品销量的唯一因素，很多商品价格较低，而销量很一般；有的商品虽然价格很高，却成为畅销商品。其根本原因就是消费者在购买商品时，不单是以价格为导向，而且非常注重商品价值，他们对于不认可的商品，价格再低也不会购买。因此，带货短视频必须要充分体现商品价值，这样才能吸引消费者，从而使其产生购买欲望。

3. 合理构建消费场景

短视频带货要解决的三大核心问题是：卖什么？卖给谁？如何卖？卖什么是解决商品定位，即选品问题；卖给谁是解决目标消费者定位问题；如何卖则是解决消费场景问题，这里的场景可以是商品的使用场景，也可以是消费者的工作、生活场景，还可以是购买场景。消费场景以消费者体验为核心，可以打动目标消费者的心，挖掘消费者的痛点，进而通过场景展示商品的功能，解决消费者的痛点。

消费场景不仅可以直观地展示产品，还能从视觉、嗅觉、味觉对消费者进行刺激，从而激发消费者的购买欲望。因此，短视频创作者在撰写视频脚本时，需要先走进消费者的工作、生活场景，然后模拟这些场景，从中挖掘出痛点，最后设计商品、服务的专属体验场景。

例如，某美妆主播在其发布的一条带货短视频中，提及了在开学之际，大学新生军训容易被晒伤，为了减轻紫外线对皮肤的伤害，建议大家入手某款性价比高、口碑好的防晒商品。有防晒需求的大学生在看到该短视频时很容易联想到自己在开学之际可能也需要这个商品，自然会选择下单购买。

4. 用信任消除消费者疑虑

无论是在线下实体店购物，还是在线上网店购物，消费者在下单时通常都会问：这个商品的质保时间有多长？质保包括哪些内容？可以退换货吗？实体店的销售人员往往会向消费者出示产品的相关质量检测报告证书、售后服务承诺书，以及退换货承诺等。在网店中销售商品时，为了提高消费者对商品的信任度，商家通常会在商品详情页中展示质量和服务的相关背书，如各种质量相关证书、7天无理由退货承诺等。

同理，带货短视频中也应该向消费者展示一些有关质量保障的证据或提及一些售后服务，以便消除消费者的购物疑虑，从而增强消费者下单的信心。例如，某服装官方旗舰店账号发布的一条关于羽绒服的短视频，先提及某款羽绒服的保暖效果、充绒量、不沾油等特征，然后提到原材料与生产工艺，权威机构检验与公众人物代言，以及"7 天无理由退款""赠送运费险"等品质保障相关的诸多内容，以消除消费者的疑虑，从而提高转化率。

9.3 带货短视频拍摄

拍摄带货短视频需要一定的技巧和方法。这里重点介绍拍摄带货短视频的基本要点、运镜手法、构图原则与方法及常见的拍摄技巧等。

9.3.1 带货短视频的拍摄要点

拍摄带货短视频，不仅要选择一个好的主题和合适的拍摄形式，还应该突出商品的功能、优点等。下面就介绍带货短视频的拍摄要点，以指导大家拍摄出更多的爆款带货短视频。

1. 选择好的主题

带货短视频要想快速抓住消费者的眼球，主题很重要，一个好的短视频主题能够瞬间吸引消费者的注意力。因此，商家需要从消费者的实际情况出发，选择能够引起消费者共鸣的主题，这样才能打动消费者的心。同时，商家还要考虑到行业竞争对手的情况，不能选择过于普通或者过于新奇的主题。

2. 确定拍摄形式

带货短视频主要有场景化拍摄、讲解式拍摄和情景剧拍摄 3 种拍摄形式，下面分别讲解各种拍摄形式的特点。

（1）场景化拍摄：主要展示商品的使用场景。任何商品都有使用场景，因此场景化拍摄的本质就是通过一系列商品使用场景的展示，让用户觉得在这样的场景下自己也能用到这款商品，也能通过使用这款商品获得好处，从而激发他们的购买欲望。

例如，某短视频作品为用户推荐了一款卫浴实用小物件，拍摄地点直接选择在了浴室，真实地为用户还原了商品的使用场景，如图 9-2 所示。

（2）讲解式拍摄：在短视频画面中展示商品，通过音频和字幕来讲解商品的卖点、功能等，可以不露脸。例如，某短视频作品中介绍了一款削皮刀，镜头中主播只用双手展示商品，并未露脸，如图 9-3 所示，然后通过音频和字幕介绍商品，首先点出了目标消费者的痛点，接着讲解了商品的卖点和使用方法等。

（3）情景剧拍摄：拍摄这种形式的带货短视频，关键在于情节的设置要有足够的吸引力，这样才能使用户不自觉地代入，对短视频中出现的商品产生浓厚的兴趣。新手可以先尝试翻拍或是借鉴热门创意拍摄，熟练后再进行独立策划。情景剧形式的带货短视频在抖音平台中很常见，如图 9-4 所示。

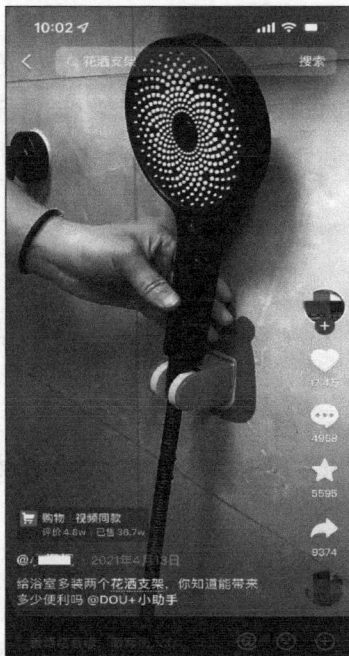

▲ 图9-2 场景化拍摄示例　　　　▲ 图9-3 讲解式拍摄示例　　　　▲ 图9-4 情景剧拍摄示例

3. 突出消费者的痛点

带货短视频只有戳中了消费者的痛点，才能吸引和说服消费者。因此，带货短视频要通过场景从深度、细度和强度3个角度突出目标消费者的痛点。

（1）深度：从消费者的本质需求出发，注重体现细节。例如，某出售睡垫的短视频解决的目标消费者的痛点就是喜欢露营的人在野外睡觉的问题。

（2）细度：对消费者的痛点进行细分。在细分消费者的痛点时，商家通常从垂直领域入手。例如，将服装细分为女装、男装等，还可以将女装细分为内衣、外套、连衣裙等。

（3）强度：消费者解决痛点的急切程度。商家要善于从网店或短视频评论区中仔细分析消费者的反馈意见，从中寻找他们急需解决的需求痛点。

4. 充分展现商品的功能和优点

要想做好短视频带货，必须在有限的时间内向消费者展示清楚商品的功能、特点、使用方法、优点，把最吸睛、最抓人眼球的商品卖点前置。也就是说，要在短暂的时间内最大限度地突出商品的特点，让消费者对商品感兴趣。但只突出商品的特点还不够，还要放大商品的优点，对于一些本身功能就没有太多亮点的商品来说更是如此。将商品独有的优势用独特的方式呈现出来，再配上动人的音乐，这样拍摄出来的带货短视频会击中消费者的痛点，刺激消费者产生购买欲望，提高转化率。

5. 注重商品的真实感

相对于文字描述和图片展示而言，用短视频来展示商品会更加直观、立体和真实，还可以拉近商家与消费者的距离，提高消费者对商品的信任度。同时，短视频内容应该贴近目标消费者的真实使用情况，营造一种更加真实的场景，这样才不会让消费者对短视频内容产生抵触情绪，反而会让消费者觉得自己真的需要这款商品。

9.3.2　掌握平稳的运镜手法

运镜，是指在拍摄短视频的过程中，通过镜头转换让短视频画面运动起来。在拍摄短视频时，如果镜头快速运动，短视频画面就有可能出现抖动的情况，这样会极大地影响观看体验。

在拍摄短视频时，大多数人都手持拍摄设备进行拍摄。为了让短视频画面更为平稳，运镜时拍摄者最好能够将手臂伸直，将自己的手臂当成机械臂。在运镜过程中拍摄设备的移动幅度不要太大，这样才能保证平稳地运镜，使短视频画面更加流畅。

下面介绍 6 种常用的手机运镜手法，如表 9-1 所示。

表9-1　常用的手机运镜手法

运镜手法	内容阐述	适用场景
推进 （从远到近拍）	最简单、最常用的运镜技巧。拍摄时，镜头向前推动，拍摄场景由大到小，画面逐渐聚焦，可更好地突出被摄主体	适用于人物和景物的拍摄，呈现由远及近的效果，突出被摄主体的细节。例如，在拍摄花草时，镜头向前推，给观众营造出自己化身为小蜜蜂，在花丛中飞舞的感觉
后拉 （从近到远拉）	与推进拍摄相比，后拉就是由近及远向后拉动，拍摄场景由小到大	能更完整地展示拍摄场景，特别适合拍摄宏大的画面。例如，在拍摄山河景色时，可以使用这一运镜手法，逐步展示景色的壮丽
旋转 （手机转圈拍）	在拍摄过程中围绕一个被摄主体（对象）进行旋转拍摄，从而增强视觉效果	常用于两个场景之间的过渡，能拍出天旋地转和时空穿越的感觉。如旋转手机拍摄出川流不息的人群
环绕 （横向环绕拍、纵向环绕拍）	围绕被摄主体环绕拍摄。最常用的是横向环绕拍摄或者从上向下纵向环绕拍摄；也可以从被摄主体的一侧拍到另外一侧；镜头可以从左向右转，也可以从右向左转；或者从底部拍向头部	常见于建筑物和雕塑物拍摄，也适合拍摄有特色的主体和特写画面等。在拍摄时，最好使用稳定器，匀速拍摄出一镜到底的效果。这种运镜手法比较适合描述空间和场景

续表

运镜手法	内容阐述	适用场景
平移 （从左向右或从右向左移动拍）	平移与推进拍摄的区别在于,平移没有明显的被摄主体（对象），不必从远及近朝着被摄主体移动拍摄	常用于拍摄大型场景，可以用来记录更多场景和画面，使不动的画面运动起来，形成跟随被摄主体的视觉效果。平移能够营造特定的氛围和情绪，常用于拍摄人物回忆往事的场景，更能营造出物是人非的氛围
摇移 （从上向下拍、从左向右拍）	摇移拍摄时，手机不会明显地大幅度移动，只是单纯地通过改变方向来拍摄，也可以称为"晃拍"，常见的拍法就是从上向下拍或者从左向右拍等	常用于表现特定的环境，通过手机的摇晃拍出模糊和强烈震动的效果，如精神恍惚、失忆、车辆颠簸等

提示

推进和后拉是最常用的运镜手法。在推拉的过程中，如果手持手机拍摄，尽量不要有太大的移动幅度，因为移动幅度太大会造成画面无规则晃动，影响观看体验。

抖音平台中有许多关于短视频运镜的教程，商家可以学习这些热门的运镜教程，努力练习平稳运镜的基本功，有朝一日定能拍摄出画面清晰流畅的短视频作品。

9.3.3 短视频构图的基本原则

构图是短视频拍摄的基本技巧之一，是指对短视频画面中各个元素进行组合、调配，从而更好地展现作品的主题与美感。在拍摄短视频时必须要有一个主体，而构图的目的就是将短视频的兴趣中心点引到主体上，给人以最强烈的视觉吸引。同样的事物，从不同的角度拍摄就会呈现为不同的构图。短视频的构图通常应遵循以下原则。

1. 突出主体

短视频构图要突出主体，主体是表现短视频主题和中心思想的主要对象。因此，在拍摄短视频时，要将主体放在醒目的位置。根据人们的视觉习惯，将主体置于视觉中心位置更容易突出主体。

2. 抓住重点

短视频构图要抓住重点，突出重点，让观众容易注意到重点，以便更好地理解短视频内容，从而达到宣传效果。

3. 简洁

短视频构图要简洁，尽量精简画面中的元素，避免使用繁杂的元素，让观众容易理解，同时也要让短视频中的元素更有条理，让短视频看起来更有美感。

4. 合理

短视频构图要合理，是指画面中元素的比例要合理，元素要放置在合适的位置，例如重点要放在中央，让观众容易注意到。这样短视频看起来更有美感，更容易吸引观众的眼球。

5. 合理利用前景与背景

前景与背景都是短视频画面的重要组成部分，一般而言，位于主体之前的景物为前景，位于主体之后的景物为背景。前景能减弱画面的空白感，背景则起到了烘托主体的作用。在构图时，前景与背景处理得恰到好处，不仅能渲染主体，还能使画面富有层次感和立体感。

例如，某乡村美食账号的主播在拍摄某条短视频时，就很好地应用了前景与背景，以原始的自然环境为背景，以几根树枝为前景，使人物融入画面，吸引众多用户点赞、评论，如图 9-5 所示。

▲ 图9-5　某乡村美食
账号发布的短视频截图

9.3.4　短视频构图的常用方法

短视频的构图方法与照片的构图方法相似，都需要将拍摄对象摆放在恰当的位置，使画面更具美感和冲击力。在短视频拍摄过程中，常用的构图方法主要有以下 5 种。

1. 中心构图法

中心构图法是短视频拍摄中最常用的一种构图方法，就是将主体放置在画面的中心位置进行拍摄。中心构图法能够有效突出画面重点，明确短视频主体，让观众快速将目光锁定在短视频主体上，如图 9-6 所示。中心构图法多应用于美食制作、吃播、达人秀等类型的短视频作品中。

2. 九宫格构图法

九宫格构图法又称井字构图法，是指将画面沿横向和纵向三等分形成一个"井"字，然后将主体放在线条的交叉点上，如图 9-7 所示。现在很多手机的拍照模式和单反数码相机都自带九宫格线，方便拍摄者构图。使用九宫格构图法，短视频画面更加精细，结构更加清楚，更加富有表现力，也更加美观。

▲ 图9-6 中心构图法示例

▲ 图9-7 九宫格构图法示例

3. 垂直构图法

垂直构图法是一种自上而下的构图方法，它是竖向安排拍摄对象的一种构图方法。画面中呈现一条或者多条垂直线，并且错落有致，使画面整体更有纵深感。垂直构图法常用于拍摄森林中的大树、建筑物、瀑布等物体。拍摄者可以通过利用高度差来营造出纵深感，使平面的照片更具立体感。拍摄时，要注意保证画面的统一性和平衡感，让画面中的所有景物组成一个整体。垂直构图法示例如图9-8所示。

4. 框架构图法

框架构图法是指用框架将主体框起来，以框架作为陪体的一种构图方法。门窗、洞口、镜框、树枝等都可以作为取景框架。框架构图法示例如图9-9所示。使用框架构图法可使观众的注意力集中在主体上，从而有效突出画面主体。框架不仅可以将主体周围一些不需要的元素遮挡住，而且能够增加画面的层次感、空间感，让画面显得不那么单调。

▲ 图9-8 垂直构图法示例

▲ 图9-9 框架构图法示例

5. 引导线构图法

引导线构图法是指利用画面中的线条引导观众的视线，让观众的视线最终可以汇聚至画面焦点的一种构图方法，如图9-10所示，在拍摄时可以用绵延的公路、河流、整齐排列的树木、沙漠中的沙丘，甚至颜色等当作引导线。引导线构图法可以让画面更有纵深感，使观众的视觉焦点位于画面深处。

▲ 图9-10　引导线构图法示例

9.3.5　常见带货短视频的拍摄技巧

随着短视频市场的不断扩大，短视频类别也变得更加丰富多样，就商品短视频而言，其可细分为商品展示类、制作类、测评类、开箱类、产地采摘 / 装箱类等。不同类别的短视频有不同的拍摄技巧，拍摄者只有掌握这些拍摄技巧，才能有效提高短视频拍摄的效率与质量，从而吸引更多用户的关注。

1. 商品展示类短视频的拍摄技巧

拍摄商品展示类短视频时，拍摄者需要将商品放入一定的场景进行展示，或者融入一定的故事情节，使短视频内容看上去更加丰富饱满，这样才能吸引大量用户的关注，并激发用户的购买欲望。

（1）打造合适的拍摄场景。

商品展示类短视频只有做到自然、生动，才能有效打动用户。要保证拍摄出来的短视频自然、生动，最好的办法就是为商品选择一个适合的场景，最好能击中用户的痛点。例如，某短视频作品中展示了自热饭盒，拍摄者为其选择的场景就是在户外没电没热水的情况下，坐在车内就可以煮泡面。

（2）构思故事情节。

除了打造合适的场景以外，为了让短视频内容看上去更加丰富、有趣，拍摄者可以构思一个故事情节，这样的展示形式不仅新颖，还提供了一定的干货，更容易被用户接受。例如，某短视频作品中，在展示沙发之前，拍摄者特意编排了一段情侣为购买沙发而发生争执的故事情节。

2. 商品制作类短视频的拍摄技巧

商品制作类短视频以美食制作为主。在抖音平台中，关于美食制作的短视频具有巨大的市场潜力，而拍摄这类短视频的关键就是要运用一定的拍摄技巧，清晰地展示制作步骤，并将最后的成果以最诱人的方式展现出来。

（1）灵活的拍摄手法：在拍摄商品制作类短视频时，一方面需要对制作步骤进行讲述，另一方面需要对成果进行展示。在拍摄制作步骤时，通常是在一个固定的拍摄位置对制作平台进行俯拍；而在展示成果时，可以采用移镜头。例如，某短视频作品分享了一款甜品的制作过程，其中就运用了移镜头的拍摄方法来展示制作成果。

（2）高颜值的道具配合：短视频在输出内容的同时，还要保证美感。对于商品制作类短视频来说，其终极目的是让用户对商品或短视频中使用的其他道具产生兴趣。所以，这类短视频中的商品主体，以及与之配合的道具都需要具有一定的美感。例如，某美食短视频作品中，无论是美食本身，还是装美食的盒子，以及一旁的其他道具，都十分精美。

3. 商品测评类短视频的拍摄技巧

商品测评类短视频的拍摄难度不算很高，但想要拍摄出优质的商品测评类短视频也并不容易。这类短视频的拍摄重点是要全面展示测评商品的外观、性能等，并增强短视频内容的说服力。

（1）真人出镜：商品测评类短视频最好能够真人出镜，这样除了可以营造独特的个人风格、增强账号魅力、打造专属 IP以外，还可以提高短视频内容的可信度。例如，某抖音账号的定位为"真实""不收商家费用"的商品测评，该账号发布的几乎每条短视频作品，主播都会真人出镜，并对商品进行专业测评，该账号所打造的个人形象十分可靠。

（2）运用合适的镜头：为了体现商品评测的客观性，短视频作品中需要对测评商品进行全方位的展示，同时配合主播的语言讲解。所以在拍摄商品测评类短视频时，既需要用全景镜头来展示测评商品的全貌，也需要用特写镜头来展示测评商品的不同细节，以加深用户对商品的了解。多景别结合能体现商品测评的全面性与缜密性，增强用户对短视频内容的信任。例如，某商品测评类短视频使用特写镜头展示细节，如图 9-11 所示。

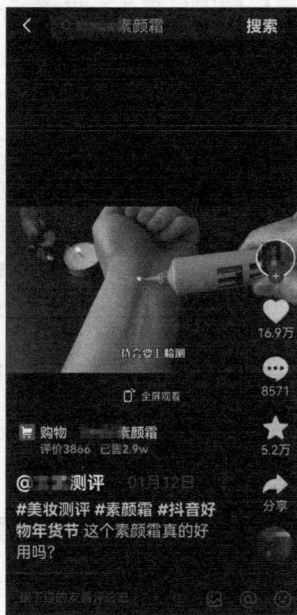

▲ 图9-11 某商品评测类短视频中的特写镜头

4. 商品开箱类短视频的拍摄要点

商品开箱类短视频与商品测评类短视频在拍摄方面有许多相同之处。但是，商品开箱类短视频比商品测评类短视频多了一个开箱的环节，所以在拍摄商品开箱类短视频时，可以在开箱的过程中"做文章"，以增强短视频的趣味性。

（1）加入"特色道具"：商品开箱类短视频着重于开箱这一过程。想要在开箱过程中玩出不一样的花样，可以策划比较有趣的开箱动作或者加入开箱的"特色道具"。例如，在某商品开箱类短视频作品中，短视频开始的旁白是"小心翼翼地打开"，可实际上主播在短视频中的开箱动作却非常粗暴，其直接用剪刀等工具快速将快递打开，二者形成了趣味十足的反差，从而吸引了众多用户关注。

（2）多角度光源拍摄：商品开箱类短视频通常运用固定机位，将商品放在展示台上，搭配真人出镜进行录制。在光线运用上，如果只运用单一顶光，那么主播和商品在短视频画面中都会出现大块的阴影，影响最终的视觉效果。所以，建议拍摄者使用多种不同角度的光源结合进行拍摄，使商品的每一个面都能被照亮，从而提升短视频的质量。

5. 商品产地采摘/装箱类短视频的拍摄技巧

商品产地采摘/装箱类短视频展示的商品一般以水果采摘为主，特别是比较原生态的果园采摘类型。要想拍好这类短视频，关键是要拍出新意。

（1）尽量使用长镜头：拍摄商品产地采摘/装箱类短视频的一大目的是向用户展示商品产地的真实性，以及商品的新鲜度。如果短视频中出现过多的剪辑镜头，可能会使用户对商品产地的真实性和商品新鲜度产生怀疑。所以，在拍摄商品产地采摘/装箱类短视频时，应尽量使用长镜头，采用"一镜到底"的方式进行拍摄。

（2）对商品进行"加工"：在拍摄商品产地采摘/装箱类短视频时，让商品看起来更诱人，对提升销量会产生积极的促进作用。当商品为水果时，拍摄者可以在拍摄前擦干净水果上的灰尘，如果是在雨后进行拍摄，水果上带有未干的水珠会显得更加晶莹剔透、新鲜。拍摄者也可以人为制造出类似效果，如在水果上洒一些水等。

9.4 带货短视频文案创作

短视频文案是短视频的眼睛，起着重要作用。好的文案能让短视频获得更多观看量和互动量，也更容易获得平台推荐。商家想做好带货短视频，应该先了解短视频文案的作用、基本特征及撰写技巧等。

9.4.1 带货短视频文案的作用

文案对于短视频而言至关重要，它直接影响着短视频的观看量和互动量。具体而言，带货短视频文案的作用体现在图 9-12 所示的三大方面。

1. 吸引用户注意力

文案是传达信息、吸引用户注意力的重要手段和工具。大多数用户在阅读文案后，便会根据对其感兴趣或不感兴趣来决定是否继续观看短视频内容，甚至有的用户只浏览文案，不看短视频内容。因此，文案的好坏直接关系到短视频的成败。

▲ 图9-12 带货短视频文案的作用

2. 筛选用户

文案通常能够言简意赅地表达短视频的核心内容，用户在阅读文案后立马就可以分辨短视频内容是否与自己相关，从而决定是否继续观看具体的短视频内容，这个过程就是筛选用户的过程。

每一个文案都有相应的目标群体，文案要能够引起目标用户的观看欲望，迅速唤起他们的共鸣，取得其在观点、态度上的认可。判断文案是否能筛选用户最简单的方法就是在文案写好以后，从用户的角度出发阅读文案，看是否能引起自己的观看欲望。

文案除了可以筛选目标用户以外，还可以剔除非目标用户。例如，某短视频文案的目标用户为女性用户，那么该文案在设计上也要贴合女性用户的特征，如图 9-13 所示，文案中提到"是时候艾特闺蜜了"，这样一来，女性用户看到文案后会有观看的欲望，而男性用户群体大概率不会观看。

3. 驱使用户行动

大多数营销文案都为号召式标题，具有较强的感召力，能够驱使用户快速做出购买决策。用户能够从号召式文案中感受到文字所散发出的强大号召力，做出相应的行动。

例如，某家居类短视频文案"盘点 6·18 值得入手的智能家居"，就具有很强的号召力，如图 9-14 所示。具有号召力的文案，搭配细致盘点的值得入手的智能家居，以及它们具体值得入手的原因，刺激用户在看完短视频后，对短视频中提及的商品产生购买兴趣。

▲ 图9-13　贴合女性用户特征的短视频文案　　▲ 图9-14　具有很强号召力的短视频文案

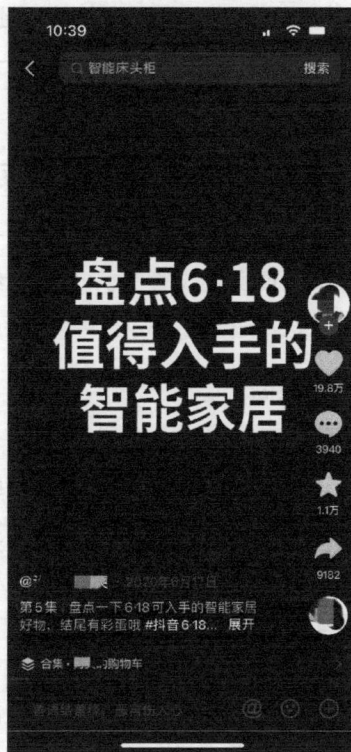

9.4.2 带货短视频文案的基本特征

好的带货短视频文案应该具备的基本特征如图 9-15 所示。

简单明了，接地气	反映用户需求
表达短视频内容的核心观点	激发受众分享欲

▲ 图9-15 带货短视频文案的基本特征

1. 简单明了，接地气

短视频文案应尽量简洁明了，在语言表达上也要接地气。文案一定要与短视频内容相对应，切忌夸大事实，否则就会变成"标题党"。文案输出是一个长期持续的过程，讲究长久的效益，如果文案与短视频内容差距过大，必然会影响短视频的观看量和后续的传播。

2. 反映用户需求

优秀的文案需要反映用户需求，紧贴短视频内容，这样才会有足够的吸引力，从而引发用户的观看兴趣。另外，如果文案标新立异，具有自己独特的观点和态度，这样就更能在第一时间吸引用户的注意力。

3. 表达短视频内容的核心观点

短视频文案最好能表达短视频内容的核心观点，这样才能加深用户对短视频的印象，也更利于账号积累粉丝。

4. 激发受众分享欲

好的文案不仅能吸引用户关注，还能激发受众的分享欲，有效促进短视频的主动传播和分享。因此，商家在进行文案创作时一定要有自己固定的套路和风格，但时不时也要创作出有创意的文案，让用户感觉到新意。

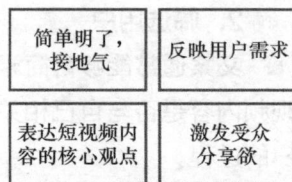

9.4.3 撰写带货短视频文案的技巧

带货短视频文案的写作其实也有一定的技巧，例如提出疑问引发用户思考，加入数据证明自己内容的真实性，等等。这里总结了 6 种撰写带货短视频文案的技巧，如图 9-16 所示。

1. 提出疑问

人们在生活、工作中难免会遇到一些问题，如果短视频文案提出的问题正好是用户感兴趣的，自然更能吸引用户观看。所以在撰写带货短视频文案时，可以提出一些疑问，直观地告知用户此条短视频要解决的问题是什么，如利用"为什么……""如何……""……有哪些小窍门""什么是……"等句式。

某粮食科普号发布的某条辣椒科普短视频就采用了提出疑问的形式"为啥切辣椒会辣到手，还一个传染俩？"，如图 9-17 所示。短视频内容围绕

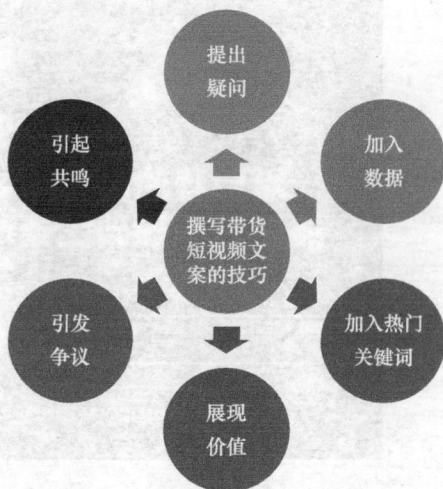

▲ 图9-16 撰写带货短视频文案的技巧

文案想要表达的重点内容，详细说明了切辣椒辣到手的原因及一些避免切辣椒辣到手的小技巧，让用户看完有所收获，吸引了 30 多万用户点赞。

商家在写带货短视频文案时，可以用提出疑问的方式，如美妆商家可以写"用了这么多年的防晒霜，正确用法你知道吗？""眼霜'黑榜'，看看有没有你用的？"等。

2. 加入数据

在带货短视频文案中加入关键数据，能够引起用户的注意，帮助用户把握带货短视频的重点，同时也能增强文案的说服力。同时，带数据的文案也更具有逻辑清晰的特点，能使带货短视频内容更有说服力，也便于用户理解。

某短视频文案就加入了数据"10 件懒人好物"，如图 9-18 所示。一些需要居家好物的用户一看文案，就知道短视频介绍的可能是自己需要的好物，愿意耐心看完短视频。

▲ 图9-17　提出疑问的文案　　　　▲ 图9-18　加入数据的文案

商家在写带货短视频文案时也可以借用数据说话。例如，某科普类账号的文案为"3 个教你挑选榴梿的方法""4 个服装搭配技巧"等。

3. 加入热门关键词

在带货短视频文案中加入热点元素，借助热门事件来为带货短视频造势，可以有效吸引用户关注，从而增加带货短视频的观看量和互动量。例如，2023 年春节将至，又到了吃砂糖橘的季节，砂糖橘主要产地之一的广西网友纷纷拍摄采摘砂糖橘的过程，也因此让"广西砂糖橘"成为热搜话题。某抖音商家的某条短视频文案中就加入了"砂糖橘""广西砂糖橘"等热门关键词，使该短视频获得 9 万多的点赞量，如图 9-19 所示。

商家可以在抖音"话题榜""热门榜"等处查看近期热门信息及筛选热门关键词,将其应用在文案中。

4. 展现价值

在快阅读时代,用户往往只对自己认为有价值的内容感兴趣。短视频文案如果能展现价值,满足用户追求价值的心理,自然更能引发用户的观看兴趣。

例如,某旅游主播发布的一条关于西双版纳的短视频作品直接展现了酒店的高性价比:"西双版纳三天两晚人均 300 元你敢信吗?",如图 9-20 所示。对于想去西双版纳旅游的用户而言,这个酒店环境漂亮,价格划算,具有很高的价值。

▲ 图9-19　加入热门关键词的短文案	▲ 图9-20　展现价值的文案

商家在实际应用中,可以从账号目标用户出发,分析用户需求和痛点,从而找到用户感兴趣的价值点。例如,宝妈更关心宝宝的健康、成长、心理等问题,商家在写文案时,就可以重点展现利于宝宝健康成长的信息价值。

5. 引发争议

如何刺激用户评论短视频内容?利用文案引发争议很关键。一些富有争议性的观点就很容易引发观点双方讨论。例如,某美食账号发布的某条短视频的文案就应用了引发争议的内容"南方咸粽子和北方甜粽子你们更倾向于哪个",引发 1.2 万人在评论区发表自己的看法,如图 9-21 所示。

诸如这样引发争议的例子还有很多,如南北生活差异、地方饮食差异及工作技巧差异等。商家可结合账号目标用户特征及商品特点,挖掘出更多这种引发争议的内容,并应用在短视频文案中。

6. 引起共鸣

短视频文案如果能够引发用户的情感共鸣,触动用户的情绪,往往能取得很好的效果,因为引发用户情感共鸣的文案通常具有很强的代入感。

例如,某短视频文案为"从什么时候开始,生活的愿望变得很简单,已经对惊喜没有任何期待,只要没有突如其来的烦恼,就很好了",而短视频内容则用一些生活中常见的镜头来体现简单即幸福,引发众多用户共鸣,该短视频获得 1.3 万点赞,如图 9-22 所示。

▲ 图9-21 引发争议的文案

▲ 图9-22 引起共鸣的短视频文案

商家在撰写带货短视频文案时,可以用以上方法来使得文案更具吸引力和可阅读性,从而提升短视频作品的点赞量和评论量。

9.4.4　5类短视频文案的写作

文案的写作是有规律可循的，如"恐吓"类文案就容易勾起人的好奇心，让人忍不住想观看短视频一探究竟。例如，某知识类短视频选用"变质的水果不能吃，会致癌！"这一文案，讲解变质的水果不能吃，因为它会产生黄曲霉毒素。黄曲霉毒素是世界卫生组织认定的一级致癌物质，过量食用会导致癌症。很多用户在看到这条短视频时，都纷纷 @ 亲朋好友来看，从而提升了该短视频的评论量和转发率。

商家应掌握更多文案类型，将其灵活应用到短视频中，提升短视频的数据。常见的文案类型包括段子类、共情类、悬念类、叙述类、互动类等，如图 9-23 所示。

1. 段子类文案

段子类文案是指将一些带有趣味性的段子写进文案，如从网站上找到一些有趣的段子放在标题区，博人一笑，以满足用户放松的需求。例如，"小时候不爱吃饭，导致现在个儿矮；现在是爱吃饭了，导致现在又胖又矮。"

2. 共情类文案

▲ 图9-23　常见的文案类型

共情类文案是指能引起用户共情的文案。以减肥会所的短视频内容为例，直接找到垂直领域用户的诉求，用"我们""一起"等容易引起共情的词汇引起用户关注。例如，"我要从 150 斤减到 110 斤，关注我，我们一起变瘦。"

3. 悬念类文案

悬念类文案多是为了提高完播率而故意用一些带有悬念的文字内容来引导用户看完短视频。例如，"最后那句话真是笑死我了，肯定颠覆你的三观！"这一文案，就引起了很多用户的好奇心，使用户愿意看到短视频的最后。

4. 叙述类文案

叙述类文案主要从叙事视角、叙事时间等方面搭建丰富场景，从而吸引用户观看短视频。例如，"网购的绿幕到了，拍一段绿幕抠图视频"这一叙述类文案，就简要说明了博主买了一块绿幕，并且使用绿幕拍摄了一段抠图视频，从而吸引用户查看博主使用绿幕拍摄的抠图视频。

5. 互动类文案

互动类文案是指通过增加体感反馈、剧情参与、内容探索等方式激发用户互动的兴趣。例如，用"身为'90 后'的你有多少存款呢？"引发'90 后'用户的留言。

无论采用哪种文案类型，只要能引起共鸣、引出争议或抓住用户痛点，就能吸引用户观看短视频内容。

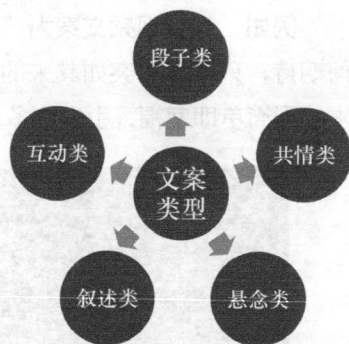

9.5 带货短视频脚本编写

短视频脚本是短视频拍摄、剪辑的依据，一切参与短视频拍摄、剪辑及服装道具准备的人员的一切行为和动作都需服从于脚本。商家为拍摄出更多高互动、高转化的短视频作品，需要了解短视频脚本的重要作用及编写技巧。

9.5.1 认识带货短视频脚本

短视频脚本侧重于表现故事脉络的整体方向，相当于故事的主线或者发展大纲。带货短视频脚本有两个重要作用，一是提高短视频的拍摄效率，二是提高短视频的整体质量。

- 提高短视频的拍摄效率：短视频脚本不仅有利于提前理清短视频呈现的思路，同时还有利于各个环节的配合，便于高效拍摄短视频。
- 提高短视频的整体质量：虽然带货短视频的时长不长，但想要获得较大的基础流量和较高转化率，必须保证每一帧画面都十分精美。在有短视频脚本的前提下，所拍摄的短视频的整体质量更高，更有利于提高转化率。

由此可见，商家在拍摄短视频之前，可以通过编写脚本提高短视频的拍摄效率及整体质量，为商品带来更多转化。

9.5.2 编写短视频脚本的前期准备

在编写短视频脚本之前，需要先做好图 9-24 所示的准备工作。

- 确定表达形式：确定短视频的内容表达形式，如美食制作、服装穿搭、情感剧情等。
- 确定拍摄主题：确定短视频的拍摄主题，以服装搭配为例，具体主题是一条连衣裙的穿搭技巧还是一件羽绒服的搭配技巧等。
- 确定拍摄时间：一方面和摄影师提前沟通具体的拍摄时间，另一方面是将拍摄这件事敲定，避免出现因为拖沓而无法拍摄的情况。

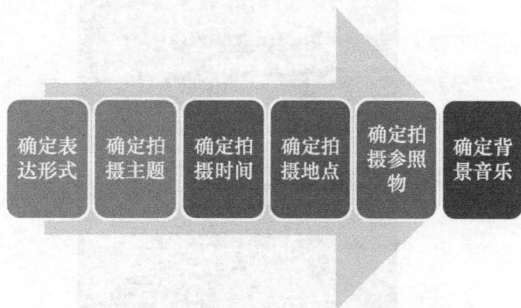

▲ 图9-24 编写短视频脚本的前期准备

- 确定拍摄地点：根据短视频主题选择拍摄地点，如室内场景、室外场景等。
- 确定拍摄参照物：根据短视频主题和想呈现的视觉效果确定拍摄参照物，如在拍摄美食制作的短视频时，需要用到厨房、锅炉、餐具等参照物。
- 确定背景音乐：背景音乐是呈现短视频视觉、听觉效果的关键，不同的背景音乐所呈现的视听效果可能不同，如拍摄人物时可以选择节奏轻快的流行音乐，拍摄自然风景时可以选择节奏偏慢的古典音乐，等等。

9.5.3　编写短视频脚本的实用技巧

什么样的短视频脚本才能在短时间内引发用户的兴趣呢？通过分析总结发现，一个好的短视频脚本需要在开头吸引用户注意力，在中间展示过程，再以引导互动的方式来结尾。以一个 40 秒时长的短视频脚本为例，开头 5 秒吸引用户注意力，中间 30 秒是动人过程，结尾 5 秒互动。

1. 开头吸引用户注意力

通过研究数千条短视频发现，开头最常见的方式是提问或跟热点。

提问开头是指用疑问句、反问句、设问句等形式来开头，勾起用户的求知欲。例如，"你知道吗？""不知道你有没有遇到过这种情况？"某科普类账号的某条短视频就以"你知道吗？居然有人穷得天天吃鲍鱼！"来开头，吸引用户继续看下去，如图 9-25 所示，该短视频共获得 60 多万点赞。

跟热点开头是指用热点信息来开头。例如，在 2022 年结束之际，很多平台纷纷发布年度报告，某抖音账号发布了一条盘点 2022 年 1 月至 12 月爆火的热梗的短视频，以"2022""热梗"等热门关键词开头，吸引了众多用户点赞，如图 9-26 所示。

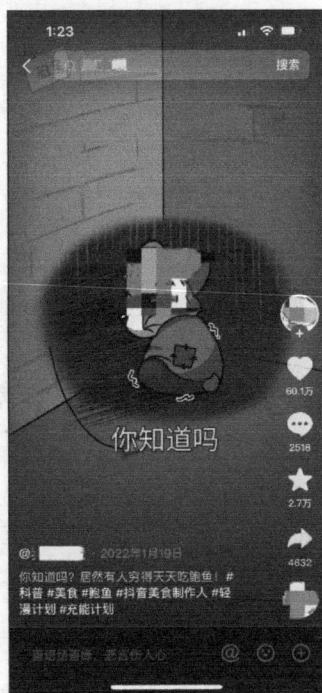

▲ 图9-25　提问开头短视频截图　　▲ 图9-26　跟热点开头短视频截图

2. 中间展示过程

对于一条 40 秒的短视频，第 6 ~ 25 秒是其核心部分，应该展示整段短视频的精华内容。这部分的短视频内容的好坏也决定了能否将吸引到的用户留下来。

那如何做好这部分内容呢？

第一种是内容要足够细，把内容像剥洋葱一样层层剥开，且使流程环环相扣，让用户沉浸其中。例如，很多美食账号会对制作美食的过程进行拆解，让用户在看后能迅速上手制作同类美食。

第二种就是剧情有反转，给用户出乎意料的惊喜。可以通过剪辑镜头、信息不对称等方式让用户以为剧情会顺利展开，再给出一个意想不到的反转，推翻用户之前的想法，呈现出一个与开头有冲突的结果。这样可以让短视频更具冲击力，也更能吸引用户。

3. 结尾引导互动

因为短视频的精华内容已经在中间过程中呈现出来了，大多数用户在短视频结尾这个时间段容易出现注意力分散的情况，商家需要引导用户做出下载、购买、关注等互动行为。商家可以通过设计一些引导话术来促使用户采取进一步的互动行为。图 9-27 所示为典型的引导话术。

如此一来，整条短视频便有了引人入胜的开头、精妙绝伦的过程，以及引导互动的结尾，能一步步引导用户观看短视频，了解短视频中讲解的内容（包括商品知识），并对内容感兴趣（做出购买、关注、点赞等行为）。

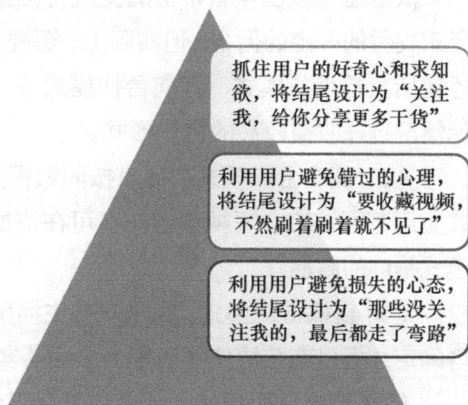

抓住用户的好奇心和求知欲，将结尾设计为"关注我，给你分享更多干货"

利用用户避免错过的心理，将结尾设计为"要收藏视频，不然刷着刷着就不见了"

利用用户避免损失的心态，将结尾设计为"那些没关注我的，最后都走了弯路"

▲ 图9-27 典型的引导话术

9.6 新手问答

9.6.1 短视频变现的常用方法有哪些

大多数短视频主播长期持续发布短视频，都是为了积累粉丝实现变现，即利用各种方法促进用户购买商品、参与活动，让流量转化成销量，从而获得盈利。短视频变现的方法多种多样，这里列举最常用的几种。

（1）平台变现：目前最直接、最常见的变现方法。几乎每个平台都有一些补贴政策，创作者只要发布原创短视频，就能获得收益。例如，抖音平台为邀请更多企业入驻，推出了邀请企业用户赚现金的活动。抖音用户只需要按照要求邀请企业入驻抖音平台，就可获得66 ～ 266 元的现金奖励。

（2）带货变现：最易上手的短视频变现方法。很多热门短视频创作者都直接在短视频中挂商品链接或自建抖音小店售卖商品。用户在看短视频时，可直接点击商品链接查看并购买商品。短视频创作者可在各大网站，如"巨量星图""阿里 V 任务"等，寻找合作机会。部分短视频平台在接到合作任务后，会将任务下发给各个创作者；也有部分创作者在积累一定的人气后，会有商家主动找上门寻求合作。

（3）广告变现：最高效的短视频变现方法。短视频中常见的广告形式主要包括品牌广告、植入广告、弹窗广告、冠名广告等。

（4）付费变现：短视频创作者在产出优质的短视频内容后，可以将该内容变成服务或者商品。不少短视频达人以直播、短视频的形式输出自己的专业知识，以吸引粉丝为知识付费。例如，某短视频以情感知识为主吸引用户购买情感课程，用户点击课程详情页可看到该情感课程所含重点内容及价格等。

9.6.2 短视频带货与商家的合作形式有哪些

很多短视频创作者带货的变现方法主要是通过短视频内容或商品橱窗售卖商品后，获取商家支付的一定的佣金。但实际上，短视频带货与商家的合作形式不止佣金合作模式这一种，还包括直播带货模式、定向合作模式等。短视频创作者应该在了解多种合作形式后，结合实际情况选择收益较高的合作形式。

（1）佣金合作模式：商家按照短视频创作者的销售额给予一定比例的佣金。佣金合作模式应用范围较广，短视频创作者可在诸如淘宝客、蝉妈妈等网站寻找这类以佣金合作为主要模式推广的商品。

（2）直播带货模式：商家对接主播确定合作，根据主播报价支付前置服务费及后置佣金，再确定开播日期及坑位费用等，最后落实直播事宜。

（3）定向合作模式：商家在信息平台发布推广任务，达人在符合条件的前提下接单，根据商品卖点与自己的账号定位等信息，编写脚本并拍摄短视频，再将商品挂在短视频或商品橱窗中，吸引用户下单购买商品。通常，商家不仅要支付商品推广的佣金，还需要支付创作、拍摄短视频的费用。

由此可见，与佣金合作模式相比，采用定向合作模式时商家还需要支付创作短视频等的费用，短视频创作者可得到的费用更高一些。相应的，这种合作形式的门槛和要求也更高一些。对于刚入门的短视频创作者而言，可以从低门槛、难度低的佣金合作模式开始，当粉丝量及短视频质量有所提升后，再考虑定向合作模式。

9.6.3 如何降低短视频带货的退货率

部分短视频账号带货数据确实漂亮，例如月销5万件、月销10万件，完全可与一个电商店铺的销量相媲美。但是，其退货率高达50%的商品也多不胜数。特别是在部分商家根据最后成交订单来结算费用的情况下，如果退货率较高，那短视频创作者最后到手的收入就较低。那么，如何降低短视频带货的退货率，来保证短视频创作者的收益呢？

首先，必须保证商品质量。对于实体商品而言，最能决定消费者购物体验的因素就是商品质量。消费者只有拿到满意的商品，才会愿意留下商品。这也是我们一直强调短视频创作者要提前验货、提前试用商品的原因。特别是一些外观看似没有差别的商品，其实可能具有诸多差异。例如，消费者通过短视频看到的橙子水分充足、个头大，但实际收到的橙子不仅个头小，味道也很酸涩，便自然会产生退货行为。所以，我们再三强调注重商品质量，保证消费者收到的商品与短视频宣传的一样，且能让大部分消费者对商品满意。

其次，对于实体商品而言，物流也是影响退货率的关键因素。很多时候，消费者选择退货退款的原因就是商品物流出现了问题，从而导致自己的购物体验很差。虽然物流环节具有很大的不可控性，但商家至少可以在商品的包装上下一些功夫，将商品包装做得更细致一些，降低运输途中可能对商品造成损坏的概率，让消费者在收到商品时能有一个好心情，这样也能降低短视频带货的退货率。

最后，售后服务也是影响退货率的重要因素。当消费者通过短视频或商品橱窗购买商品后，因为不满意商品质量、物流等因素需要退货时，客服人员首先要保持良好的服务态度，及时回应消费者；然后耐心向消费者询问退货理由，想办法让消费者保留商品，并对其进行一些福利引导，尽可能地减少退货订单的产生。如果实在无法挽回，客服人员也要尽量给消费者留下一个好的印象，以便他们回购。

9.6.4　选择KOL合作时有哪些注意事项

商家在选择 KOL 合作时要注意以下几点。

（1）KOL 粉丝画像要与带货商品具有极高的匹配度，因为 KOL 粉丝画像决定了带货商品的转化率。

（2）不要错误判断 KPI。很多 KOL 的数据是有水分的，商家应该列出 KOL 所有的合作数据来客观评估，在真实数据的基础上做 KPI 分析。

（3）应该选择有稳定内容输出的账号。很多账号在求短期爆发时，可能会给商品带来负面的影响。因此，商家一定要选长线发展的、有稳定内容输出的账号。

（4）选择价值观、数据观、品牌观与自己相吻合的 KOL。

① 价值观，包括国家、法律、社会主义核心价值观等。商家不要选择价值观不正确的账号，这种账号很有可能出事而被封号。

② 数据观，涉及市场数据、舆情数据、广告数据、IP 数据等。商家一定要分析自己在抖音、快手、淘宝，甚至是行业市场里的主体数据，以及这些数据的走向，这样才能确保投放的资金为自己带来收益。

③ 品牌观，即商品品牌输出与 KOL 内容产出的调性要一致。

第10章
直播卖货运营攻略

随着直播行业的蓬勃发展，直播卖货这种营销方式逐渐走进大众视野。抖音直播因为有着用户数量多、流量多等优点，被广大商家视为带货首选。商家想通过直播卖货实现更多变现，应该了解抖音直播的主要入口与开播步骤等基础知识，并知悉优质直播带货主播应具备的技能及高销量直播卖货技巧等。

10.1 了解抖音直播卖货

商家想通过抖音直播卖货，需要先了解直播的主要入口及开播步骤等内容。为帮助商家熟悉抖音直播卖货，下面介绍抖音直播的一些核心功能，如查看抖音直播入口及开通直播等。

10.1.1 抖音直播的主要入口

在以前版本的抖音中，抖音直播有明显的入口。但在抖音 25.9.0 版本后，用户须通过"关注"板块、搜索结果或"直播榜"等入口进入直播间。

1. 从"关注"板块进入直播间

抖音首页的"关注"板块会显示已关注账号的直播情况，如图 10-1 所示。用户从这个渠道进入直播间的前提是关注账号，因此商家在平时的账号运营中，就要注重引导用户关注，否则用户无法通过该渠道进入直播间。

2. 从搜索结果进入直播间

抖音平台用户也可以通过搜索关键词，选择"直播"选项，查看与之相关的直播间。例如，在搜索框中输入"鲜花"，选择"直播"选项，即可查看与鲜花相关的直播间信息，如图 10-2 所示。

▲ 图10-1　从"关注"板块进入直播间

▲ 图10-2　从搜索结果进入直播间

3. 从"直播榜"进入直播间

抖音平台提供多个榜数据，如"直播榜""音乐榜"等。用户可以通过"直播榜"查看实时人气直播间，如图 10-3 所示。通过该榜，用户可以进入自己感兴趣的直播间，如图 10-4 所示。

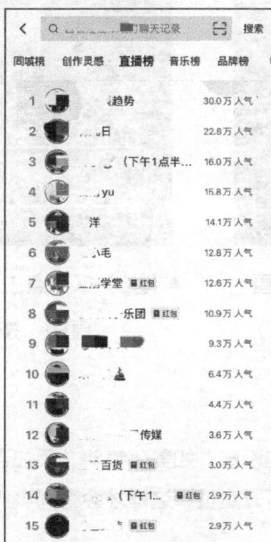

▲ 图10-3　直播榜

▲ 图10-4　随机进入一个直播间

除以上几个入口外，用户从"推荐"页面的短视频也可以进入抖音直播间。

10.1.2　抖音直播的开播步骤

抖音是目前日活跃用户数最多的短视频直播平台。由于抖音平台拥有超大流量和强大的电商功能，很多商家和个人都喜欢在抖音中直播卖货。

在抖音平台中实名认证的用户就可以进行直播。抖音直播有4种方式，分别是视频直播、语音直播、手游直播（录屏直播）、电脑直播。由于抖音直播的开播步骤很简单，下面就只介绍抖音视频直播的开播步骤。

抖音视频直播的开播步骤如下。

步骤1 打开抖音App，点击抖音首页下方的"+"按钮，如图10-5所示。

步骤2 进入拍摄模式页面，点击"开直播"按钮，如图10-6所示，将拍摄模式切换成直播模式。

步骤3 页面的顶端有"视频""语音""手游""电脑"4个选项，直播方式默认为"视频"方式。

步骤4 点击"开始视频直播"按钮，即可进行直播，如图10-7所示。

▲ 图10-5　点击"+"按钮　　▲ 图10-6　点击"开直播"按钮　　▲ 图10-7　点击"开始视频直播"按钮

名师点拨

如果想让镜头里的内容更有美感，可对直播进行更为详细的设置，如美化镜头、添加道具等。如果不想真人出镜，就可以借助虚拟头像道具。记住：直播时一定要打开定位，这样才会有同城流量进入你的直播间。

10.2　直播带货主播必备技能

抖音平台中直播千千万，为何有的直播间能脱颖而出，而有的直播间无人问津呢？这除了与直播产品相关外，还与主播技能息息相关。优质主播除了具备基本素质、控场力、变现力，还应掌握一些话术技巧。

10.2.1 直播带货主播的基本素质

直播带货已成为一种职业。要成为一名优秀的主播，必须具备一些基本素质，这样才能在带动粉丝互动的氛围中推出产品、介绍产品，促使粉丝喜欢产品，从而产生下单转化行为。

1. 丰富的专业知识

一名成功的主播不仅要熟悉直播的操作流程，更重要的是要掌握丰富的专业知识。成功的主播在带货之前一定会去亲身了解、试用和求证带货产品的功效，确定其是好产品之后才会将其推荐给粉丝。一名成功的主播必须对自己的粉丝负责，因此，他们必须花时间和精力去了解自己推荐的产品，必须全方位、多角度地去熟悉所推荐产品的功能、特点、使用方法与注意事项，及其与市场上同类产品相比所具有的优点。只有这样，主播才能选出好的产品推荐给自己的粉丝，以体现自己的专业水平，同时也才会收获更多粉丝。

例如，某知名美妆主播从众多同行中脱颖而出，离不开他在美妆行业及直播行业的专业能力。在美妆方面，他能迅速说出哪些产品适合哪些肤质，哪些皮肤问题可以通过哪些方法解决；在直播中，他能在演示产品的使用方法的同时详细解读产品的优点，同时还能分析产品是否受欢迎，提醒上链接、补货及回应海量弹幕。

2. 敬业精神

任何行业都没有随随便便的成功，主播行业也是如此。成功的主播都是非常敬业的，他们每天对着镜头连续不断地讲解产品，虽然工作强度很高，但不会怠慢他们的粉丝。主播必须每次都以最热情的方式迎接他们的粉丝，并且毫无怨言地解答粉丝提出的问题。

3. 良好的心理素质和处理直播常见问题的能力

成功是一个逐步积累的过程，成为优质主播也不可能一蹴而就，而是会遇到各种困难。例如，即使直播间的粉丝寥寥无几，主播也要耐心且详细地讲解产品；还要处理粉丝质疑等问题。因此，主播必须具有良好的心理素质和处理直播常见问题的能力。

下面以范例讲解主播处理直播中常见问题的一些方法和技巧。

（1）如何处理粉丝对产品质量的质疑？

① "这是正品吗？"

方法：耐心解释，让粉丝安心。

处理："你就放心吧，绝对的正品，假一赔十，这款产品已销售×××件了！" "保证正品，不是正品不要钱，直接送！如果发现不是正品，随时免费退货！"

② "直播的产品都是假货！"

方法：对产品质量和售后做出承诺。

处理："我们的产品都是有质量保证的，并且是有售后服务的，如果发现是假货，不仅可以退货，还可以要求赔偿！" "这款产品质保5年，质量是过硬的，如果发现质量有问题，可以无理由退货！"

③ "我用了之后没有什么效果！"

方法：积极引导，与粉丝一起找原因。

处理："一定要按照说明书上的用法去使用，要按时、按量，不要偷懒。因为每个人的体质不一样，有的人可能要使用时间长一点儿才有效果，有的人可能很快就见效。你再使用一段时间看看效果，如果仍然没有效果，随时可以退换，你放心！"

（2）如何处理粉丝的"刁难"或"攻击"？

有时候，主播难免遇到个别粉丝的"刁难"或"攻击"，这时应该灵活地处理。

① 赞美"刁难"者。没有人不喜欢赞美，但赞美要自然，不能太牵强。

② 巧妙化解"攻击"。千万不要与粉丝抬杠，更不能恶言相对，有时可以用幽默的自嘲来化解"攻击"，这样还可以获得更高的人气。

（3）如何处理粉丝无理由退货？

有时候，主播也会遇到一些粉丝无理由退货，他们说不出具体的原因，产品也无任何问题，但他们坚持要退货。对于这类退货问题，主播要尽量找出退货原因，明确是货品不好，还是粉丝对款式不满意，这样才能有针对性地对粉丝进行解释，尽量说服他们换货。

处理："宝宝不喜欢这款是什么原因呢？主播可以给你推荐更适合你的，5～15号产品都是我们的新品哦。""你好，宝宝，我们支持7天无理由退换，只要没有穿过或者水洗，不影响二次销售都是可以退换的哦。不妨看看其他宝贝，肯定会有一款你喜欢的宝贝。"

4. 超强的语言表达能力

即使产品再好，如果主播表达得不准确，那么同样不会得到粉丝的认同。在直播过程中，主播大部分时间都通过语言来与粉丝交流。语言表达能力强的主播，不仅可以通过语言打动用户的心，而且可以巧妙回答粉丝的问题，拉近与粉丝之间的距离，大大提升直播间的转化率。一些语言表达能力差的主播，可能由于一两句无心的话让粉丝反感，从而给直播间带来负面影响。

由此可见，对于一名优秀的主播来说，好的语言表达能力非常重要。语言表达能力是主播最基本的业务技能，是衡量主播水平高低的重要尺度。语言表达能力主要体现在以下几个方面。

（1）语言要通顺流畅。主播说话要口齿伶俐，表达清楚。如果主播说话吞吞吐吐，前言不搭后语，会导致粉丝无法明白主播要表达的意思。主播要想做到语言表达通顺流畅，就一定要勤于锻炼自己的语言基本功，要言语有心，言语用心，加强吐字归音的基本功训练，注意把话说好。

（2）语言要有严密清晰的逻辑。主播在语言表达方面最忌讳生搬硬套、张冠李戴。主播在说话时一定要做到心中有数，要刻意培养自己缜密的逻辑思维，使自己思路清晰、条理清楚，以更好地表达，更好地与粉丝沟通与交流。

（3）语言要富有感染力。主播与粉丝的交流主要是一种情感上的沟通与交流，因此主播的语言一定要富有感染力，这样才能吸引和打动粉丝。首先，语言要平实自然；其次，在此基础上，根据当下的语言表达需要，适当运用夸张、含蓄等语言表达方式。

（4）语言要注意分寸和节奏。如果主播对语言表达的分寸把握得体，就会与粉丝的情绪相互感染、产生共鸣，就能增进自己与粉丝之间的联系；反之，主播对分寸若把握不得体，就会与粉丝出现情感沟通的阻隔与断裂。另外，主播对语言表达的节奏掌握得恰到好处时，则会收到提高用户期待水平的效果。如果主播对语言表达的节奏掌握得不好，会让粉丝觉得主播的语言干涩而毫无生机，也自然无法引起用户的兴趣。

综上所述，一名合格的主播需专业能力过硬，具有敬业精神、良好的心理素质、处理直播常见问题的能力和超强的语言表达能力。

10.2.2　直播带货主播的控场力

控场力，可以理解为主播在直播过程中，张弛有度地把握好直播的节奏，让粉丝跟着主播的思路和节奏来共同完成直播，以及在直播过程中处理突发事件的能力。主播在直播过程中遇到突发情况时，必须充分调动自己的主观能动性，使大脑处于高速运转和思考的状态，从而做出迅速快捷的反应，用巧妙的语言扭转局势，化险为夷，使事态向好的方向转变。

主播拥有控场力就是主播在直播时可以控制节奏，不会被粉丝带偏，不会被粉丝牵着鼻子走。控场力对一名成熟的主播来说是非常重要的。通常情况下，一场直播至少有2个小时，在这么长的时间里，粉丝的情绪是不可控的，直播间随时可能出现冷场或者其他突发情况。要想掌控全场，全靠主播的经验和能力。

例如，很多主播都怕在直播中遇到停电、断网等情况，因为主播一旦处理不当，粉丝就可能流失。某知名主播曾在直播中遇到过停电事件。事发当晚，该直播间所有灯光突然暗了下来，粉丝只能听到些许声音，完全看不到人。正当粉丝疑惑时，直播团队已经借助充电台灯照亮了直播间。突然停电并未让主播措手不及，她反而拿起台灯给自己打光，唱起了歌，反应过来的粉丝并未离开直播间，而是隔着屏幕和她一起唱起歌来。这样，带货直播间虽然暂时变成了娱乐直播间，但只要直播间人气不减，就是成功的。一些主播则可能会因为停电而关闭直播，导致粉丝流失。

> **名师点拨**
> 主播一定要把控好直播的节奏，对于每款产品大概的讲解时间要弄清楚，不能想到什么说什么，要有节奏感，思路要清晰并且有逻辑。

10.2.3　直播带货主播的变现力

变现力是指主播在直播过程中激发粉丝购买欲望、促进成交转化的能力。衡量主播变现力的指标是成交量，成交量高的主播不仅能够得到平台更多的扶持、曝光，更可能成为本行业的头部主播，进而吸引更多的流量和更多的合作商家。因此，一名成熟的知名主播通常具有很强的变现力。

如果一场直播看热闹的人多，而下单购买的人却很少，说明主播的变现力很差，其直播也只能算是一场不成功的直播。那么如何才能增强主播的变现力呢？主播可以从以下几点下功夫。

第一，挖掘需求，即粉丝的痛点，这也是主播的爆点。主播首先必须要了解粉丝需要什么，然后出售他们所需要的东西，而不是可有可无的东西。

第二，推广产品，即宣传产品，为产品造势。例如，说明本产品是公众人物代言、销量已突破多少，总而言之就是全面展示直播产品的超值优惠和稀缺性，以便吸引更多的粉丝。

第三，促销引导粉丝下单。使用常用的饥饿营销手法，如限时限量促销，给粉丝造成紧迫感。又如同款促销法，说明这是某知名演员正在用的同款产品，抢到就是赚到。

10.2.4 直播带货主播的基本话术

虽然各商家的产品和账号定位不同，但有的话术是通用的，如欢迎话术、感谢话术、催单话术、引导关注话术等。

1. 欢迎话术

在开始直播时或有大量新用户进入直播间时，主播可用欢迎话术来引导用户留下。虽然直播间风格不同，相应的欢迎话术也略有区别，但总的来说，欢迎话术可以分为以下几种。

- 简洁型：简单明了地进行自我介绍，引导大家关注账号。例如，"家人们，我是×××，这是我第×天直播，谢谢大家捧场！""欢迎×××来到直播间，喜欢就点主播的头像关注哦！"
- 点明直播主题型：这类欢迎话术可以明确地向用户传递主播要直播的内容是什么，能让用户对接下来的直播有一个清晰的认知和期待。例如，"××每天晚上7点都会分享穿搭技巧，喜欢我的宝宝可以将直播间分享给朋友！"
- 找共同点型：这类欢迎话术是根据用户的昵称找到话题切入点，并与之进行互动。如"欢迎×××进入直播间，看名字应该是喜欢美食的宝宝，直播间全是宝藏零食，千万别错过哟！"

2. 感谢话术

想要长久留住用户并刺激用户转化，主播需要在恰当的时间对用户表示感谢，示例如下。

- 提供福利型："感谢家人们的关注，你们的关注就是我进步的动力，我会更努力地为大家争取福利哦！"
- 情感陪伴型："谢谢宝宝的支持，是你们的点赞、关注，让我有信心坚守在这个岗位上，陪伴着大家。"

3. 催单话术

很多用户在了解产品后仍然有所顾虑，停留在下单环节，此时如果主播用好催单话术，可以促成交易，示例如下。

- 强调福利有限型："今天只有100份哦，秒杀完就没了，喜欢的别错过了。"
- 强调时间紧迫型："这款产品的抢购时间只有30秒，时间不等人，喜欢就带走。"

- 强调机会难得型："都知道我们老板抠门，这次福利是我们争取了好久才得到的，下一次不知道要哪一年了，买买买啊，别犹豫了。"

4. 引导关注话术

拥有一定的粉丝基础是直播带货变现的前提，吸引更多用户关注也是直播的重点。主播可以了解一些引导关注的话术，并将其灵活应用，示例如下。

- 欢快活泼型：用幽默、有趣的话术给用户留下阳光的印象，如"关注主播不迷路！喜欢主播的点一下红心关注哦，谢谢小可爱！"。
- 简单直接型：用简单直接的引导关注话术，让用户做出关注行动，如"新手主播，在线等你的关注哦！"。
- 提供价值型：用低价、红包等，刺激用户关注，如"左上角有主播券，关注了主播的宝宝可以领取无门槛优惠券一张哦，手慢无……"。

商家和主播可根据自己的目标人群和产品特征等摸索更多适合自己的话术。

10.2.5 让销量翻倍的直播话术

同样一款产品，为什么有的主播能月销 10 万单，有些主播一个月只能卖 2~3 单？这些优秀主播的直播为什么这么有"魔力"？他们的话术都有什么特点？怎样才能快速让直播间销量翻倍？下面介绍一些提高销量的直播话术。

1. 打动粉丝的产品介绍：痛点+卖点+场景展示

（1）了解粉丝需求，抓住他们的痛点。

① 美妆类——口红（需求——抬肤色 / 显气色）："宝宝们，想不想要超显白的口红色号？""黄皮、白皮都适用，完全不挑人，涂上嘴马上显白的哑光色口红想不想拥有？"

② 服饰类——裤子（需求——显瘦 / 显高 / 质量好）："想找到一条百搭又显瘦显高的裤子真的好难，大家看，模特上身效果真的太棒了！""这种做工、面料在商超都是上千元的品质，在我的直播间只要 1/3 的价格，心不心动？""这条裤子我穿了两年了，百搭又好看，洗完不起球，关键是显得腿特别长，想要吗？"

③ 美食类——××品牌小蛋糕（需求——好吃 / 健康 / 实惠）："这个品牌的小蛋糕是我吃过最好吃的，而且是低热量，美味又不长胖，真的是很适合一家人吃的小零食。""口感很像小时候吃的鸡蛋糕，松松软软，甜而不腻，外面还有酥皮，入口即化。""在××旗舰店一包要××元，在我的直播间领取专属优惠券，一包只需要××元，大家赶紧抢购吧！"

（2）突出产品卖点，让粉丝欲罢不能。

使用"1+3 法则"（1 个产品 +3 个核心卖点）用最短的时间介绍产品卖点，通常可以从性价比、功能与特点等方面进行介绍，示例如下。

① 性价比："这款衣服是法式显瘦修身的设计，是××（公众人物）同款。""它的材质、面料等都非常好。""它非常适合在××场合穿着。"

② 好搭配："这件大衣很百搭，一件可以当好几件穿。"

③ 好洗涤："洗护方便很重要，不脱色不变形，手洗、机洗都非常方便。"

例如，介绍化妆品："使用它，为你的美丽加分；纯天然，为你的健康加分；好上妆、不脱妆，为你的优雅加分。"

（3）场景展示效果，让细节看得见。

突出细节，把售卖产品的做工、材质等细节放在镜头前展示给粉丝，强调产品的功能利益点。例如，职业装更多出现在工作场景，让大家有代入感；通勤服装则可以在多元化场景中出现，让大家可以直观地感受穿着效果，看到更多细节和整体风格搭配。

2. 制造紧张气氛，激发购买欲望，让粉丝主动下单

无论是线上销售还是线下销售，制造紧张气氛、进行饥饿营销的销售技巧都可以激发购买者的下单欲望，常用方法如下。

（1）渲染气氛，让粉丝有紧迫感。

① 抓住粉丝"怕买不到"的心理，用限时、限量策略制造紧迫感。

"新产品推广，机会只有一次！""今天都是限量发售，买到就是赚到！""全网超低价格，仅限今天直播时间段，非直播时间恢复原价哦。""只有××份做活动，错过就没有了。"

> **名师点拨**
>
> 主播还可以用倒计时制造紧张感——"倒数5秒，我们5秒后开始改价/上架"；念出剩余库存量，制造紧迫感——"只剩最后100套/50套/20套/10套。"

② 用"限价"给购买者价格上的诱惑。

"拼手速的时候来了，原价××，只有本场直播才享受×××的超低价哦，赶紧去抢！"

③ 强调优惠信息，点明不买的"损失"。

"抢到你就直接省了×××元，买到你就赚了！"

（2）给粉丝意想不到的"利益"。

① 连续送出多重惊喜，让粉丝无法拒绝。

"这款限量版口红，平常专柜都买不到，品牌方为我们直播间提供了10份，还送×××代言化妆包，而且所有宝宝可以在我们直播间关注主播领取大额优惠券。"

"这款护手霜原价×××元，在我的直播间领取30元优惠券后仅需×××元，并且还送滋润唇膏及2支护手霜小样（试用装10ml），赠送带品牌Logo购物袋，自己用、送人都非常有面子。"

② 多买多优惠，多买多赠。

"买2支送1支，买3支赠送5件套护肤小样及化妆包1个，赠品数量有限，送完即止哦。"

③ 让粉丝感受到独享的优惠。

"所有宝宝们，只有在主播的直播间才有这个优惠哦，报主播名字可领取专属优惠券。"

（3）用案例示范，让粉丝放心购买。

① 名人效应："这件宝贝是今年流行款，×××都在穿！"

② 从众效应："这是今年的爆款，已有近千人下单，主播也留了一件！"

（4）刺激粉丝快速决策。

① 满足粉丝自豪感的夸奖式促单："这件衣服太适合你的气质了，你穿上这件衣服真好看！""穿上这件衣服，秒变少女！"

② 帮粉丝做决定的建议式促单："白色是百搭色，建议宝宝拍白色款！""这个款式很修身、塑形，你觉得这个款式如何？设计、做工都非常不错，面料也有质量保障！"

③ 让粉丝认为捡到大便宜的节日促销："店庆活动，所有商品3折特惠！""×× 节，要对自己好一点，喜欢就买！""实在是没有比这个价格更低的了，今年超低价！"

3. 消除疑虑，给粉丝购买的信心

粉丝在直播间购物的最大顾虑就是产品质量没有保障，担心主播在直播间介绍的、展示的样品与销售的产品不是同一质量，如果收到货后不满意，退货没有保障。因此，直播带货时，主播必须真实、客观地介绍自己售卖的产品，并且要对产品的质量做出慎重承诺，以消除粉丝的购买疑虑，这样不仅能大大降低退货率，同时也能提高粉丝对主播的信任度。

例如，对质量做出承诺，让粉丝看到主播对产品的信心。

（1）"这款皮鞋，百分之百是真牛皮，如果有假你可以来找我！"

（2）"这款产品有任何质量问题，收货后7天内可以退换！"

（3）"这款衣服如果出现色差大的问题，我们免费为你退换！"

（4）"如果对产品不满意，收货后7天内免费退换！"

10.3 高销量的直播卖货技巧

商家想通过直播卖货获得更多收益，必须掌握一些有利于产品转化的技巧。例如，打造专业的直播间、上传高点击率的直播封面图、撰写有吸引力的直播标题等。这些信息在一定程度上展现了一场直播的主题及内容，也影响着直播的点击率、观看量等数据。

10.3.1 打造专业的直播间

直播带货离不开直播间场景搭建，不同的直播间场景带给用户的感受是完全不同的。一个好的直播间场景不仅能给用户留下好印象，还能有效刺激用户转化。这里以室内直播场景为例介绍搭建要求及技巧。

1. 直播画面清晰度

目前的直播方式主要分为两种，一种是推流直播，另一种是手机直播。推流直播是指通过计算机与计算机摄像头组合进行直播。使用这种直播方式时，影响直播画面清晰度的主要是计算机摄像头的成像效果。如果室内直播选择的是推流直播这种方式，那么建议选择专业的推流摄像头，以保证直播画面的成像效果。

手机直播是指直接利用手机进行直播。现在大多数主播都会选择手机作为主要的直播设备，如果在手机直播时出现直播画面不清晰的情况，可能是手机性能方面的问题造成的，如手机内存不够、手机网络不稳定、手机摄像头像素太低等。所以，建议主播在直播时配备一部内存充足、摄像头像素高、性能稳定的手机。如今市场上大部分品牌的旗舰机型都能满足手机直播的需求。另外，主播还可以利用手机外置摄像头来提高直播画面的清晰度。

2. 灯光效果

灯光是直播场景中极为重要的一个元素。一个好的直播间，它的灯光处理是非常到位的。纵观那些知名品牌的直播间，可以发现其直播间中放着各种各样的灯具，如射灯、柔光灯、补光灯等。所以，在搭建直播间时，一定要注意直播间的灯光效果，不要出现光线过暗和光线过亮的情况。

3. 直播间背景

直播间的背景将决定直播间的调性，一个好的直播间背景可以更好地映衬产品，营造销售氛围。什么样的直播间背景才能激起用户的购物欲望呢？通常，那些色彩丰富、画面感充足的直播间背景更容易让人产生购物欲望。例如，某批发饰品的直播间以低价为亮点，故所选的直播间背景是类似于线下实体批发店的档口，给人可以低价带走多个漂亮饰品的感觉，吸引用户下单，如图 10-8 所示。

总之，直播间背景要与账号定位及产品特征相符，这样才更能刺激转化。例如，某售卖水果的直播间所选取的背景可以是风景秀丽的果园或者是水果琳琅满目的批发市场等。

▲ 图10-8 某批发饰品的直播间背景

4. 直播画面比例

一个直播间所呈现的画面比例如果控制得很好，就会让进入直播间的人感觉非常舒服。在直播间中，人、货、场 3 个元素都有各自适用的呈现比例。当然，根据不同的场景、不同的产品，直播画面比例设置会有所不同。调整直播画面比例有一个原则：既能够清楚地近距离展示产品，可以让粉丝看到主播的表情和动作，也能把布置好的背景展示给粉丝。

10.3.2 上传高点击率的直播封面图

直播封面图就像直播间的门面，直播封面图展示在视频号的直播广场，在直播被分享到社群、朋友圈时也会展示出来。在众多直播间中，直播封面图是否有吸引力，将直接决定观众是否点击进入直播间，这也是直播的第一个转化环节。在抖音平台中，直播间信息主要由直播标题和直播封面图构成，如图 10-9 所示。打开抖音直播页面，可看到直播封面图、直播标题等信息。其中，直播封面图所占面积最大，它是决定观众是否点击进入直播间的首要因素。

因此，要想有效提升直播间的点击率和流量，制作一张有吸引力的直播封面图是非常重要的。

▲ 图10-9 抖音平台中的直播间信息

干净、大方的直播封面图不仅可以给观众留下深刻的印象，而且能有效提升直播间的点击率。那么，如何制作一张具有吸引力的直播封面图呢？一般来说，制作直播封面图需要注意以下几点。

1. 直播封面图要清晰干净

直播封面图是直播间的门面，首先要求画面清晰干净。模糊昏暗的直播封面图会给观众一种粗制滥造的感觉，影响观众的体验，会让观众在看到直播间的第一眼就划走，失去吸引观众进入直播间的机会。因此，无论是静态还是动态的直播封面图都要尽可能保证画面清晰干净，这样的直播封面图会让观众更有停留的欲望。

名师点拨

直播带货的产品价值越高，直播封面图就越要有质感，同时也越要有视觉冲击力，让人看着舒服。

2. 直播封面图要突出内容标签和特点

在众多直播封面图中，只有具有个性特点的直播封面图才能给观众留下深刻的印象。因此，在设置直播封面图时，商家要根据账号鲜明的个性特点，设置突出账号标签特征的直播封面图。例如，如果是美食类账号，直播封面图便要突出美食特点，这样更能精准吸引目标群体进入直播间；如果直播封面图与美食无关，而是随便使用了一张漂亮的风景图，则会让为了看风景而进入你的直播间的观众有一种被欺骗的感觉，从而离开你的直播间。因此，商家不要选择与直播内容毫不相关的直播封面图，否则不仅不能突出直播内容标签和特点，还会影响观众在直播间的停留时长。

3. 场景化的直播封面图更能体现真实感

设置直播封面图时，建议放置现场环境照片或者主播的形象照片，这有利于观众快速了解直播的一些信息。使用有场景感的图片能增强直播间的真实感。例如，如果你卖的是蜂蜜，则可以拍摄一张蜂箱照片作为直播封面图，给观众带来真实的场景感。

4. 直播封面图的尺寸要合理、重点信息要突出

注意调整直播封面图的尺寸，把核心的信息放在中心位置，这样才能把重要的信息有效地传递给观众；突出展示品牌和折扣优惠信息，这样既有了品牌的背书，又能通过优惠吸引更多的观众。直播封面图上的文字应该尽量简洁，尽量控制在10个字以内，突出重点信息即可。

5. 直播封面图不能低俗或具有暗示性、诱惑性

为了博眼球，一些主播使用一些低俗和具有暗示性、诱惑性的直播封面图来吸引观众进入直播间。这是一种违反直播平台规章的行为，这种直播封面图一旦被平台检测到，平台不仅会要求主播重新设置封面图，严重的还可能会给出禁播警告。

> **名师点拨**
>
> 内衣类目的商家要注意，不要使用真人模特作为直播封面图。同时特别要注意的是，一定不要使用微信二维码等作为直播封面图，平台会判定这是引导线下交易，会中断直播，甚至会给出禁播处罚。

6. 不要频繁更换直播封面图

直播封面图是观众进入直播间的一个桥梁，也是内容的标签。很多观众都会根据直播封面图来决定要不要进入直播间。如果你的直播封面图已经形成了个性化的IP或内容，建议你一直使用这张直播封面图，不要频繁更换。从一开始就制作符合账号特色或人设IP的直播封面图，会给喜欢你的观众留下深刻的印象，喜欢你的观众只要一看到这张直播封面图就知道是你，从而进入你的直播间。

总体而言，一张优秀的直播封面图必然是人物、产品或场景整体比例协调、画面优美、色彩鲜艳的图片。这样的直播封面图才能快速吸引观众眼球，并使观众产生点击进入直播间的欲望。

10.3.3 撰写有吸引力的直播标题

与直播封面图一样，直播标题的作用也是吸引观众进入直播间，以达到为直播间引流的目的。一个好的直播标题，能精准定位直播内容，吸引观众点击进入直播间。如果想在直播时拥有更多的流量，吸引更多观众前来观看，就要在直播标题上下功夫。

名师点拨

直播没有标题，就像人没有名字一样，观众通过"更多直播"浏览直播间信息时，该直播间就没有吸引观众的亮点，抖音平台也不知道怎么推荐该直播间。

那么，什么样的标题才能吸引观众的眼球，让直播脱颖而出呢？

标题的作用就是激发观众观看的欲望，因此标题要有亮点，要突出利益点，要创造新闻感、引发好奇心、引起共鸣，这样才能吸引观众进入直播间。

1. 好的直播标题的特点

一个好的直播标题通常具有以下几个特点。

（1）简短明了：直播标题应该简短明了，把要表达的内容用最少的文字表述清楚，让观众能够很快了解直播内容。

（2）具有新颖性：直播标题要具有新颖性，尽量不要重复使用已有的标题。

（3）有趣：直播标题要有趣，能够引起观众的兴趣，让他们想要观看直播内容。

（4）与直播内容相关：直播标题要与直播内容相关，不能误导观众，以免给观众带来不好的体验。

2. 直播标题的写作方法

下面介绍直播标题的常见写作方法。

（1）充分利用标题中的关键词，突出直播的特色，让观众一眼就能看出直播的主题。

（2）使用诱人的词汇，如精彩、特别、新奇等，让观众对直播感到好奇。

（3）尽量使用有趣的句式，如"一个……的故事""一次……的旅行"等，让观众觉得有趣。

（4）使用"热门""火爆"之类的形容词，让观众认为直播很受欢迎。

（5）利用具体的数字，如"100""1000"等，让观众觉得直播很有规模、具有价值。

名师点拨

主播也可通过收集同行点击率高的直播标题，找到自己可以效仿的地方，重组、优化自己的直播标题。

10.3.4　给直播间打标签，让观众更精准

给直播间打标签的作用是给直播间分类，帮助更多的观众发现直播间。根据标签，观众可以更快地找到自己喜欢的直播间，从而获得更好的观看体验。直播间的标签越精准，系统越能将其精准推荐给目标观众，就更有助于提升直播间的转化率和销量。例如，某个直播间的标签是购物，平台在分配流量时，就可能将该直播间推送给喜欢服饰鞋帽等购物类直播间的观众。

新人的直播间刚开播时是没有标签的，系统会为其分配泛流量。新人要想抓住自己的目

标观众,就必须让系统为直播间打上精准标签。

针对直播新人,系统会分析其直播间的特色和核心受众,然后给直播间打上合适的标签,以便观众快速找到直播间。

直播间标签可以从以下几个方面进行分类。

(1)内容:根据直播的内容来确定标签,如游戏、搞笑、教育等。

(2)人群:根据直播的受众确定标签,如家长、学生、老师。

(3)主播:根据主播的性格、领域经验等确定标签,如职场、体育、美食、时尚等。

(4)技巧:根据直播教授的技巧来确定标签,如社交、演讲、表演、营销等。

(5)其他:根据直播的其他特点来确定标签,如主题、地域、年龄段等。

给直播间打标签的方法有慢打标签、快速打标签和用短视频给直播间引流打标签3种。

1. 慢打标签

慢打标签就是主播一场一场地做直播,系统不停地向直播间推流和反馈数据,并根据这些反馈数据,对进入直播间的人群进行画像分析,然后把这些人群标示出来,从而给直播间打标签。例如,系统对某个直播间的粉丝画像进行分析,从地域分布来看,直播间粉丝主要来自四川省,而成交粉丝主要来自广东省;从年龄分布来看,直播间粉丝年龄集中分布在31 ~ 60 岁,而成交粉丝年龄集中分布在31 ~ 40 岁。

之所以称之为慢打标签,就是因为这一过程比较缓慢。

> **名师点拨**
>
> 在上例中,为了增加直播间的互动,主播可以有针对性地优化话术,在直播时多次提到与"广东省"有关的话题,而在讲解产品时多列举一些有关31~40岁年龄段观众的痛点,以提升成交量。

2. 快速打标签

要想快速给直播间打标签,可以使用"投放千川"这种方法。"投放千川"就是向相似达人的粉丝投放,告诉系统你需要什么样的目标观众,系统就会根据你的需求向你推荐目标观众。

"投放千川"后就相当于给直播间打上了标签,因为"投放千川"以后,进入你的直播间的人都是你的目标观众,但只有那些停留下来并成交的观众才是你的精准人群。平台会继续给你推荐具有这类特征的人群,如果后续你依然能把这类人留下并促成交易,这时系统就会给你的直播间打上相应的人群标签。

> **名师点拨**
>
> 在投放时,人群定位要合理。如果人群定位范围过大,会导致流量分配不精准,投入产出比达不到预期。如果人群定位范围太小,则会导致广告计划曝光度低。因此,精准定位人群是很重要的。

3. 用短视频给直播间引流打标签

用短视频给直播间引流打标签既实用又精准，并且是一种比较快速的打标签方法。用短视频给直播间引流打标签就是通过制作高质量的短视频给直播间引流，因为通过短视频进入直播间的观众大多是对产品感兴趣的精准人群。

用短视频给直播间引流打标签要求制作的短视频与直播带货产品相关。

为了获得更多流量，商家可以利用多平台、多渠道发布短视频，当短视频火爆了之后，就能把观看短视频的精准人群引入直播间，从而更轻松地使观众停留、互动，这时系统就更容易给直播间打上标签。

> **名师点拨**
>
> 需要注意的是，直播间标签不等于短视频标签，也不等于账号标签，即使账号和短视频都已经打上标签，你刚开播时，你的直播间也是没有标签的。

10.3.5 策划一套完美的直播脚本

对于主播而言，任何一场直播都应该有备而来，提前策划好直播脚本，以提升直播效果。

例如，某美妆主播在直播中推荐某款产品前策划了好的直播脚本，因此能在短短几分钟内说明产品的亮点并打动粉丝，并加以一定的福利活动刺激粉丝下单，整个过程如行云流水，可以说他卖得开心，粉丝们也买得开心。而有的主播没有提前策划直播脚本，直播时只是透过镜头循环往复地重复产品卖点，却得不到粉丝回应。所以，主播想做好直播，必须策划好直播脚本。

对于大多数直播而言，需要策划的直播脚本主要包括单场直播脚本和单品直播脚本，如图 10-10 所示。

单场直播脚本：	单品直播脚本：
以整场直播为单位，帮助主播把控整场直播节奏，明确人员职责分工，确定直播产品数量，确定粉丝福利及活动玩法，预测突发情况，规范直播流程与直播内容	以单个产品为单位，规范产品解说，明确产品的核心卖点，细分产品的讲解时段，确定产品的优惠活动

▲ 图10-10 单场直播脚本和单品直播脚本

1. 策划单场直播脚本

找准一个产品的卖点和利益点，加上主播的互动引导，即可快速生成一个产品的直播脚本。而生成一场直播的脚本，则需要综合考虑产品、粉丝、营销策略、时间维度等多个方面，完成确定直播主题、找准目标粉丝等步骤，如表 10-1 所示。

表10-1　策划单场直播脚本的步骤

步骤名称	主要内容
确定直播主题	从一场直播的需求出发策划直播主题，例如产品上新、清仓处理等。如果主播每日都直播，也应该策划相应的主题。例如，部分主播为了让直播形成规律，为特定日子策划固定主题的内容，如周一和周五是秒杀日，周二和周四是上新日，周三是聊天日
找准目标粉丝	不同的粉丝兴趣爱好不同，在线时间也不同，所以主播需要根据直播主题和目标粉丝来策划直播的时间和内容。例如，某健身教练的直播，粉丝主要是有减肥、塑形要求的职员，直播时间最好选择早上7:00—8:00或晚上7:00—9:00等适合运动的时间段，同时主播应多与粉丝交流有氧健身、低脂饮食等内容，以吸引更多粉丝关注
控制直播成本	直播间的成本控制主要体现在发放优惠券、抽奖礼品及产品折扣等方面。部分主播为了增加直播间的吸引力度，特意推出多重优惠或大幅降价的活动，虽然人气确实有所增加，但计算下来属于持平或亏损状况就得不偿失了。故主播在策划一场直播时，需要从实际出发，充分考虑直播成本
确定直播节奏	确定直播节奏主要指策划直播时长及直播时段的大致内容。例如，一场直播的时长为5小时，需要明确在这5小时中要做完哪些事，以及哪个时段完成哪些事，等等。这些内容都要体现在直播脚本中，以免主播临时找话题，为了直播而直播，直播效果肯定不理想

> **名师点拨**
> 主播还需要提前安排好直播中需要完成哪些操作，如上新、抽奖、发放优惠券等。主播或运营团队要提前做好分工及工作规划，确保各项工作顺利开展。

2. 策划单品直播脚本

从产品维度策划直播脚本，可以理解为单品直播脚本。一个优秀的单品直播脚本，至少应该体现主播的专业性，提炼产品卖点，并且能够与粉丝互动。

（1）体现主播的专业性：对于主播而言，其专业性主要体现在直播专业性和产品专业性两个方面。直播专业性要求主播熟悉直播流程、规则，能解决直播中出现的各种问题，如硬件设备导致音频、视频卡顿等问题；而产品专业性则是指主播在介绍某个产品时，必须了解产品的基本信息，避免由于不够专业误导粉丝。

例如，主播在介绍一款按摩椅时，需从按摩椅的各个功能、外观及对身体的好处等细节出发进行讲解。同时，主播在讲解按摩椅的过程中，需要扮演一个专业的养生主播形象，持续输出养生方面的知识，以得到粉丝认可。

（2）提炼产品卖点：要想提升产品的转化率，必须通过直播脚本提炼产品卖点。在提炼产品卖点时，主播既可用传统方法展示产品卖点，如说明产品经久耐用、性价比高、适宜人群广等；也可以从自己与产品的关系出发，建立信任背书，得到粉丝的认可。

例如，某淘宝主播打造了一个果园场主形象，经常通过镜头向粉丝介绍各种果树的生长条件，以及摘果、发果等场景，让粉丝感受到水果新鲜、诱人等特征。为了吸引更多粉丝转化，主播还可以通过福利、优惠等形式，给直播间贴上"高性价比"的标签。久而久之，粉丝会在更认可直播间水果品质的同时，认为直播间水果很划算，愿意重复购买并将其推荐给其他人，从而提升直播间的销量。

同理，其他主播可以从自己的产品出发，逐一列出产品卖点，找到最具吸引力的卖点进行重点展示，吸引粉丝下单转化。

（3）与粉丝互动：虽然对于出售产品而言，最重要的是保证产品本身的质量，但想要售卖更多产品，主播还要注意与粉丝互动。部分主播在讲解产品时，为了不被粉丝带节奏，选择无视粉丝的提问，沉迷在自己的讲解中。这样主播看似占据了主动权，但实际上"得罪"了很多粉丝，也很难促成交易。所以，主播在讲解产品时，也要兼顾粉丝的提问，做好互动工作。

从互动角度出发，主播可以站在粉丝的角度，设想其可能会提出什么问题，提前在直播脚本中设置好答案，以便在直播中回复粉丝。例如，一名农产品主播在策划某水果直播脚本时，考虑到粉丝可能会对水果的个头儿大小及保存方法等内容感兴趣，便提前收集这类问题的答案，并逐一整理好放入直播脚本中以便使用。

10.3.6　发布让销量翻倍的直播预告

在抖音平台发布直播预告的目的在于吸引平台用户进入直播间。通常情况下，主播在直播产品上市前都会发布直播预告，以此吸引更多用户，提升产品人气和销量。

一般来说，在抖音平台中发布直播预告有以下几种方式。

（1）发布预告消息。通过直播预告贴纸或贴片的方式发布直播预告消息，提前通知粉丝直播时间。

（2）发布预告短视频。通过录制一段有趣的短视频向粉丝预告直播内容，让大家对即将上线的直播有所了解，从而提高粉丝的关注度。

（3）发布预告图片。在抖音平台中发布预告图片也很有用，可以让粉丝一眼就了解主播的直播内容及直播时间，从而提高直播的曝光度。

（4）分享预告链接。还可以在抖音平台中分享直播预告链接，让粉丝直接点击跳转到直播页面，便于观看直播。

> **名师点拨**
>
> 以短视频的形式发布直播预告，一定要做到内容有趣、主题明确、利益点突出，这样才能吸引更多粉丝。

以抖音 25.9.0 版本为例，发布直播预告的操作非常简单，具体步骤如下。

步骤1 打开抖音 App，点击页面下方的⊞图标，如图 10-11 所示。

步骤2 进入发布页面，切换到"直播"页面中，点击"设置"按钮，如图 10-12 所示。

步骤3 弹出"直播设置"页面，点击"直播预告"后面的"未设置"选项，如图 10-13 所示。

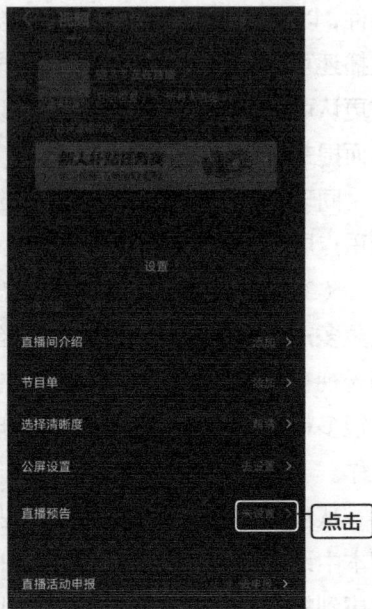

▲图10-11 抖音首页 　▲图10-12 点击"设置"按钮 　▲图10-13 "直播设置"页面

步骤4 弹出"直播预告"页面，将"启用直播预告"选项后面的开关打开，如图10-14所示。

步骤5 在"直播预告"页面中设置"开播时间"，选择开播的时间，完成后点击"保存"按钮，如图10-15所示。

步骤6 返回"直播预告"页面，输入预告内容，点击"保存"按钮，即可完成发布直播预告，如图10-16所示。

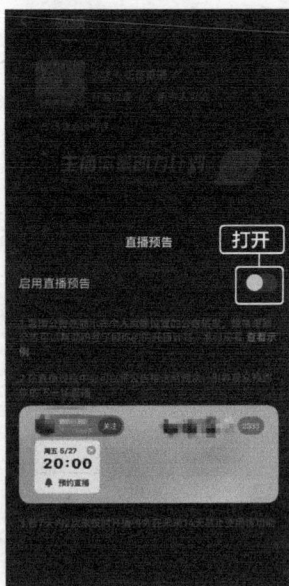

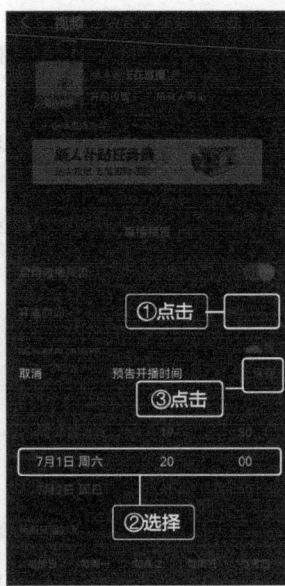

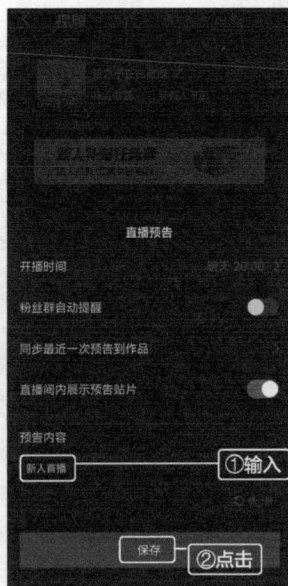

▲图10-14 打开"启用直 　▲图10-15 设置开播时间 　▲图10-16 输入预告内容
　　播预告"开关

10.3.7 突出产品特性，提高带货转化率

越来越多人开始尝试直播间购物这种新的网络购物形式，直播间购物不仅有主播帮助粉丝甄选产品，同时产品的价格也相对较低。

即便如此，仍有部分直播间产品销量不佳。那么，如何才能使直播间产品获得高转化率呢？试想，如果对于同款产品，其他直播间或其他平台售价更低，或者粉丝从其他渠道所了解到的产品卖点更亮眼，那他为什么要在你的直播间下单呢？因此，想要提升产品转化率，需要从产品价值、产品性价比、产品稀缺性等方面出发，让粉丝认可产品并接受产品价格。

1. 突出产品价值

要想体现产品价值，主播需要深入了解产品特征，如产品品牌故事、产品卖点及所能提供的售后服务等，这样才能让粉丝更全面地了解产品并对产品产生浓烈兴趣。

例如，某主播在直播间售卖某数码产品，在讲解产品的几大亮点后，再讲解该品牌创始人经历了几次成功与失败才让该品牌走到今天。该主播顺势又说，之所以与该品牌合作，不仅是因为该创始人人品好，其产品功能强大，还因为品牌所提供的售后服务非常棒，所有在直播间下单的粉丝都可以享受专人送货上门、7天无理由退换、5年内保修等服务。这样一来，其粉丝在认可该产品功能的同时，也认可该品牌，更被其售后服务打动，更易产生下单冲动。

2. 突出产品性价比

当粉丝对产品感兴趣后，接下来主播就需要突出产品性价比来促使粉丝下单了。在直播中，主播想要突出产品的高性价比，可以将直播产品与同类产品比较，将直播产品在功能、卖点及价格等方面的优势一一罗列出来告诉粉丝。

例如，在某知名达人直播间，主播不仅口述各个产品的价格优势，还在产品的购物车中用文字罗列了一些产品优惠信息，如"到手19件，总价值1230元""198元到手6瓶，一瓶只要33元""下单自动领券，49.9元到手5条"等，促使粉丝下单。

为刺激更多粉丝下单，给出的直播产品优惠力度一定要大，并且还要让粉丝切实地感受到直播产品的优惠力度，这样他们才会下单购买。

3. 突出产品稀缺性

产品稀少更容易使粉丝产生紧迫感，促使他们下单。

主播除了可在产品数量上突出稀缺性外，还可以在互动环节中设立门槛，如关注主播才有互动资格，邀请好友进入直播间才有机会免单，等等。

当然，说服粉丝下单的方法不仅限于以上几种，主播可多分析、多总结，从而找到最适合自己的方法。

10.4 新手问答

10.4.1 抖音直播有哪些雷区

抖音直播可以为商家带来很多收益，但如果主播在直播过程中出现违规行为，很可能直接导致账号被封。那么，抖音直播具体有哪些雷区呢？

（1）挂机行为：在直播过程中，长时间挂播或长时间未展示实物产品，影响用户体验的直播行为。挂机行为会严重影响用户的交易和浏览体验，扰乱抖音平台秩序。抖音平台禁止出现挂机行为，一经发现，平台将采取警告、扣除信用分等管理措施。具体的挂机行为如下。

- 主播在直播中长时间不与直播间观众说话、互动等。
- 直播过程中无真人出镜，且长时间无互动、无人等。
- 直播画面为黑屏或静态颜色、无意义图片等，长时间静音或播放录制好的音频、音乐、广播剧等内容。

（2）不良行为：包括在直播间抽烟、喝酒、赌博、募捐、展示行医等，抖音平台发现后，会中断直播，严重者该账号可能被永久禁播。

（3）为其他平台导流：抖音平台不允许主播在直播间为其他平台（如微信、微博等）引流，如果在直播间展示个人微信二维码、微博联系方式等信息，一经发现则会被平台中断直播。

（4）衣衫不整：建议主播在服饰上用心，避免出现衣衫不整的情况。同时，主播不得有性挑逗、口述色情行为等操作，不能传播低俗段子、涉黄歌曲。

以上都是抖音直播的雷区，无论涉及哪一个，都会为直播间带来一定的处罚和麻烦，故主播在直播时应尽量避免出现以上问题。

10.4.2 如何快速带动直播间的气氛

在直播带货时，主播如何才能快速带动直播间氛围，吸引直播间观众的目光，激发观众的购买欲？相信这是每一名主播都迫切想要了解的内容。其实，主播要想让直播间的观众积极与主播互动，快速对主播推荐的产品产生购买欲，这并不难，只要做到以下几点，直播间气氛就会被立即"点燃"。

（1）面带微笑，用亲昵的称呼真诚地欢迎进入直播间的每一位观众。

主播要"点燃"直播间气氛，从直播一开始就要做好充分的准备。在开播时，观众会陆陆续续地进入直播间。此时，主播应调整好心态，面带笑意，用亲昵的称呼欢迎进入直播间的观众。

有新人进入直播间的时候，系统通常会有"××来了"的提示，这个时候主播可以第一时间念出观众的名字，与他们打招呼，这样观众就会产生一种"被重视"的感觉，自然而然就会跟随主播的节奏积极参与到互动中。接下来，主播还可以顺便引导观众关注自己的直播账号，方便观众以后随时找到直播间，从而增强观众黏性。

（2）积极回答观众的提问。

直播过程中，经常会有观众向主播提出各种问题。例如，"主播的穿搭有什么技巧？""主播的妆容是怎么化的？""产品适用于哪些人？"……甚至会有人重复地问同样的问题。这个时候主播一定要有耐心，及时正面地回答观众的问题，千万不能无视观众提出的问题。如果主播在面对观众提问时表现出不耐烦，或者直接无视观众提出的问题，就有可能会导致观众流失。但对于一些不当言论或者骚扰类问题，主播可以选择适当回避和忽略，因为主播在直播间必须要进行正确的价值观和言论引导。

（3）在直播间中开展点赞、抽奖、猜谜语等活动。

要想提高直播间的活跃度，运营团队可以在直播中设计点赞、抽奖、猜谜语等活动，并让主播组织观众积极参与到这些活动中，增强观众的互动感，从而充分调动直播间的整体氛围。

（4）连麦互动。

在直播时，主播和观众可以连麦互动。这样做不仅有助于提升直播间热度，调动直播间氛围，提高观众的积极性，还可以帮助主播塑造权威感和专业度，提高直播间观众的活跃度。另外，主播和观众连麦以后，还可以以剧本表演的形式促进产品销售。

（5）向观众提问。

在直播过程中，除了观众可以向主播提问以外，主播也可以主动向观众提问，让观众帮忙回答问题。在观众回答完毕以后，可适当给予其一些奖励，以提升观众的参与感。另外，主播也可以像拉家常一样和观众互动聊天。例如，主播可以问问观众："大家平时都看什么电影？有没有好电影推荐？""小伙伴们想要这个赠品吗？想要的扣1"等，让更多的观众参与直播间的互动。

（6）展示才艺。

直播带货时，主播除了讲解产品之外，也可以用自己的才艺去感染观众。例如，主播通过唱歌、跳舞等才艺吸引观众的注意力，提升直播间人气，让更多的观众进入直播间。

（7）直奔主题，快速亮出本次直播的优惠活动信息。

当直播间有了一定数量的观众之后，主播应当快速"剧透"今天要介绍的产品，不断地向观众传递秒杀款、限量款、特价款、免费款、福利款等一系列活动信息，从而吸引观众继续关注直播间，并对主播推荐的产品产生强烈的购买欲。